政府会计数字化转型

ZHENGFU KUAIJI SHUZIHUA ZHUANXING

周卫华 著

中国财经出版传媒集团
中国财政经济出版社

图书在版编目（CIP）数据

政府会计数字化转型 / 周卫华著. --北京：中国财政经济出版社，2022. 5

ISBN 978-7-5223-1399-3

Ⅰ. ①政… Ⅱ. ①周… Ⅲ. ①预算会计-研究-中国 Ⅳ. ①F812. 3

中国版本图书馆 CIP 数据核字（2022）第 072695 号

责任编辑：胡 懿　　　　责任校对：张 凡
封面设计：卜建辰　　　　责任印制：党 辉

政府会计数字化转型
ZHENGFU KUAIJI SHUZIHUA ZHUANXING

中国财政经济出版社 出版

URL：http：//www. cfeph. cn

E-mail：cfeph@ cfeph. cn

社址：北京市海淀区阜成路甲 28 号 邮政编码：100142

营销中心电话：010-88191522

天猫网店：中国财政经济出版社旗舰店

网址：https：//zgczjjcbs. tmall. com

北京财经印刷厂印刷 各地新华书店经销

成品尺寸：170mm×240mm 16 开 19. 25 印张 290 000 字

2022 年 5 月第 1 版 2022 年 5 月北京第 1 次印刷

定价：89. 00 元

ISBN 978-7-5223-1399-3

（图书出现印装问题，本社负责调换，电话：010-88190548）

本社质量投诉电话：010-88190744

打击盗版举报热线：010-88191661 QQ：2242791300

序

在当今数字经济高速发展的时代，数字化转型在企业会计领域正如火如荼地展开，但是政府会计数字化转型稍显滞后。党和国家领导人在2022年4月召开的中央全面深化改革委员会第二十五次会议上强调：要加强数字政府建设，把数字技术广泛用于政府管理服务，推动政府数字化、智能化运行。2021年12月《“十四五”推进国家政务信息化规划》明确指出了提升财政预算管理数字化水平的具体任务。政府会计作为财政管理的神经系统，是预算管理一体化的重要组成部分，推动政府会计数字化转型是未来数字财政建设的重要内容。在数字化转型背景下，政府会计的工作内容已从预算会计扩展到预算会计和财务会计的“双轨制”，传统的记账、算账、报账、核账、查账，逐步延伸到资产管理、成本管控、业财融合、内部控制、绩效评价、决策支持等多个方面，因此政府会计管理活动的深度和广度正在拓展。

《政府会计数字化转型》将财政治理、公共价值、管理活动论、政府会计、信息系统等理论和方法有机融合，其中“管理活动论”是我国著名会计学者杨纪琬教授和阎达五教授所提出，该理论奠定了社会主义会计理论的基础。长期以来，“管理活动论”的研究、探讨和应用主要局限于企业会计领域，《政府会计数字化转型》将“管理活动论”应用于政府会计领域，研究并指出政府会计的本质是公共价值管理活动，构建了基于“管理活动论”的政府大会计概念框架和政府大会计信息系统。《政府会计数字化转型》在提升并拓展政府会计研究水平与视角的同时，以真实的案例研究打通政府会计理论到实践的研究路径。上述有意义的探讨是该书的亮点，它丰富了政府会计数字化转型的研究成果，具有很强的创新性和理论研究价值。

根据《会计改革与发展“十四五”规划纲要》《会计信息化发展规划（2021—2025 年）》等政策文件要求，政府会计数字化转型在“十四五”期间必然会有重要的突破和发展。《政府会计数字化转型》所研究的内容对于推动我国政府会计改革具有很好的理论价值和现实意义。希望该书作为政府会计数字化转型的前沿探索，无论是在理论和方法学上，还是在实践上，都能给政府会计政策制定部门、学术研究人员、实践工作人员一定的参考和借鉴。

2022 年 6 月

前　言

在加快建设现代财政制度背景下，作为现代财政制度的重要组成部分，政府会计改革进入关键时期。以现代财政治理为视角，将现代财政制度建设和政府会计改革有机结合，满足政府会计服务财政治理需求，推动政府会计数字化转型，进而发挥财政国家治理功能，为政府会计下一步改革实施提供决策参考。

本书的研究思路是：以公共风险理论、公共价值理论和会计管理活动论为基础，沿着“国家治理—财政治理—政府会计”的逻辑路径，以服务现代财政治理目标为基本视角，提出政府会计管理活动论，重新定位政府会计的概念、功能与目标，尝试重构政府“大会计”概念框架，并以此为基础来构建政府“大会计”信息系统和数据资源体系。

第一，在数字经济发展的背景下，会计数字化转型是必然趋势。财政部发布的会计信息化“十四五”规划明确指出会计数字化转型的目标，通过梳理会计信息化向会计智能化的数字化转型脉络，以数据驱动管理会计数字化分析会计数字化转型路径，并尝试构建数字财会监督体系，从而最终实现会计核算、管理、监督的数字化体系。

第二，会计的本质是一项管理活动，而不仅仅是一个信息工具。政府会计作为财政系统的一个子系统，不仅要满足财政治理的信息需求，还要确保财政计划、执行、控制、反映的有效运转。当前的政府会计概念框架局限于信息提供，尚未涵盖所有政府经济活动的核算和监督。本书从公共风险理论、公共价值理论出发，尝试打通财政治理理论与政府会计理论的路径，提出政府会计本质是微观财政治理活动，目标是公共价值管理，并构建政府“大会计”概念框架。

第三，从实地访谈和调研来看，如果从会计信息提供的角度，政府会计不仅需要提供财务会计信息和预算会计信息，还需要提供资产、资金、采购、绩效、内控等各类管理会计信息。上述会计职能和信息不能简单地按照财务会计和管理会计来进行清晰的划分，哪些是内部信息、哪些是外部信息更不能明确地界定，因此政府会计应该基于管理活动论和“大会计”理论来进行构建和思考。政府“大会计”的概念逻辑能够覆盖并指导当前政府会计的所有工作职责。

第四，针对我国采用“双轨制”的政府会计改革机制，本书基于事项会计理论和方法，提出了政府会计技术改进的思路和政府会计“双核”技术模型，基于上述思路开展了实验研究，开展政府会计核算模式的观察和调研，从政府会计核算模式、政府会计管理模式、政府会计信息披露模式探索政府会计数字化转型的具体路径。

第五，基于政府“大会计”概念框架和政府会计技术改进思路，本书利用软件工程和信息工程的理论和方法，构建政府“大会计”信息系统的逻辑模型和数据模型，建立政府“大会计”的数据资源体系，以某单位财务数字化转型为例，结合数字财政和预算管理一体化改革，分析财务数字化转型的目标、职能架构和总体思路，构建预算财务一体化功能架构和数据架构。

综合上述研究结果，本书提出政府会计改革按照“三步走”的策略持续推进，建议成立政府会计管理和政府综合财务报告编制的专门机构，提出政府综合财务报告合并编制策略和范围、加快建设政府会计分类标准等政策建议。

目　录

1. 绪　论

1.1　研究背景

党的十八届三中全会通过的《中共中央关于全面深化改革若干重大问题的决定》指出，财政是国家治理的基础和重要支柱。党的十九大报告从全局和战略的高度强调加快建立现代财政制度，建立权责清晰、财力协调、区域平衡的中央和地方财政关系，建立全面规范透明、标准科学、约束有力的预算制度，全面实施绩效管理。在中国特色社会主义进入新时代背景下，我国财政改革已从生产建设性财政、公共财政向治理型财政的现代财政制度改革转型迈进。如果说财政是国家治理的基础和重要支柱，财政治理就是国家治理体系中不可或缺的重要组成部分，而财政治理功能和能力的落地与发挥离不开政府会计改革。

财政是国家治理的基础，政府会计是财政的基础，是国家治理基础中的基础（李建发，2015）。政府会计作为政府部门及单位经济管理活动的抓手，是财政治理的重要基础。当前财政部门正在推动的预算管理一体化改革，已将政府会计作为重要环节纳入预算管理一体化。现有政府会计的研究多从会计理论与方法出发，对政府会计的概念框架、核算方法、信息提供进行研究。如陈志斌等（2015）从国家治理的视角对政府会计概念框架及其引导效应展开研究。已有文献主要基于会计信息系统论，将政府会计作为一个独立信息系统展开研究，而忽略了政府会计的管理活动本质。在数字化环境下，政府会计是财政治理的重要组成部分，但目前较少文献从财政治理视角去探讨政府会计的改革和实施路径，并推动政府会计数字化转型。本书将基于会计管理活动论，尝试跳出会计信息系统论的桎梏，将政府会计作为管理活动与财政治理有机结合，从而挖掘政府会计改革与实施的原动力，推动政府会计改革落地和数字化转型。

1.2 研究意义

当前的政府会计改革主要是围绕会计核算和会计信息披露展开，核心工作是政府会计准则体系的建设，较少从管理活动论出发探讨政府会计的本质和属性。基于会计管理活动论，政府会计的本质是一种微观财政管理活动，从而服务于财政治理。因此，政府会计应该同时具有财政治理功能和信息提供功能。在数字化环境下，财政治理功能是政府会计的主要功能，推动政府会计数字化转型是有效会计信息提供的基础和前提。

1.2.1 理论意义

(1) 融合财政治理与政府会计，丰富政府会计管理的概念与内涵

如果说政府会计是一个提供政府经济活动信息的经济信息系统，那么财政是这一信息系统的需求提供方。政府会计所提供的经济信息必须满足财政治理的目标和要求。我们希望融合财政治理与政府会计，从财政视角剖析政府会计的目标、概念、内涵、职能等体系，基于会计管理活动论的视角，提出和丰富政府会计管理的概念与内涵，服务财政国家治理体系和治理能力现代化。

(2) 构建政府大会计理论体系，推动政府会计理论的创新与发展

政府会计的本质是从微观财政治理活动出发，基于会计管理活动论和大会计理论提出构建政府大会计理论体系，将政府会计扩展至财政总预算会计、政府预算会计、政府财务会计、政府成本会计、政府资产会计、政府绩效会计等，推动政府会计理论的创新与发展，真正形成完整的政府会计理论体系。

(3) 从公共价值视角构建政府会计管理体系，提出政府会计管理活动论

在公共行政和公共管理领域，公共价值的概念、识别、测量、创造等问

题获得学术界的广泛关注，并为公共行政研究提供新的语境和前景。我们尝试从公共价值视角，将“管理活动论”引入政府会计领域，提出政府会计的本质活动是公共价值管理，以公共价值管理和创造为核心理念分析提出政府会计管理体系，以期推动我国政府会计理论体系进一步发展和完善。

1.2.2 实践意义

（1）提供政府会计改革与实施的方法和路径

当前政府会计改革主要围绕政府会计准则的制定、政府会计制度的发布等展开，但是从财政是国家治理的基石和支柱来看，未来政府会计的改革一定会向财政治理迈进，政府会计改革必须围绕现代财政治理目标展开全面思考和布局，为政府会计的长远改革发展提供基础。

（2）推动政府会计人才的发展和评价体系建设

在传统预算会计时期，政府会计并不是会计等级职称技术评价体系的重点内容。但是，随着政府会计的深入改革推进，政府会计的内涵不断丰富，政府会计准则体系趋于完善，可推动政府会计人才的独立发展和评价体系建设，以解决我国行政事业单位会计人才的培养和发展路径问题。

（3）构建政府会计信息系统的逻辑模型

2019 年是我国政府会计准则和政府会计制度全面推广实施的元年，2020 年以来各级政府全面开展政府综合财务报告的编制工作。在这一关键时点，本书的研究成果能为政府会计实施提供思路借鉴，尤其是从“大智移云”的数字化视角提出政府会计信息系统的逻辑模型，具有很强的实践指导意义。

1.3 文献综述

1.3.1 现代财政治理理论

“治理”来源于英语的“governance”，原意是控制、引导和操纵。联合国开发计划署将治理定义为“基于法律规则和正义、平等的高效系统的公共管理框架，贯穿于管理和被管理的整个过程，它要求建立可持续的体系，赋权于人民，使其成为整个过程的支配者”。我国提出的国家治理在一定形式上主要体现为国家法规制度的完善，具体体现在更加尊重各类主体的利益，调动其积极性，共同提高治国理政水平。财政作为国家治理的基础和重要支柱，已经远远超过一种政府工具的功能。财政是国家治理的“底板”，若财政治理出了问题，就会动摇整个国家治理，甚至导致国家治理失效（刘尚希，2014）。

从目前的文献来看，财政治理并没有统一的定义。李宗彦等（2017）梳理英国财政治理变革历史，认为财政治理经历传统官僚制、新公共管理和整体政府三个阶段，财政治理重点从控制财政赤字、提高财政透明度向注重财政可持续性发展转变。马洪范（2017）认为大数据是提高财政治理能力、推动财政制度现代化的重要利器，信息、流程与人是财政治理的三个治理要素，是实现财政治理体系与治理能力现代化的客观选择。

我们认为财政治理的本质源于公共资产的所有权和管理权相分离，政府受人民委托管理和保全公共资产，并使之有效率地服务于国家治理领域。财政治理的功能应包括宏观和微观两个方面：从宏观上讲，财政治理体系作用于经济、社会、政治等国家治理的各个领域；从微观上讲，财政治理体系作用于财政收支全过程，包括收入的取得、预算编制、预算执行、政府采购、资金拨付、预算绩效等各个环节，确保各项财政政策的执行和落实。

1.3.2 会计管理活动论

20 世纪 80 年代国内学术界围绕会计的属性和职能问题竞相争鸣，会计管理活动论、会计信息系统论、会计控制系统论等重要理论流派先后出现，对中国会计理论建设产生重要影响。杨纪琬和阎达五两位教授在 1980 年创见性地提出会计管理概念，认为会计管理的内容可以抽象为价值管理，并且生产的社会化程度越高，会计管理就越重要，以后还将在企业管理活动中逐步处于核心地位（杨纪琬、阎达五，1980、1982）。可以说，会计管理活动论是中国社会主义会计的理论基础，杨纪琬和阎达五两位教授提出“中国需要构建一个相对独立的会计管理理论结构，而不是直接沿用已有的理论体系”（杨纪琬、阎达五，1982）。

会计管理活动论的基本思想主要包括如下内容：首先，会计是人类有意识的价值管理活动。会计既是计量技术，也是管理过程，是运用计量技术对社会生产进行价值管理的实践活动，会计学是研究人们如何运用计量技术对社会生产进行管理的科学体系。其次，会计的基本职能是对价值运动进行过程控制和观念总结。依据会计管理活动论，会计的监督职能需要以真实反映为目标，否则会计监督将失去意义；会计的反映职能需要以有效监督为前提，否则会计信息很可能失真。此外，会计还将在实践中不断新生出其他重要职能。随着经济的不断发展，企业的价值活动越发复杂，会计的对内管理职能将比对外报告职能更为重要。再次，会计管理活动既有技术属性，也有社会属性。会计的社会属性是指社会制度和生产方式对会计计量活动和会计管理活动的影响。在社会主义制度下，会计应该代表全体劳动者对社会财富实行有效监督和价值管理。最后，“社会会计”将成为国民经济核算体系的主要组成部分。随着经济和社会的高速发展，加强宏观经济管理以及正确处理宏观经济效益和微观经济效益的关系具有越来越重要的现实意义。从微观经济角度，“社会会计”只局限于企业会计，从宏观经济角度，“社会会计”是以整个国家为核算主体。

1.3.3 大会计理论体系

在 20 世纪 80 年代，曾经有过“大会计”和“大财务”的争论，究其本质是对会计本质认识的探讨。本书主要从会计的职能角度出发对大会计进行解释。从我国古代的“官厅会计”，到现代会计学之父——卢卡·帕乔利的复试记账法，都是为满足资源配置和管理服务的。在资源有限的情况下，如何将有限的资源配置到最优的生产环节中去，是会计产生的本质原因。19 世纪末 20 世纪初的科技、经济、政治及文化的发展则对会计发展的历程产生了深远的影响。这一时期会计的发展主要体现出以下几个特征：以一系列会计概念及其逻辑关系为研究起点的会计基础理论已经建立；从管理方面研究会计问题的趋势已经出现；成本会计理论已经从单纯的成本计算发展为科学的成本控制系统；管理会计的雏形初步形成；一些公司已经建立了财务会计和管理会计分工协作的关系。

从本质上看，会计满足了三方面资源配置和协调的关系。首先，会计协调了企业内部资源的配置关系。会计采用货币计量的方式，对分布在企业内部的各项经济资源进行计量和估计，以判断其未来价值，并对各项资源的使用效率进行评价、控制和管理。其次，会计协调了企业内部资源和社会资源的配置关系，反映了企业所有者和管理者的责任和义务，以及对外部资本市场的决策支持。最后，会计协调了企业和政府之间的监管和资源配置，体现了现代企业的社会责任和义务，以及对社会资源的占用和消耗。

会计从本质而言，就是资源管理和配置的管理活动，其本质作用的发挥则是通过会计的两个基本职能——反映和监督来实现的。在信息技术的推动下，上述三者之间的关系以及会计的基本职能逐步在信息系统中实现了融合，从而为大会计信息系统的产生奠定了基础。在微观层面看，大会计不仅局限在以准则导向的会计信息加工和信息披露上，在 IT 技术的支撑下，会计越来越成为融合管理哲学、企业文化、行为科学、心理学、经济学等诸多学科的综合体。从宏观层面看，大会计不仅局限在企业微观管理层面扩展到社会资源优化与配置、价值创造与分配等领域，会计本身所具有的技术性和社会性均得到凸显。在传统的工作组织下无法实现的会计职能，在 IT 技术的推动下可能实现。

1.3.4 会计管理融合理论

在 IT 技术发展的早期，信息系统普遍被认为是一个从数据到信息的加工系统，一般的信息系统也包括输入、加工和处理过程。在这一思想指导下，会计信息系统的主要功能是按照既定财务报告的格式采集相关数据并按照规定的流程和方式生成会计报告。随着 IT 应用环境的成熟，从业务活动中剥离出的会计信息确认、计量、记录和报告过程越来越不能满足企业管理动态化、实时化的需要，和其他的信息系统一样，会计信息系统的功能逐渐从信息记录和报告向管理和控制融合。

因此，管理融合包括三层含义：一是财务会计信息系统和管理会计信息系统的融合。一般认为，财务会计的目标是以决策有用性为导向，提供满足外部需求的会计报告；管理会计则是以提高企业内部效率为导向，通过计划、预算、分析、评价等活动实现内部管理的优化。传统的会计信息系统较多关注了财务会计信息系统的应用，而忽略了管理会计信息系统作用的发挥，因此在现代信息技术的推动下，首先实现的是财务会计信息系统和管理会计信息系统的融合。二是会计信息系统与管理活动的融合。在IT技术的支撑下，传统的按照职能划分的管理职能，如决策、执行、监督、评价、分析等管理活动逐渐融合，管理的内涵逐步扩展，文化、行为、心理、体验逐步成为管理的重要内容。会计管理逐步与企业的管理活动融为一体，会计信息系统也与企业信息系统逐步融合。三是内部管理信息系统和外部管理信息系统的融合。在IT技术的支持下，管理的边界逐渐模糊，管理的空间范围和时间范围不断扩展，企业管理、社会管理、政府管理逐渐融为一体。

1.3.5　政府会计理论

我国在2015年之前一直以预算会计作为政府部门会计核算的基本概念和制度安排，包括财政总预算会计、行政单位预算会计和事业单位预算会计。随着党的十八大提出编制基于权责发生制的政府综合财务报告，由预算会计向政府会计发展和改革逐步得到体现。2015年10月财政部发布《政府会计准则——基本准则》首次提出政府会计由政府预算会计和政府财务会计组成，并明确政府会计的基本概念框架。陈立奇（2010）认为政府会计是收集、传送政府财政状况信息的制度，是政府的神经系统。他主张政府会计既是一门学科，也是一种专业，应从政府的会计、政府管理操作的会计和为政府而实施的会计三方面来理解。政府的会计意味着政府会计是官方的账。政府管理操作的会计说明政府会计是由政府财务官员管理控制的操作。为政府而实施的会计是指政府会计的工作不单可以由“外人”参与，而且一些决策性和监督性的工作也可以让民间人士或组织来担任。张琦（2008）认为政府会计改革的目标应该是公共受托责任的解除，完整的政府会计系统至少应由反映政府预算信息的预算会计子系统与反映政府财务信息的财务会计子系统共同构成。陈志斌、周曙光（2017）提出财政是国家治理的基础，政府会计是财政的基础，是国家治理基础的基础。政府会计可以在国家治理中发挥基础性的制度支撑与信息支持作用。

1.4 研究对象、目标及内容

1.4.1 研究对象

本书的研究对象是政府大会计概念框架和政府大会计信息系统。目前的政府会计概念和内涵脱胎于预算会计，局限于会计信息提供功能，忽略政府会计在政府经济管理活动中的作用。如果说政府会计是财政治理的基础，那么政府会计的信息提供功能尚不能满足财政治理的需求。基于会计管理活动论，政府会计的本质应该是一种微观财政治理活动，既包括信息提供功能，也包括财政治理功能，目标是创造公共价值。从现代财政治理视角出发重新定位思考政府会计的概念、内涵和职能体系，即将财政与政府会计紧密融合，构建政府大会计信息系统，推动政府会计数字化转型，更好发挥政府会计服务财政治理功能，从而发挥财政的国家治理基石和支柱作用提供理论支持和实践借鉴。

1.4.2 研究目标

本书研究定位于以我国现代财政制度建设和政府会计改革为契机，以财政治理的视角融合财政学、公共管理学、会计学、会计管理活动论、会计信息化等多学科知识体系，重新思考和构建政府会计的理论框架、改革路径和大会计信息系统。在我国进入社会主义新时代大背景下，从财政是国家治理的基础和重要支柱出发，以财政治理视角的更高站位推动政府会计改革和发展。

1.4.3 研究价值

当前的政府会计改革主要是围绕政府会计核算和政府会计信息披露所展开，重点围绕政府会计确认、计量和报告，局限于政府财务会计和政府预算会计的信息提供功能，但是忽略了政府会计的财政管理活动本质和财政治理属性，较少地从财政视角深入思考政府会计的理论与实践。我们以习近平新时代中国特色社会主义经济思想为指导，将我国财政制度建设与政府会计改革有机结合，继承发扬杨纪琬教授的会计管理活动论，对于推动建立新时代社会主义政府会计理论体系具有较强的理论价值。在我国加快建立现代财政制度的关键时期研究政府会计如何成为现代财政制度的有机组成部分，在数字财政框架下推动政府会计数字化转型，对更好地支持和发挥财政国家治理作用具有很强的借鉴价值。

1.4.4 研究内容

（1）数字经济背景下会计数字化转型问题研究

在百年之未有大变局背景下，受国际局势和新冠肺炎疫情影响，我国经济正面临供给冲击、需求不足、预期转弱的三重压力，数字经济成为我国宏观经济供给侧改革的重要路径。数字产业化和产业数字化是数字经济的主要组成部分，同时产业数字化又是未来数字经济发展的重要方向。在“大智移云物区”[①] 广泛应用的背景下，会计信息化正处于向数字化转型的关键时期。财政部发布的会计信息化“十四五”规划明确提出会计数字化转型的目标。在会计信息化改革方面，40 年来，会计信息化经历了电算化、信息化、智能化的发展阶段，下一步以数据驱动为核心的会计数字化将成为未来发展趋势，数据驱动会计数字化转型、数字财会监督体系都是会计数字化转型的重要研究问题。

（2）现代财政制度建设与政府会计改革问题研究

从财政理论与逻辑来看，现代财政制度建设包括宏观制度和微观制度两部分内容。刘尚希（2018）概括现代财政制度改革框架性思路为“一体两翼”：以财政体制的改革，即中央与地方财政关系的改革作为一体，以预算制度和税收制度的改革作为两翼，构成一个有机的整体，相互协调、相互配合、整体推进。政府会计改革要为“一体两翼”提供全面支撑，主要表现为：在信息提供上，政府会计应为“一体两翼”提供全面财政经济数据，包括政府财务数据、政府预算数据、政府成本数据、政府资产数据、政府资金数据、

① “大智移云物区”指大数据、人工智能、移动互联网、云计算、物联网和区块链。

政府采购数据、政府绩效数据等；在微观治理上，政府会计应成为财政治理的有力抓手，在预算管理、资金管理、内部控制、资产保全、集中采购、绩效管理等方面提供治理机制和治理手段，支撑财政治理能力现代化。

（3）财政治理视角的政府会计技术改进研究

在二元结构体系下，政府会计面临的最大困惑就是“适度分离与协调”。某种程度上说，“分离”是容易的，只要按照两套核算体系分别进行核算就行。“协调”是有难度的，如果预算会计与财务会计不能做到协调，那就彻底分离了，逐渐形成预算会计与财务会计两个“信息孤岛”。从政府会计信息化的田野调查分析来看，传统政府会计受到会计计量和手段的限制，将很难满足政府预算会计和政府财务会计的管理需求，如果不能定位于财政治理目标，政府会计服务于财政治理更不能完全保证。因此，应从财政治理出发，基于“事项法”会计理论，对政府会计对象及会计信息整合加以改进，跳出传统“价值法”会计的路径选择提出政府会计的技术模型，将财政经济事项、财务会计事项与预算会计事项紧密结合，实现政府会计的监督、控制、反映等微观财政治理功能。

（4）基于 XBRL 的政府综合财务报告标准问题研究

为满足建立现代财政制度、促进财政长期可持续发展和推进国家治理现代化的要求，我国在推进预算制度改革和政府会计改革的基础上，正在建立全面反映政府资产负债、收入费用、运行成本、现金流量等财务信息的权责发生制政府综合财务报告制度。从财政视角出发，政府综合财务报告的概念和报告体系将进一步扩充，不仅要包括财务报告和决算报告，还要将预算编制报告、预算执行报告、财政资金报告、政府资产报告、政府成本报告、政府采购报告、政府绩效报告等纳入，以全面反映财政运行状况和财政治理质量。XBRL 是可扩展商务报告语言的缩写，是全球财务报告广泛应用的技术标准，在政府财务报告领域已有广泛应用。在财政部的大力推动下，XBRL 已成为我国的国家标准并成功应用于企业会计准则分类标准的编制。在政府财务报告领域，XBRL 技术也必然有广泛的应用价值。

（5）“大智移云”环境下的政府大会计信息系统研究

我国政府会计选择预算会计与财务会计适度分离又相互衔接的改革实施

路径。无论会计核算工作量还是会计核算复杂度都较之前极大地提高，如何利用先进信息技术提升政府会计工作效率降低政府会计工作难度是政府会计改革实施的关键路径。在大数据、智能化、移动互联网和云计算等先进信息技术高速发展的环境下，如何将信息技术与政府会计实施有机融合，构建先进的政府会计信息系统，在预算管理一体化背景下推动政府会计数字化转型，是我们研究的重点问题和难点问题。

（6）新时代背景下政府会计改革与实施路径的政策建议

本书提出的政策建议将包括政府会计理论建设、政府会计学科建设、政府会计准则与制度推广实施、政府会计数字化建设、政府会计人才培养等，在我国跨入社会主义新时代的历史方位，以习近平新时代中国特色社会主义思想为指导，重新审视政府会计改革与实施路径，为政府会计改革与实施提供相应的政策建议，推动政府会计改革的进一步发展。

1.5 研究思路与安排

1.5.1 研究思路

本书立足理论研究、调查研究、实验研究与案例研究相结合的方案设计，按照以下几个部分展开（见图1－1）。

第一步，基于数字经济的内涵与特征，梳理会计信息化向会计智能化的数字化转型脉络，以数据驱动管理会计数字化分析会计数字化转型路径，并尝试构建数字财会监督体系，从而最终实现会计核算、管理、监督的数字化体系。

第二步，基于公共价值和管理活动论，从财政治理视角构建政府大会计概念框架，从政府会计的信息提供和财政治理两大功能出发，按照目标驱动和结构分层的抽象思路，构建政府会计双核技术模型，并展开政府会计核算模式的实验研究，提出基于XBRL的政府综合财务报告标准体系建设；从政府会计管理活动论、政府大会计概念框架、政府会计双核技术模型，到政府综合财务报告标准体系，为下一步政府大会计信息系统构建打下理论基础。

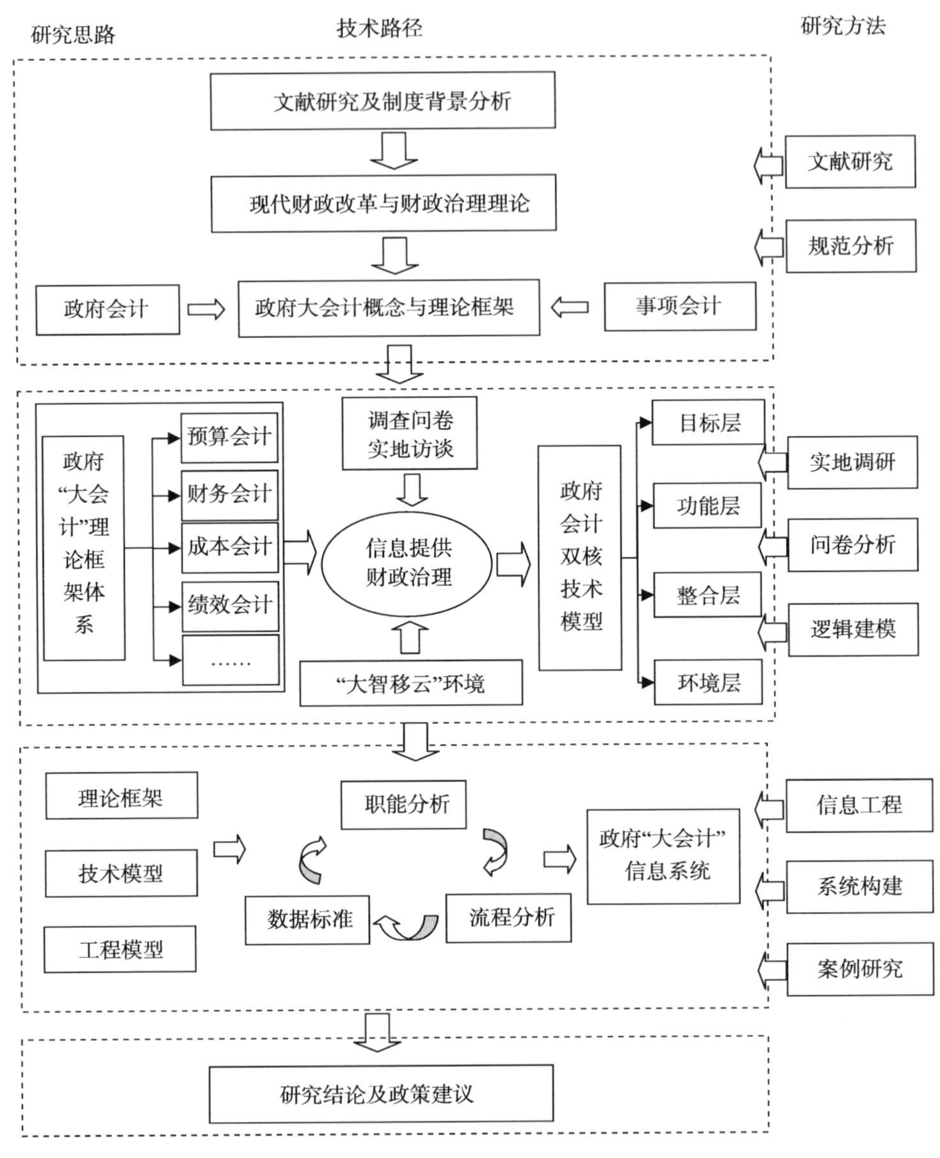

图 1-1 研究技术路线

第三步，在理论框架和技术模型研究成果的基础上，利用软件工程和信息工程方法，分析政府会计的职能域、业务流程和数据标准，构建财政业务一体化的政府大会计信息系统，并以某中央单位为例分析总结预算财务一体化的政府数字化转型案例，为政府会计制度改革推广实施提供信息化借鉴。

第四步，整理研究成果形成研究结论，并提出相关政策建议，包括政府会计理论体系、政府会计学科建设、政府会计政策制定、政府会计人才培养、政府会计人才评估等，对未来政府会计改革提出建议思路。

1.5.2 研究方法

本书采用了多种研究方法，按照定性与定量相结合、理论与实践相结合的总体思路，以规范分析为主、案例分析为辅。具体研究方法如下：

（1）规范分析

规范分析是解决“应该是怎么样”的研究方法，通过运用归纳、演绎、分析等方法，沿着事物的内在运行规律进行逻辑推理，最后得出结论。本书对会计数字化转型、政府会计管理活动论的理论与方法学进行了规范分析，从现代财政制度对政府会计改革的要求和影响着手，提出政府大会计信息系统构建的方法学体系，并最终构建政府大会计信息系统。

（2）本体建模

“本体”是网络环境下信息系统研究的基本认知。不同研究者对Ontology的认识是统一的，都把它当作领域（领域的范围可以是特定应用中，也可以是更广的范围）内部不同主体（人、机器、软件系统等）之间进行交流（对话、互操作、共享等）的一种语义基础。这也成为在新 IT 环境下构建会计信息系统的出发点。系统是由相互联系的本体构成的，会计本体可以认为是资源或价值的载体，比如货币、存货、固定资产、无形资产等，通过资源、属性、属性值组成的三元结构的定义和描述表述企业和社会的价值运动。大会计信息系统则是由若干各会计本体组成的有机整体。它们在一定的空间和时间内组成一定的结构，完成特定的功能，又可以在一定的条件下实现资源的动态组合和调整，从而满足系统开放、自组织、自适应、动态协同的要求。本体建模为政府“大会计”信息系统的构建提供了基本的事物认知方法。政府“大会计”信息系统的研究重点是确定在公共资源配置和价值管理活动中有哪些本体存在，它们之间的关系如何，并通过本体的属性和值判断其状态和未来发展能力。

(3) 实地调查

为了深入研究我国政府会计数字化转型现状，掌握当前政府会计数字化转型过程中的重点、难点及问题，本书也采用了实地调查的研究方法。通过参与咨询、现场座谈、调查研究等方式，观察和收集行政事业单位会计信息化的整体情况及具体环节，归纳总结出适用于我国政府会计数字化转型的具体方法。

(4) 文献研究

文献研究是根据一定的研究目的，通过调查相关文献来获得资料，从而全面地、正确地了解掌握所要研究问题的一种方法。本书还采用了文献研究的方法，通过阅读大量著作、文章等文字材料以及利用互联网资源，收集整理相关文献，并通过梳理各类文献，为自身研究提供明确的思路。

(5) 信息化工程

信息化工程研究方法是指用工程学的方法结合信息化的特点所产生的建设信息化系统的具体方法，包括开发模型、开发技术和开发工具等三个层次。信息工程方法为信息化建设提供了具体的方法学体系，指导信息化的建设和信息资源的开发和应用，成为信息化过程中解决软件危机、IT 黑洞、IT 风险的有效途径之一。

(6) 案例研究

案例研究是以实际案例为基础进行研究的方法，采用典型案例的研究方法，选取典型案例单位，应用政府“大会计”理论和政府“大会计”信息建模的相关研究成果，通过实地访谈、调查研究和经验总结的方式进行研究，对案例单位政府“大会计”信息系统的构建展开分析与研究，最终为政府会计信息化的产学研提供有力的经验证据。

1.5.3 章节安排

在上述研究思路下，本书的章节安排如下：

第 1 章，绪论：介绍本书的研究背景和意义，在文献综述的基础上阐述本书的研究目的和研究意义，界定本书的研究对象和内容，提出本书的研究思路和创新点，归纳本书的研究方法，介绍本书的章节安排和逻辑结构。

第 2 章，数字经济与数字化转型：基于数字经济发展的宏观背景，梳理会计信息化发展的具体脉络，总结数字科技对会计理论实务影响的演变逻辑，提出数据驱动管理会计数字化的转型路径，最后构建数字财会监督体系。

第 3 章，政府大会计概念框架与工作机理：本书的立论基础，以现代财政治理理论为基础，基于会计管理活动论思想，提出政府大会计的理论框架体系，丰富政府会计的功能和内涵，提出政府会计是微观财政治理活动基本思想。

第 4 章，基于公共价值的政府会计管理活动论：公共价值能够体现“以人民为中心”的现代财政发展目标，政府会计正好是实现公共价值信息收集、价值判断和管理矫正的重要工具。将“管理活动论”作为政府会计的理论基础，将有助于阐释政府会计在公共价值管理中的重要作用。在论述“管理活动论”应用于政府会计的必要性基础上，提出政府会计的本质是公共价值管理，其管理目标是公共价值创造。基于系统论和“管理活动论”对政府会计管理的对象、目标、活动、循环、特征、环境等要素进行全面分析，尝试构建基于公共价值管理视角的政府会计管理的基本理论体系。

第 5 章，基于事项会计理论的政府会计技术改进：我国政府会计改革已经确定了预算会计与财务会计适度分离和相互协调的改革路径。在预算会计和财务会计的二元结构体系下，基于传统“价值法”理论的政府会计将会面临一定的挑战和困难。本书以“事项法”会计理论为基础对政府会计对象和政府会计信息整合进行技术改进，提出政府会计“双核”技术模型，旨在为我国政府会计改革实施路径提供参考。

第 6 章，政府会计核算模式实验研究：通过政府会计信息化关键问题研究，分析二元结构下政府会计核算的几种模式，通过实验室模拟研究和实地模拟研究，探究政府会计核算实施后可能面临的问题，旨在为全面实施政府会计制度提供借鉴思路。

第 7 章，基于 XBRL 的政府综合财务报告研究：XBRL 作为国内外财务报告数据标准的关键技术，已在国内外得到广泛认可和应用。利用 XBRL 技术有效披露政府综合财务报告、提升政府财政信息透明度、推动政府会计数据的决策有用性是值得关注的问题。本书总结分析西班牙、美国和巴西等国家基于 XBRL 技术披露政府财务报告的思路、过程和经验，以期对我国政府财务报告披露提供一定的借鉴。

第 8 章，政府大会计信息系统分析与建模：基于软件工程和信息工程建模分析方法，对政府会计职能域、业务流程、数据标准进行分析，提出初步政府会计职能域模型和相关数据标准，为下一步政府会计信息化建设提供借鉴思路。

第 9 章，政府“大会计”信息系统总体规划：基于业务流程再造和数据资源规划方法，对政府“大会计”信息系统的数据资源和系统功能进行总体规划，勾勒政府大会计信息系统的基础架构。

第 10 章，政府会计数字化转型案例研究：以某单位财务数字化转型为案例，在数字财政和预算管理一体化的背景下，根据某单位财务数字化改革需求，基于政府大会计信息系统理念构建预算财务一体化系统，并给出总体目标、职能架构、总体思路和功能架构等。

第 11 章，研究结论与未来展望：对全书研究结论进行系统总结，同时指出本书的研究局限，并提出对未来研究的展望。

1.6 创新与不足

1.6.1 可能的创新

第一，从财政视角出发审视和思考政府会计改革之路，将政府会计理论建设和制度改革立于现代财政制度框架之下，可能具有一定的创新意义。

第二，从公共价值理论和会计管理活动论出发，探究政府会计的管理活动本质和微观财政治理属性，首次将会计管理活动论应用于政府会计研究，可能具有一定的创新意义。

第三，在“大智移云”环境下将先进信息技术与政府会计实施相结合，构建政府大会计信息系统，并提出我国政府会计信息化的政策建议，可能具有一定的创新意义。

1.6.2 存在的不足

（1）政府大会计理论有待进一步深入探讨

基于会计管理活动论和现代财政治理理论，提出政府大会计的概念与内涵，仍然需要得到学术界和实务界的认可或争鸣。尤其是政府会计学科建设刚刚起步，会计一级学科尚在讨论过程中，政府会计学科或专业能否建立，还需要多方反复探讨、研究和把握。

（2）政府大会计信息系统有待实践检验

由于政府大会计本身是一个较为复杂的概念，政府会计制度已在全国普遍实施，但是政府会计改革成效有待进一步检验。本书所提的政府大会计信息系统和相关模式，有待在未来几年获得更多的经验支持。

1.7　本章小结

本章提出了本书的研究背景，论述了研究对象、研究目标和研究内容，并提出了本书的研究思路和内容安排，包括本书的逻辑结构和章节安排，给出了实现以上研究内容所需的基本方法，最后阐述了本书可能的创新与不足之处。

2. 数字经济与会计数字化转型

2.1 数字经济的内涵与特征

党的十九大报告对当前的国际形势进行了精准的研判，认为“世界正处于大发展大变革大调整时期”。以人工智能为代表的第四次工业革命的风起云涌推动全球化进入新的阶段，深刻地影响了世界格局的变化。习近平总书记在致首届中国国际智能产业博览会的贺信中指出：“我们正处在新一轮科技革命和产业变革蓄势待发的时期，以互联网、大数据、人工智能为代表的新一代信息技术日新月异。促进数字经济和实体经济融合发展，加快新旧发展动能接续转换，打造新产业新业态，是各国面临的共同任务”。数字技术不仅进一步推动了全球共治，而且带动了经济的蓬勃发展，数字经济已成为各国发展和重塑竞争力的重要选择。“数字经济”在 2017—2022 年持续写入政府工作报告——从“促进数字经济加快发展”到“壮大数字经济”，从“互联网 +”到“智能 +”，再到加快数字化发展，打造数字经济新优势，协同推进数字产业化和产业数字化转型，加快数字社会建设步伐，提高数字政府建设水平，营造良好数字生态，建设数字中国。《中华人民共和国国民经济和社会发展第十四个五年规划和 2035 年远景目标纲要》中提出，建设数字经济、数字社会、数字政府和数字生态的具体目标和实施路径。

从国际上看，基于信息通信技术的创新发展催生了数字技术主导的新技术群落，引发新一轮科技革命加速推进。云计算、大数据、人工智能、物联网、5G 与其他领域学科交叉融合，成为新一轮科技革命的突破口。2018 年以来，美国持续挑起贸易战，其核心思想就是要遏制我国数字技术的发展。加快我国数字科技革命步伐，掌握数字科技自主权是我国数字经济转型的关键要素。从西方各国当前经济发展来看，新一轮科技革命将进一步加快全球技术进步与创新步伐，深刻改变人们的生产和生活方式，将带来全球第四次工业革命。从当前技术影响范围、渗透深度以及综合世界各大机构对新一轮科技革命的预测看，数字技术具备了引发产业变革的关键特征，成为正在兴起的新一轮科技革命和产业变革的主力军。

2.1.1 数字经济的内涵

“数字经济”这一概念于20世纪90年代末由美国政府提出，具有深刻的历史背景。自20世纪80年代起，知识密集型产业占GDP的比重逐渐增加，知识作为核心生产要素的地位凸显，经济运行过程中信息成分大于物质成分占主导地位，凸显了信息要素对经济的贡献。20世纪90年代中期，以互联网为标志的现代信息技术的广泛应用和不断创新促使人类社会迈入崭新的数字革命时代，微电子、计算机和通信三大技术融合给社会经济的发展带来深远影响。数字经济是继农业经济、工业经济之后的一种新的经济社会形态。美国著名学者托夫勒在所著的《第三次浪潮》中将人类社会划分为三个阶段：第一次浪潮为农业阶段，从约1万年前开始；第二次浪潮为工业阶段，从17世纪末开始；第三次浪潮为信息化（或者服务业）阶段，从20世纪50年代后期开始。数字经济起始于信息化浪潮阶段，经过近七十年的发展，已经初现规模，并在国民经济发展中越来越显现出不可或缺的地位和作用。

关于数字经济的定义，在学术界尚未有统一的定义。2016年G20杭州峰会发布的《二十国集团数字经济发展与合作协议》认为，数字经济是指以使用数字化的知识和信息作为关键生产要素，以现代信息网络作为重要载体，以信息通信技术（ICT）的有效使用作为效率提升和经济结构优化的重要推动力的一系列活动。

美国经济分析局（BEA）的定义是：数字经济主要是关于互联网和相关信息通信技术的经济形态，包括基于计算机网络的数字基础设施、基于电子商务的数字交易和数字经济用户创造和访问的数字产品（比如数字媒体）等。

中国信息通信研究院发布《中国数字经济发展与就业白皮书》的定义：数字经济是生产力和生产关系的辩证统一，包括三大部分：一是数字产业化，即信息通信产业，具体包括电子信息制造业、电信业、软件和信息技术服务业、互联网行业等；二是产业数字化，即传统产业由于应用信息技术所带来的生产数量和生产效率提升，其新增产出构成数字经济的重要组成部分；三是数字化治理，包括治理模式创新，利用数字技术完善治理体系，提升综合治理能力等。数字技术红利大规模释放的运行特征与新时代经济发展理念的重大战略转变形成历史交汇。

我们认为上述定义主要是基于互联网经济和传统信息化环境下的经济形态，在未来区块链背景下的数字货币与数字资产交易将成为数字经济中的主要部分。以比特币为特点的当前数字货币体系所产生的超主权数字货币，已经在全球产生广泛影响，并产生大量的数字交易。由于超主权、去中心化等特征，上述数字交易并未纳入目前数字经济的定义范畴。脸书（Facebook）提出的 Libra 数字货币已引发全球国家的广泛关注。2019 年我国央行提出数字货币规划，并写入深圳新时代社会主义示范城市建设内容，中国数字货币已在全国多个城市、多个场景广泛应用。在不久的将来，数字货币的发行和应用，无论从国际还是国内来看，将是一种必然趋势。

本书认为数字经济的定义具有三个层次，第一个层次是指以计算机和通信产业为主所形成的软硬件研发、设备制造、基础设施建设、数字产品销售、技术咨询服务等行业性经济活动；第二个层次是指传统产业和数字化知识相融合，通过应用数字技术提升生产效率和经济结构优化的相关活动；第三个层次是指基于数字货币和支付系统的数字资产和数字交易，既包括本国数字货币的交易活动，也包括超主权数字货币的交易活动。

2.1.2 数字经济的特征

在从农业社会、工业社会迈入信息社会和知识社会的今天，计算机和通信技术已经广泛融入社会生产和生活。从 20 世纪 40 年代计算机发明以来，人类社会在 70 多年里创造了发展的奇迹，经济产量、数据产出、气候变化、医疗体系、社会发展等超出了过去人类自诞生以来发展的历史综合。这不能不说是一个奇迹，更说明是基于计算机和通信技术的数字化奇迹。进入21世纪以来，信息技术的高速发展和快速变革使人类物理世界和数字世界变得如此接近。很难想象人类生产和生活能离开数字科技，无论是交通、贸易、航空、制造、农业、物流、教育、媒体等各行各业都全面依赖计算机和通信技术。

（1）以计算机处理和通信技术为生产要素，实现社会化生产和交易

在工业经济时代，经济活动依赖于“铁公机”（铁路、公路和机场）为代表的物理基础设施。“要想富、先修路”是耳熟能详的发展口号。在数字经济时代，通信网络、云计算、大数据成为必要的信息基础设施。在5G已经投入商用的关键时期，基于5G的通信基础设施将极大地促进数字经济的发展。数字基础设施不仅包括宽带、移动网络等信息基础设施，还包括传统物理基础设施的数字化改造，例如数字化交通系统、数字化物流系统、数字化智能制造系统等。党的十九大以来，中国地方政府普遍成立“大数据局”这一新型机构，为高质量的大数据提供监管和服务。数字基础设施成为数字经济的基础架构，数据已成为数字经济时代的生产要素，数据驱动型创新正在向科技研发、经济社会等各个领域扩展，成为国家创新发展的关键形势和重要方向。

（2）与传统产业融合成为产业转型和升级的催化剂，并促进传统产业生产效率提升

数字经济是融合性经济，赋能效应显著，不仅能实现自身的快速发展，而且有助于推动传统产业优化资源配置、调整产业结构、实现转型升级。2015年中国政府提出“互联网+”行动计划以来，“互联网+”与金融、贸易、交通、教育、政府、物流等各行各业有机集成，使得传统经济形态焕发新的生命力。我们也看到，传统产业没有及时与数字趋势结合就会面临被淘汰。例如，传统商业商城等实体店面临关闭，沃尔玛、家乐福等传统超市也举步维艰，盒马鲜生、7Fresh、小米之家等具有数字化基因的实体店获得较大客流并蓬勃发展。

（3）数字经济将成为熨平经济周期的重要战略和工具

经济周期理论认为传统经济形态会沿着经济发展的总体趋势经历有规律

的扩张和收缩，分为繁荣、衰退、萧条和复苏四个阶段，经济危机的产生是经济发展的必然。但是，数字经济是世界各国普遍认为有效应对经济周期变化的重要战略和工具，并有助于宏观经济的平稳运行，避免大幅增长和下降的波动。美国经济分析局分析1998—2017年数字经济增长和宏观经济增长的对比显示，数字经济的稳健性明显要高于整体宏观经济。在2008年金融危机困难局面，数字经济仍然保持了一定的增长。即使在2011年互联网经济泡沫破灭的情况下，数字经济也保持了较快增长。在经济社会全面数字化以后，尤其是以数字货币和数字资产作为经济活动的基础架构，游离于宏观经济以外的洗钱、黑市、现金交易将得到明显遏制。随着经济信息对称性大幅提升，商品生产更符合最终客户需求，政府经济政策调控更为精准有力，宏观经济运行更为平稳。

2.2 会计信息化到会计智能化

党的十九大报告提出：推动互联网、大数据、人工智能和实体经济深度融合。自2015年“两会”以来，“互联网+”战略已上升为国家战略，并得到不断纵深发展，在推动我国经济转型升级与结构性供给侧改革方面起到至关重要的作用。在以大数据、人工智能、移动互联网、云计算、物联网（简称“大智移云物”）为核心的现代信息技术背景下，会计理论和实践不仅受到较大影响，而且面临着巨大的挑战。时任财政部部长助理戴柏华在2015年中国财会高峰论坛上就提出：适应新常态，融合促发展，积极推进“互联网+”下的会计改革与发展，“互联网+”为会计技术的发展提供了新的支撑。财政部会计司高一斌司长在该论坛上也指出：会计与互联网、大数据等技术有机融合，会计行业正沿着创新、变革、融合的道路，共同迎接美好的大会计时代。可见，经过近40年的研究、实践与发展，信息技术与会计理论和实践已经实现高度融合，并推动会计创新与发展。

从已有的研究主题来看，当前会计信息化相关的研究主要局限于信息技术在会计中的创新应用，研究内容主要是跟着信息技术的发展随波逐流，这样并不利于会计信息化向广阔的领域发展。杨周南教授在2017年纪念杨纪琬会计信息化学术思想会议上明确提出：会计信息化研究应回归会计本体，以解决为什么要把信息技术应用到会计领域的问题，更多地思考和探索会计的本质（杨周南，2017）。我们试图梳理信息技术应用于会计领域以来的发展脉络和演变路径，进一步探索会计信息化的发展规律，以期对未来会计信息化的学术研究提供借鉴与思考。

2.2.1 我国会计信息化的三次浪潮

20 世纪 70 年代末我国开启计算机在会计工作中的应用以来，先后经历了会计电算化、会计信息化两次浪潮的洗礼，如今，正接受着智能化浪潮的冲击，IT 技术对会计的影响已经从单纯的工具替代转向模式创新和系统重构，并在目标、对象和空域三个维度不断扩展着会计信息系统。

（1）第一次浪潮：会计电算化

20 世纪 70 年代末，长春一汽在会计核算工作中引入信息技术和实施的试点工作，拉开了我国计算机在会计中应用的序幕，在 1981 年召开的“财务、会计、成本应用电子计算机研讨会”上，计算机在会计工作中的应用正式被命名为会计电算化，IT 在会计中的应用迎来了第一次浪潮。以 PC 机、局域网为代表的 IT 技术的引入，实现了会计软件对人工算账、记账过程的取代，大幅提高了会计数据计算的准确性和效率。会计电算化的研究关注于信息技术在会计中的直接应用，包括早期的软件算法、开发模型、数据存储结构、系统安全等。PC 机和局域网的引入实现了对会计业务处理环节的加速和效率提升，会计逐步实现了在记录和报告环节的自动化，电子化。由于计算机对数据加工和处理环节的替代，原有的账簿登记、总账编制等数据加工类的岗位减少，会计组织内部结构呈现扁平化形态。但是，会计电算化主要局限于企业财务部门内部，工作的起点是记账凭证录入，工作的成果是自动生成各类账簿和报表。因此，会计电算化实现了技术向会计的植入，但并未对会计带来变革性的影响，只是借助于计算机实现了手工会计计算过程的模拟和替代，会计核算流程及工作内容并没有发生本质变化。

（2）第二次浪潮：会计信息化

20 世纪 90 年代末，互联网技术的兴起造就了网络经济时代的来临，IT 技术在会计中的应用也步入以业财融合为特征的应用阶段，会计信息化的浪潮随之到来。互联网技术的广泛应用扩展了会计信息系统的应用边界，强化了会计的部分职能。会计信息化主要实现的是“业务过程”和“会计管理”的一体化进程，即业务财务一体化。首先是数据一体化，业务流程产生的数据可以推送给会计流程，实现业务数据驱动会计数据处理的自动化。其次是流程一体化，即业务处理过程和会计业务流程相互衔接和融合，在业务处理的过程中嵌入会计数据处理过程，大大提高了会计业务处理的时效性。再次是控制一体化，在会计信息加工的同时，会计监督和控制职能实现向业务流程的嵌入，控制流程和业务流程相互融合，体现为规则前置、实时控制和动态反馈。通过业财一体化，会计确认的自动化程度、会计信息记录的效率和准确性提高；通过多重计量属性的共用，个性化的会计信息得以提供；通过改进计量算法，会计信息的精确程度和明细程度得到提高；通过报告内容和表示标准化技术的引入，会计信息的再利用程度提高，会计信息交换成本降低；通过内部控制和审计线索的嵌入，会计监督、控制过程的自动化程度提高，会计信息的可靠性提高。伴随着以 ERP 为代表的企业信息系统的应用，会计信息系统的应用实现了向业务部门的扩展；伴随着电子商务的普及和应用，会计信息系统实现了向价值链上下游企业的延伸；伴随银企直连、税控系统的应用，会计信息系统实现了与相关外部组织和监管机构的信息交互。会计信息化阶段，IT 技术对会计的影响主要体现为应用范围的时空扩展和业财融合带来的效率提升，并对会计业务处理流程和组织形态带来重大影响。

（3）第三次浪潮：会计智能化

近年来，移动互联、云计算、物联网、大数据、区块链、人工智能为代表的新一代 IT 技术的广泛应用标志着智能化时代的到来，IT 在会计中的应用也迎来了第三次浪潮。但是，目前的人工智能应用主要还停留在为会计提供单一环节智能化解决方案的“弱人工智能”阶段。比如：通过图像识别，智能识别票据真伪并自动提取有价值数据；通过大数据全样本分析发现审计线索等。在即将来临的强人工智能阶段，机器学习、自然语言处理、增强现实等技术的应用，使系统具备感知环境变化，做出自组织、自适应决策，并指挥控制行为过程的能力。人工智能已经从追求“计算机模拟人工”转变成构建机器、人、网络、物、数据组合而成的，具有自学习、自适应、自组织能力的智能系统。智能化将信息系统的能力从数据、信息、知识延伸到行为，并形成反馈和闭环。智能化的会计系统不仅能够得到有助于决策的相关信息，也能够感知、控制、协同会计行为。会计不再是一个独立封闭的信息处理和加工系统，而是一个开放、动态、具有行为管理能力的管理和控制系统。技术的推动、会计职能的强化和会计边界的扩展，影响着会计信息系统的对象、目标和作用范围，三个维度的螺旋式发展不断推动着会计信息化的进程。IT技术对会计影响的三次浪潮再一次印证了杨纪琬先生（1999）的预言："在IT环境下，会计学作为一门独立的学科将逐步向边缘学科转化。会计学作为管理学的分支，其内容将不断地扩大、延伸，其独立性相对地缩小，而更体现出它与其他经济管理学科相互依赖、相互渗透、相互支持、相互影响、相互制约的关系。"

2.2.2 信息技术对会计理论与实务影响的演变逻辑

信息技术应用到会计中最早可以追溯到20世纪50年代。自1954年IBM首次将计算机引入工资核算开始，信息技术与会计之间便结下不解之缘。所谓影响是指以间接或无形的方式作用或改变（人或事）的行为、思想或性质。信息技术对于会计的影响可谓是深远的，但又是逐步和渐进的。杨周南教授（2009）认为信息技术与会计之间的关系一直以来有两种观点：一种是工具论，即信息技术对于会计发展来说是一次工具变革，计算机替代了纸、笔、计算器、算盘等传统会计工具；另一种是环境观，认为信息技术不仅缔造了工具的变革，而是提供了一个开发和应用信息资源的生产力环境。目前大多数学者都比较认同信息技术已经发展成为一种环境，而不仅仅是一种工具。

会计信息化的发展过程是会计与信息技术互动影响、相互融合的过程。但是按照事物出现的顺序，会计出现在前、信息技术出现在后，将信息技术对会计的影响作为逻辑起点是合乎情理的。随着会计信息化的不断深入发展，信息技术逐渐引发对会计原有体系或对象的否定、改造、重组和变化。这是信息技术的发展变化（包括应用理论与实践、产品与服务）与会计领域的发展变化（需求与结果）的互动影响效应。

在会计信息化发展近40年的进程中，产生了大量相关的词汇与术语，例如：事项会计、REA会计模型、会计电算化、会计信息化、计算机会计、会计信息系统、会计集中核算、财务共享服务、云会计、云审计、连续审计、内部控制工程等。上述术语可以说都是会计与信息技术相结合的产物，这里面既有信息技术应用于会计领域，也有信息技术应用而引发会计自身体系和对象的思考和变革。虽然，目前我们还不敢说信息技术对会计理论和方法已有颠覆性的变革，但是这种试图变革的思想和学术思考已经出现。因此，重新梳理信息技术对会计理论与实务的影响过程，发掘这种演变逻辑与发展规律，对于会计信息化下一步的思考和发展非常有必要。根据信息技术对会计理论与实务的影响程度和进程，本书试图从冲击、融合与创新三个层次来进行分析与论述，如图2－1所示。

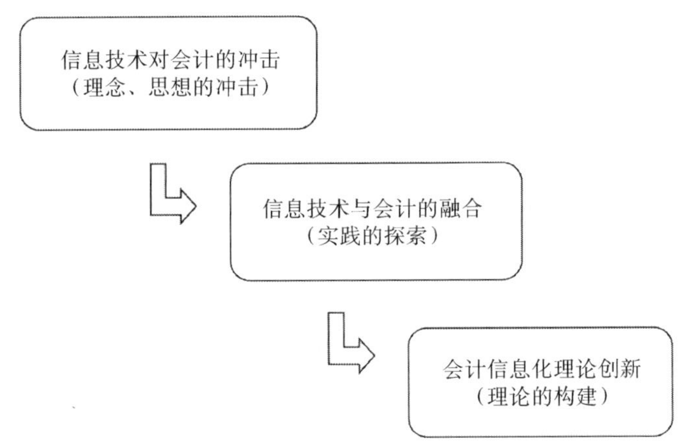

图2－1　信息技术对会计理论与实务影响的演变逻辑

（1）信息技术对会计理论与实务的冲击

所谓冲击是指信息技术使得会计理论、方法和应用有新的视角，突破会计本身的界限去思考，提出了之前会计未曾想过和遇到过的问题。冲击是一种较大程度的影响，但并没有带来会计理论的本质改变。同其他学科和行业一样，计算机技术的发展对会计产生较大的冲击。20世纪90年代，毕马威合伙人Bob Elliort指出“信息技术引起的变革正在撞击会计的海岸线，会计界将接受它的洗礼”。正是受到这种强烈的“撞击”，会计学界普遍认为计算机应用于会计核算将成为必然趋势。杨纪琬（1985）指出“计算机应用于会计核算，以改变手工核算的状态，提升会计核算的效率和水平”。从手工账向电算化转变，是会计核算手段改革的必然趋势。这就是我国会计电算化提出的具体背景。

从国内外会计信息化文献并结合我国会计信息化（会计电算化）发展的历史和过程来看，信息技术对于会计理论与实务的冲击主要表现在以下几个方面：

①对传统会计核算模式的冲击。首先，电算化环境下会计科目的级次可以不局限于总账科目和明细科目两个层级，理论上可以支持无限层级的科目体系。科目编码既可以是固定编码，也可以是动态编码，在 SAP FI 系统中甚至可以是等长编码。其次，电算化环境下会计核算的维度不再局限于手工下的树状单一维度核算，而是通过辅助编码核算可以实现多维度核算。再次，电算化环境下各类账簿都是记账凭证的不同视图，完全可以避免手工下过账、对账等烦琐操作。最后，电算化环境下会计报表可以实现实时化，不一定非得局限于周报、月报和年报等固定期限，完全可以编出实时报表。

②对复式会计记账模型的冲击。在计算机环境下是否一定要采用传统的借贷复式记账法曾一度引发会计学者的质疑和猜想。会计学界试图引入软件工程中的面向对象建模、E－R 建模等方法重新识别和构建会计模型。Claude S. Colantoni 等（1971）提出利用二进制编码（binary code）和多维数据存储技术提升和改进复式记账结构。McCarthy（1978、1982）曾基于 E－R 模型方法构建出基于 E－R 视图的会计模型，并在此基础上提出共享数据环境下的 REA 会计模型。NilsA. Kandelin 和 ThomasW. Lin（1992）构建出基于面向对象的会计信息系统模型。

③对会计主体假设的冲击。在计算机环境下，会计核算不一定只局限于当前会计主体之下，而是可以实现跨主体核算、跨主体出表，会计主体的范围可以根据管理需要实时变更。尤其是在价值链、价值网企业群存在的背景下，阎达五教授提出价值链会计的概念，将会计主体扩展到整个价值链，而不是单个企业。价值链会计是现代信息技术、网络技术与会计理论紧密结合的产物（阎达五，2004）。

（2）信息技术与会计理论和实务的融合

所谓融合是指信息技术与会计相结合产生一些新理论、新思想和新技术等。在融合过程中既体现了会计本身的属性特征，也融入了信息技术的特长，所产生的新事物在理论和实践中都得到很好的应用。关于信息技术与会计融合所产生的新理论、新思想和新技术，主要进行以下几个方面的分析：

①网络化与会计核算的融合。将网络化与会计核算融合产生的第一个新事物是会计集中核算。在网络化环境下，政府或企业可以将下属单位的所有会计工作都集中在一个部门进行统一核算，而不需要每个分子单位都单独进行会计核算。这种模式不仅提高了会计核算效率，也容易实现会计集中监督。在“大智移云物”技术支持下，会计集中核算已发展成为财务共享服务模式。财务共享服务将会计核算、报表编制作为一种共享服务模式来推广应用，并可扩展到费用报销、应收应付、固定资产、报表编制等其他会计工作领域。

②ERP 技术与会计数据采集的融合。在 ERP 环境下，企业采购、研发、生产、销售等各类业务都已信息化，会计数据可以不再从各类业务信息中手工采集，而是自动采集和记录，在业务发生的同时即可取得会计核算所必需的数据。ERP 技术与会计数据采集相融合所产生的概念为“财务业务一体化”。财务业务一体化是将企业经营活动中的物流、资金流、商流、信息流等有机融合，引入计算机的“事件驱动”概念，建立基于“事件驱动”的会计处理流程，使财务数据和业务数据融为一体。在“大智移云物”技术环境下，财务业务一体化不仅推动会计核算准确度和效率的提升，而且促进了业务流程与财务流程、业务人员与财务人员的相互融合，并已发展成“业财融合”。业财融合不仅仅是关注会计核算，还要促进传统财务职能的拓展，基于业务的视角运用财务管理理念和工具服务业务活动开展，并最终形成管理活力，提升企业价值创造能力。

③XBRL 技术与财务报告的融合。在互联网技术环境下，将 XML 技术应用于财务报告产生了一种全新的报告语言——可扩展商务报告语用（XBRL）。XBRL 是基于 XML 技术体系，实现互联网、跨平台操作，专门用于财务报告编制、披露和使用的计算机语言。从全世界范围来看，XBRL 应用越来越广泛，并获得了极大关注。我国也积极参与并加入了 XBRL 国际组织，并在将

XBRL 技术标准列为国家标准的基础上，发布了符合我国会计准则的财务报告分类扩展标准体系，推动了我国企业财务报告的数字化和进一步处理能力。

④信息技术与审计的融合。在计算机环境下，传统审计不再局限于事后审计，可以向事中审计转变，甚至可以实现实时审计。在这一背景下产生了“连续审计”（Continuous Auditing）。相对于传统审计来说，连续审计表现出实时性的特征，即信息证据收集的实时性、监控和分析的实时性和发布审计报告的实时性。连续审计是审计技术与嵌入式技术、代理式技术相融合的结果。在“大智移云物”技术环境下，数据处理能力和分析能力不断增强，连续审计向大数据审计发展。大数据审计是在审计实践中运用大数据技术、加大数据综合利用力度，在大数据环境下审计不再局限于抽样推断方法，而是可以实现总体推断方法，进一步降低审计风险，并且可以推动事中审计、事后审计向事前审计转变。

（3）会计信息化理论体系的创新

创新体现在会计信息化作为独立专业和学科出现，并已形成自己特有的理论和方法学体系。中国财政科学研究院（原财政部财政科学研究所）分别于 1984 年和 1996 年率先设立我国第一个会计信息化硕士点和博士点。会计信息化学术研究旨在总结和提升上述冲击和融合过程，发现会计信息化演进的规律，预测未来可能会产生的新理论、新方法和新应用，以形成一个完整的理论框架体系，指导未来会计信息化的教育科研不断进步。在创新层，会计信息化已形成 ISCA 模型和 TMAIM 体系架构为核心的理论体系，延伸扩展出会计信息系统、会计信息学、内部控制工程学等。信息技术与会计的理论创新主要包括以下几个方面：

①会计信息化的 ISCA 模型。我国会计信息化起步于 20 世纪 80 年代提出的会计电算化。随着企业信息化和会计电算化的发展，杨周南教授于 2003 年在《会计研究》上发表论文《论会计管理信息化的 ISCA 模型》，标志着会计电算化在企业整体信息化的大环境下向前迈进到“会计管理信息化”（即会计信息化）的高级阶段。会计信息化的 ISCA 模型首先是建立在企业管理信息系统环境中的会计信息系统，核心是集成；其次，为了保证会计信息系统的安全有效运作，必须建立健全信息系统内部控制制度；再次，为了确保和审查

内部控制制度的有效执行，必须开展对会计信息系统及其内部控制的审计，以最终达到对会计信息系统安全、可靠、有效和高效的应用（杨周南，2003）。

②会计信息化的TMAIM体系架构。杨周南教授在2009年发表论文《论会计信息化的TMAIM体系架构》，对会计信息化的体系架构进行全面梳理和构建，提出了会计信息化的TMAIM体系架构。会计信息化的TMAIM体系架构是由会计信息化理论体系、会计信息化方法学体系、会计信息化应用体系、会计信息化实施体系和会计信息化行业和社会管理体系等五个要素组成，并以系统科学、管理科学、会计学、组织学、社会学、信息科学、信息工程学、心理学和行为科学等学科为主要理论依托，以现代信息技术为核心技术，以信息平台为主要工具所构成的统一体（杨周南，2009）。

③会计信息化标准理论体系。会计信息化标准化是指对在会计信息化过程中出现的重复性事物和概念制定和实施标准，以获得会计信息化过程的最佳秩序和社会效益（杨周南、刘梅玲，2011）。会计信息化标准理论体系包括会计信息化标准体系的概念框架和会计信息化标准体系的具体内容。会计信息化标准理论为我国进一步推动会计信息化事业发展提供了理论基础和方法指导，促进了会计核算数据交换标准、财务报告分类标准等一系列标准体系的制定。

④内部控制工程理论体系。内部控制工程是将内部控制理论与工程学相结合所提出的理论体系，旨在指导内部控制理论与实践相互转化，并提出内部控制系统的概念（杨周南、吴鑫等，2007）。在信息化环境下，内部控制工程理论主要由基础层、架构层、实施层和评价层组成，进一步将系统工程、软件工程和信息工程等相关工程学科的理论方法引入内部控制工程研究（周卫华、杨周南，2013）。

2.2.3 从会计信息化到会计智能化的演变

近10多年来，“大智移云”快速发展，已经推动我国信息化从企业信息化逐步向社会信息化发展。2018年4月22日，习近平主席在给首届数字中国建设峰会的贺信中指出：当今世界，信息技术创新日新月异，数字化、网络化、智能化深入发展，在推动经济社会发展、促进国家治理体系和治理能力现代化、满足人们日益增长的美好生活需要方面发挥着越来越重要的作用。在这一背景下，电子发票、财务共享服务、业财融合、XBRL、会计大数据、云会计、云审计、电子会计档案、“互联网 + 代理记账”等各类新概念新思想层出不穷。上海国家会计学院 2018 年经过问卷调查发现：当前影响会计的 10 项信息技术为财务云、电子发票、移动支付、电子档案、在线审计、数据挖掘、数字签名、财务专家系统、移动互联网和身份认证。如果说会计电算化主要解决的是会计核算手段的计算机化，会计信息化主要解决的是会计管理信息的数字化，那么当前会计信息化正在向参与管理、参与决策的智能化阶段迈进。

（1）会计智能的逻辑起点

对于会计智能来说，目前还没有明确一致的定义。从国外文献来看，普遍认为会计智能是商业智能的一部分，是商业智能在会计审计领域的应用。国内文献认为会计智能是人工智能技术在会计领域的应用。也就是说，已有概念属于信息技术论，仍然关注于信息技术在会计中的应用。本书认为，会计智能并不局限于人工智能或商业智能在会计领域中应用，而是要从更深入的角度去分析。

会计智能的逻辑起点不是会计哪些方面需要用到智能技术，而是会计本身需要具备哪些智能功能。这是从会计本体思考的角度出发的，必须涉及会计本身的智能研究。会计智能的定义可以分为两个部分，即“会计”和“智能”。首先，会计的本质有管理活动论和信息系统论两种学说。会计信息系统论强调会计本身是一个提供经济信息的信息系统。会计管理活动论认为会计不仅具备信息提供功能，而且具备更重要的价值管理功能。如果会计只是具备信息提供功能而不具备管理职能，那么会计本身参与管理、决策的职能需求并不大。其次，从心理学上说，智能包括智慧和能力。智慧是指从感觉到记忆再到思维的过程，智慧的结果产生了行为和语言，而行为和语言的表达过程称为能力，上述合称“智能”。我们将感觉、记忆、回忆、思维、语言、行为的整个过程称为智能过程，它是智力和能力的表现。根据霍华德·加德纳的多元智能理论，人类智能可以分为语言、逻辑、空间、肢体动作、音乐、人际、内省等 7 个范畴，具体包括语言智能、数学逻辑智能、空间智能、身体运动智能、音乐智能、人际智能、自我认知智能和自然认知智能。

比如说，如果认为一个企业或组织是一个系统，会计在这个组织中所起到的作用是“大脑”还是“心脏”？如果是“心脏”，那么会计重要的工作是供应血液确保机体健康运转。如果是“大脑”，那么会计需要感知、处理和思考信息，参与管理，参与决策，以“智能”指挥机体行为。本书认为，会计在组织中既要发挥“心脏”功能，也要发挥“大脑”功能。“心脏”功能归因于组织的资金流是由会计来组织和循环的。“大脑”功能归因于组织经济活动的价值信息流是汇集到会计来管理和决策的。因此，会计管理活动论即会计本质是一项价值管理活动，是会计职能的理论基础和逻辑支撑。

综上所述，会计智能是指会计本体作为组织的“大脑”参与价值管理、价值创造和价值决策的过程。会计智能重点关注会计智慧和会计能力的模拟、延伸和扩展。从智能的定义出发，会计智能包括感知智能、思维智能、语言智能和行为智能。

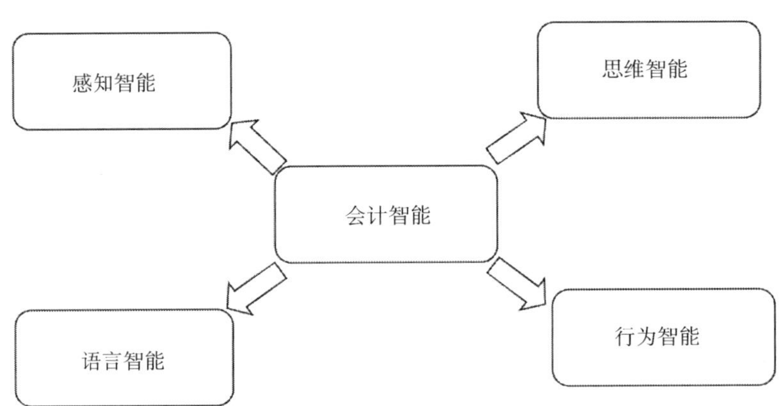

图 2－2　会计智能框架

①感知智能：会计作为企业的大脑，需要采集企业所有的经济活动信息，感知到企业经济活动健康度，就像把脉一样，起到预警和诊断的作用。

②思维智能：会计在确认、计量和记录的过程中，将采集的经济事项转化为有价值的会计事项，从而存储高质量的会计信息。

③语言智能：作为一门商业语言，XBRL 技术已经发展比较成熟，全面地、方便地记录所需的会计信息，这是 XBRL 推广使用的关键点。

④行为智能：会计的监督职能体现在对于会计数据进行分析的基础上，逐步实现经济活动的监督、控制与制约，并参与企业计划、预算等关键决策。

（2）会计智能的理论基础

①会计管理活动论。20 世纪 80 年代国内学术界围绕会计的属性和职能问题竞相争鸣，会计管理活动论、会计信息系统论、会计控制系统论等重要理论流派先后出现，对中国会计理论建设产生重要影响。杨纪琬和阎达五两位教授在 1980 年创见性地提出会计管理概念，认为会计管理的内容可以抽象为价值管理，并且生产的社会化程度越高，会计管理就越重要，以后还将在企业管理活动中逐步处于核心地位（杨纪琬、阎达五，1980、1982）。可以说，会计管理活动论是我国社会主义会计的理论基础，杨纪琬和阎达五两位教授提出“中国需要构建一个相对独立的会计管理理论结构，而不是直接沿用已有的理论体系”（杨纪琬、阎达五，1982）。

会计管理活动论的基本思想主要包括如下内容：首先，会计是人类有意识的价值管理活动。会计既是计量技术，也是管理过程，是运用计量技术对社会生产进行价值管理的实践活动，会计学是研究人们如何运用计量技术对社会生产进行管理的科学体系。其次，会计的基本职能是对价值运动进行过程控制和观念总结。依据会计管理活动论，会计的监督职能需要以真实反映为目标，否则会计监督将失去意义；会计的反映职能需要以有效监督为前提，否则会计信息很可能失真。此外，会计还将在实践中不断新生出其他重要职能。随着经济的不断发展，企业的价值活动越复杂，会计的对内管理职能越将比对外报告职能更为重要。再次，会计管理活动既有技术属性，也有社会属性。会计的社会属性是指社会制度和生产方式对会计计量活动和会计管理活动的影响。在社会主义制度下，会计应该代表全体劳动者对社会财富实行有效监督和价值管理。最后，“社会会计”将成为国民经济核算体系的主要组成部分。随着经济和社会的高速发展，加强宏观经济管理以及正确处理宏观经济效益和微观经济效益的关系具有越来越重要的现实意义。从微观经济角度，“社会会计”只局限于企业会计；从宏观经济角度，“社会会计”是以整个国家为核算主体。

②本体论。本体的概念来自哲学领域。古希腊哲学家亚里士多德将本体

定义为研究“存在”的科学，一方面研究存在的本质，另一方面研究客体对象的理论定义，即整个现实世界（本体）的基本特征。按照斯坦福大学Gruber（1993）的定义：本体是一套得到大多数人认同的、关于概念体系的明确的形式化的规范说明。人工智能领域引入本体是要解决知识表示和知识组织的有关问题。会计本体可以认为是资源或价值的载体，比如货币、存货、固定资产、无形资产等，通过资源、属性、属性值组成的三元结构的定义和描述表述企业和社会的价值运动。

信息技术对于会计理论与实务的影响可以分为三个层次：冲击、融合与创新。会计信息化的研究应在研究信息技术在会计中创新应用的基础上，更侧重于信息技术对会计本体的影响，挖掘信息技术对于会计理论和方法的推动，这也是会计信息化作为独立专业和学科赖以生存的根本。从未来的发展趋势看，可以认为知识化和智能化是信息系统发展到最高境界的基本形态。只有达到知识化和智能化，会计管理活动论才能在会计信息系统中得到体现，并与之完美结合。同时，要使会计信息系统有长久的生命力，必须构建会计本体，从语义上规范会计语言、会计要素、会计活动等，利用会计本体来描述会计信息系统的各类要素。因此，基于管理活动论和本体论的大会计信息系统研究应该是未来会计信息化研究的重要方向。

2.3 数据驱动管理会计数字化

2020年4月中共中央、国务院印发《关于构建更加完善的要素市场化配置体制机制的意见》明确指出土地、劳动力、资本、技术、数据五大生产要素的改革方向和相关体制机制的建设要求。数据首次正式被纳入生产要素范围，成为推动数字经济发展的新引擎。数据驱动是会计数字化转型的核心内容，尤其是在管理会计领域已广泛应用。管理会计顾名思义就是管理者的会计，它借助于所提供的管理会计信息，帮助管理者做出经营规划与决策，并强化组织的经营与管理控制（王斌，2016）。从功能范围上讲，管理会计主要包括管理控制和决策支持两部分内容。学术界普遍认为会计分为财务会计和管理会计。财务会计根据公认的会计原则完成记账、算账、报账、编制报表等，负责向企业外部利益相关方报告企业的财务状况和财务成果；管理会计根据过去、现在、未来的经济信息，运用会计方法和数学模型进行数据的搜集、整理、计算与分析，以满足企业管理上的规划、预测、决策、控制、考核等需求。

从起源、发展和变化来说，会计已经成为企业管理不可分割的组成部分。从会计的管理本质上，杨纪琬教授和阎达五教授早在1980年就提出“会计的本质是一种管理活动”，而不仅仅是提供数据或信息的纯技术方法。“管理活动论”的理论贡献在于：首次从会计的本质上认识到会计不仅是数据的产出者，更是数据的利用者，会计应该通过数据分析和利用进入组织管理、控制、决策循环。近些年管理会计在组织经营管理中的作用日趋重要，印证了“管理活动论”的高瞻远瞩，大力推动管理会计的应用和发展已是我国近些年会计改革与发展的重要工作内容。

数据在管理会计的产生和发展过程中扮演了重要的角色。数据是管理会计产生的核心基础，也是驱动管理会计发展的源泉。在组织中相对于生产、营销、采购、研发等业务部门，会计人员能够脱颖而出进入管理决策层，辅助管理者进行管理、控制和决策，根本原因是会计人员掌握全面的经济数据。有的数据来自会计自身，有的数据来自业务部门，还有的数据来自组织外部。如果没有数据的支撑，再好的会计理论和方法都无用武之地。因此，数据质量对于管理会计来说尤为重要。如果要推动管理会计向更纵深发展，必须通过数据治理和数据管理提升数据质量，为管理会计打下坚实基础。

2.3.1 数据推动管理会计的理论和实践

如果说资金是组织的血液，数据就是组织的神经元。数据记录组织的各种资源和各种资源的活动，有效的数据是组织感知内部变化和外部环境异动的风向标，是组织经营和管理活动的神经元。可以说，在组织内部，谁掌握了最全面的数据，谁就有话语权。管理会计的“话语权”来自其掌握的经济数据。管理会计基于所掌握的经济数据，一方面可以帮助管理者自身做出理性决策（如产品定价、销售策略，甚至企业战略），另一方面通过组织内部的信息沟通实现管理控制，增强组织的“可视化”和“可控制”功能。尽管能够优先获取财务数据和会计数据，但是管理会计必须突破财务数据和会计数据，尽量拿到非财务数据或者业务数据，这一点对于管理会计并不是简单的事情。如果不能获取全面的经济数据，管理会计的职能和工作则有可能被非会计人员所取代。

管理会计起源于18世纪工业革命时期的工业成本会计。工业革命之前，手工作坊的产量有限，市场竞争也不够激烈，成本要素相对简单。在工业革命推动生产规模和生产效率极大提高以后，设备折旧和管理费用大幅增加，使间接费用在生产成本中的比重大大提高。为了更准确地核算产品成本，会计人员开始按照复式簿记法记录所有成本账户。进入20世纪以后，企业管理者逐步认识到成本信息在决策与控制中的作用，成本会计也从单纯计算发展到计算与控制相结合，并最终与对外报告的财务会计分离，形成了内部管理导向的管理会计。从发展历程来看，管理会计可以分为成本确定与财务控制、管理规划和管理控制、流畅优化和资源集约、资源利用和价值创造4个主要阶段，每个阶段都与管理会计掌握的数据和管理者责任息息相关。

（1）成本确定和财务控制阶段（1950年之前）

随着20世纪初泰罗科学管理理论在实践中广泛应用，标准成本、预算控制和差异分析等技术方法逐步出现在管理会计中。通过成本会计核算和报告，管理会计采集、处理和保存了大量设备、人工、管理等相关数据，并利用这些数据协助企业解决“执行过程”中生产效率、生产经济效果等问题。在这一阶段，成本数据的作用并未被充分挖掘，管理会计主要偏向于组织内部，并以如何提高设备产能、降低产品成本和提高生产效率为基本目标。尽管企业内部已具有预算、成本控制等控制系统，但是预算数据、成本数据还没有用于管理决策。

（2）管理规划和管理控制阶段（1960—1980年）

这一阶段管理者的责任重心由效率转向效益，管理会计的职能角色逐步显现。管理者需要利用管理会计所提供的信息进行战略与控制，管理会计成为公司内部管理的信息提供者。管理会计的重点在于为组织的管理规划、管理控制提供信息。管理规划体现于预算编制过程，预算编制依据预算执行数据、预算决算数据；管理控制体现于预算执行控制和成本控制，两者都依赖于各类预算执行数据和成本数据。此阶段，管理会计扩大了预算数据、成本数据的作用范围，但是仍然倾向于事后反应，也就是只有当企业业绩偏离计划或目标时，管理会计才利用手中的数据来分析问题之所在，以及决策该如何采取行动。

（3）流程优化和资源集约阶段（1980—1990 年）

这一阶段，客户选择的个性化和外部竞争加剧使管理会计的决策相关性越来越受到管理者关注。在此阶段，管理会计试图突破传统以成本数据为中心的决策控制，开始大量引入数学分析方法和决策模型，目标就是要尽量发挥数据的优势，挖掘管理会计数据的价值。与此同时，机器人引入制造业大幅提高了生产的速度与质量，并为降低成本开辟了新空间；ERP 信息系统迅速发展和普及，企业流程不断优化，资源使用效率不断提升。管理会计在信息系统中积累了大量的流程数据和作业数据，一方面基于流程数据分析不断感知和优化流程，另一方面基于作业数据进一步关注对管理决策的支持作用。

以流程数据和作业数据为基础，以及基于对传统成本数据“失去相关性”的不满，卡普兰教授提出“资源、作业及作业成本”理论，同时一系列有关流程分析、作业成本法及作业成本管理、战略成本管理等理论与方法体系相继提出。与波特教授提出的“价值链”观念相呼应，管理会计借助“作业管理”，致力于为企业价值链优化服务。

（4）资源利用和创造价值阶段（1990 年中后期以来）

信息技术，尤其是互联网技术的高速发展、人工智能技术和全球经济市场的高度不确定性，进一步加剧了全球市场和全球产业链格局下的竞争。通过业务财务一体化、业财融合、会计集中核算、财务共享服务等会计信息化模式，管理会计逐步形成财务数据和非财务数据组成的经济数据中心。围绕价值创造、价值驱动因素等组织管理者的基本任务和管理导向，研究利用管理会计数据解决环境适应条件下的资源利用及价值创造等问题。在此阶段，平衡计分卡（BSC）、经济增加值（EVA）等新的管理会计工具和方法被引入公司战略、价值管理等过程，极大地丰富了管理会计的实践内涵。

回顾管理会计发展历史，管理会计立足的根本点在于数据的把握和利用，以及对数据分析与价值的逐步认识。区别于营销、生产、研发等业务岗位，管理会计的优势在于会计是企业经济活动的中心和核心，从而能够获取企业经济活动的全部数据，甚至突破财务数据获取非财务数据，成为组织管理者的有力帮手和决策支持者以及落实组织战略的坚定执行者。

2.3.2 数据决定管理会计的角色和作用

面对全球激烈的市场竞争和经济发展的不确定性，在“互联网+”战略背景下，组织需要重新评估商业模式、组织架构、管理流程、战略规划和信息系统。数据、信息和智能在上述过程中将会起到决定性作用。组织必须充分和有效地利用数据资源，将数据转化为信息，并通过智能方法进行控制和决策。管理会计在组织中的角色完全取决于数据的范围、质量和利用效率。管理会计在组织中的主要角色体现在管理控制和战略管理两个方面，下面从这两个方面展开论述。

（1）管理控制

传统会计在组织中只是一个经济事项的记录、反映和报告部门，并没有对业务部门进行管理和控制的职责。《中华人民共和国会计法》明确会计具有监督职能。靠什么进行监督？只能靠数据。从实践来看，很多组织对数据的利用都是一个线性的过程，即采集数据、汇总数据、分析数据、完成决策。决策是数据利用的最后一环。但是，从控制论的视角，数据输入、处理和输出应该是一个循环过程，而非线性过程。也就是说，决策不仅是数据分析的输出，而且是数据采集的输入，以形成“闭环”控制。

控制论是跨系统学、工程学、生理学、心理学、数学、逻辑学等众多学科的交叉理论。控制论中的“控制”是为了改善某个或某些受控对象的功能或发展，需要获得并使用信息，以这种信息为基础对该对象的作用。控制的基础是信息，一切信息传递都是为了控制，进而任何控制又都有赖于信息反馈来实现。信息反馈是控制论的一个极其重要的概念。信息反馈就是指由控制系统把信息输送出去，又把其作用结果返送回来，并对信息的再输出发生影响，起到制约的作用，以达到预定的目的。

管理会计要在组织中扮演监督和控制的角色，必须要通过数据完成信息反馈，形成闭环的控制流程。我们把组织看成一个可控制的有机整体，当经济环境和市场环境发生波动，组织内原有的运营平衡必然被打破，管理会计通过数据感知到这种变化后，需要尽快地反馈给管理层并进行决策，适时调整组织的运营策略和战略规划，适应商务环境的变化。在 IT 环境下，管理会计控制原理图如图 2－3 所示。

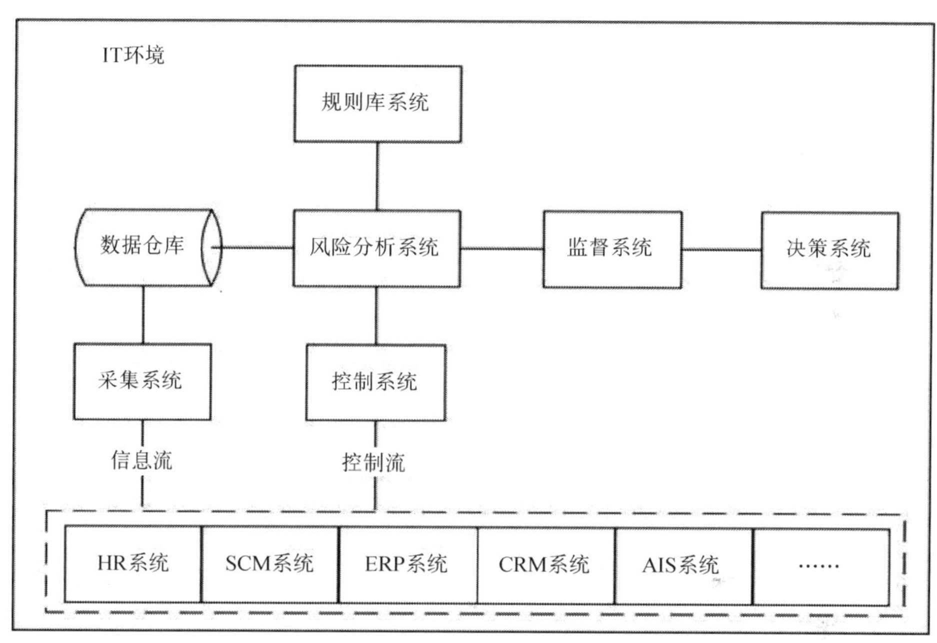

图 2－3　IT 环境下管理会计控制原理

根据图 2－3，在 IT 环境下管理会计控制系统由采集系统、规则库系统、风险分析系统、控制系统、监督系统、决策系统、数据仓库等组成，通过信息流和控制流与 HR 系统、SCM 系统、ERP 系统、CRM 系统、AIS 系统等核心业务系统进行集成。IT 环境为管理会计提供了实时获取信息、存储信息、传递信息的技术环境，其由操作平台、信息网络、数据库和计算机设备构成。

①控制对象。管理会计的控制对象是企业价值链上的经营活动或者业务流程。业务流程是由一个个业务活动组成的，其目的是实现战略目标，向客户提供价值。因此控制对象既包括经营管理中的全部活动，也包括单一具体活动，如采购材料、资产管理、销售商品、费用报销、担保审核等。业务流程内嵌于 HR 系统、SCM 系统、ERP 系统、CRM 系统、AIS 系统、OA 系统等

核心业务系统中，通过物流和资金的流动形成对应的信息流。

②采集系统。采集系统是收集控制对象行动结果信息的子系统，其基本功能是在企业经营活动中实时采集和获取企业经营中产生的信息，按照一定的处理规则加工和处理，并按照特定的格式保存在数据仓库中，为风险分析系统提供数据支持。采集系统采集信息的过程是全自动的，既包括会计信息，也包括业务信息。由于采集信息的速度和数量直接影响到控制的效率和质量，在信息化环境下应确定采集的内容，以保证采集经营活动信息的深度、广度和及时性。

③规则库系统。规则库系统是管理会计标准、规范、框架和制度所规定的控制指令和程序组成的数据库。按照规则的结构划分，控制规则分为结构化规则和非结构化规则。结构化规则可以用结构化语言描述，并可嵌入信息系统中支持自动控制。非结构化规则如道德规范等没有严格的评判标准，不同人可以有不同的理解，因此控制过程中需要人为参与。

④风险分析系统。风险是致使企业管理过程中不能达到管理会计目标的干扰要素。风险分析系统通过对采集系统实时获取的信息进行分析和评估，根据规则库系统判断业务流程存在的风险，以明确什么可以做、什么不可以做，并将控制信息传达给控制系统。风险分析系统的工作原理是将数据库中提取的反应经营活动的实际信息与规则库系统中的控制标准或控制准则进行对比分析，如果控制对象偏离了既定的准则和标准，则告诉控制系统阻止该经济业务继续进行或提示该经济业务已偏离既定的准则和标准。

⑤控制系统。控制系统是执行管理会计控制活动的人机交互系统。该系统根据风险分析系统反馈的控制指令，由管理者在其控制权限内对发生的经济业务进行控制。控制指令分为柔性控制和刚性控制，柔性控制是非结构化控制规则的实现，刚性控制是结构化控制规则的实现。在柔性控制情况下，系统通过自动提示的方式提醒管理者参与控制过程，由管理者完成偏差的消除。在刚性控制情况下，系统直接阻止经济业务的进行，以达到自动控制的目的。

⑥监督系统。监督系统是管理会计执行过程中产生的数据和结果进行监测和督察的过程。监督系统将企业经营活动的结果与企业战略决策进行比对，

并定期将比对结果上报企业管理者，分析管理会计控制的效果，以便企业管理者及时调整内部控制政策，适应不断变化的内外部环境。

⑦决策系统。决策系统是在监督系统的基础上通过应用数据挖掘（DW）、联机数据分析（OLAP）等辅助决策技术，为企业管理者在决策过程中提供必要的数据支持。决策系统是企业管理者实施战略控制的支撑系统，其通过企业的长期规划和决策指标制定控制标准，并结合实际运行过程中的数据分析，及时制定控制标准和调整决策。

（2）战略管理

随着经济社会的发展，战略被广泛应用于企业管理，用以指导企业经营与发展。“战略”最初是由美国近代组织理论的奠基人巴纳德应用到企业管理之中。巴纳德在 1938 年出版的《经理人员的职能》一书中提出“战略”要素的构想。钱德勒教授认为，战略是围绕企业长远目标以及为实现企业长远目标所采取的行动路线和资源配置的决策，战略一旦制定，就对组织中长期经营方向具有决定性的指导作用，对组织经营资源配置具有一定的约束作用。美国学者霍佛和申德尔也认为，战略是企业目前的和计划的资源配置与环境相互作用的基本模式，该模式表明企业将如何实现自己的目标。迈克尔·彼特认为，从空间维度来看，战略是企业组织对整体发展的全面规划；从时间维度来看，战略是企业组织对未来经营方向的中长期计划；从战略决策的依据来看，战略的形成是基于对组织内部资源和外部环境的深入分析和准确判断。因此，战略具有典型的前瞻性特征。企业战略管理的任务就是通过采用描述性方法让所有员工明确企业未来的发展方向，认识到自身的价值，达到统一的思想。战略管理的关键体现为战略执行能力，战略管理的核心是战略目标的制定，战略目标是指企业在特定时期想要完成的预期结果，是企业未来一段时期努力追求的方向，隐含了企业对某种竞争优势的追求。战略目标的具体表现形式是多元的，受多种因素的制约，而战略目标必须量化为具体的预算指标体系才能完成。

管理会计中融入战略管理是使当代企业保持和创造长期竞争优势的决策要求适合于企业战略管理需要的管理会计信息系统和重要的决策工具，服务于战略比较、战略选择和战略决策，是战略会计向战略管理领域的延伸和渗透。在管理会计中融合战略管理方法，即对企业提供自身内部和企业外部市场及竞争者的信息，通过战略分析、比较和选择，帮助企业管理者制定、实施战略计划以及取得竞争优势。随着管理会计和战略管理深度融合，“战略管理会计”的概念应运而生。我国会计名家余绪婴教授认为，“战略管理会计”是为企业战略管理服务的会计，它可从战略的高度，围绕企业、顾客和竞争对手组成的“战略三角”，提供与顾客和竞争对手具有战略相关性的外向型信息，也可对本企业的内部信息进行战略审视，帮助企业决策层知己知彼地进行战略的制定和实施，借以最大限度地促进本企业“价值链”的改进与完善，保持并不断创造竞争优势，以促进企业的长足、健康发展。

以上定义都体现出战略管理会计的一些基本特征，即重视外部环境和市场，注重整体性和前瞻性，注重企业长期发展，从而为企业的战略管理与决策提供信息。

战略管理会计已发展成为一种以战略的高度收集、加工与组织相关各方面的经济信息，帮助组织管理层对内进行战略审视，对外做出战略决策，最大限度地协调组织现实与经济环境之间的关系，保持其长期竞争优势的决策支持系统。战略管理会计不仅需要组织内部的财务数据与非财务数据，而且需要组织外部的经济数据、市场数据、行业数据等。战略管理会计是一个非结构性的复杂过程，既要根据各种数据，更需要根据自己的经验，利用大脑的思考对局势进行判断来做出正确决策，其中决策者的定量和定性思考是一个多次交互的过程。战略管理会计既要强调机器的智能化和对数据模型的充分依赖，又要重视人机协调。因此，战略环境的不确定性，信息的不完全、不精确性，决策信息的分布性特点等，都给战略管理会计的智能化带来新的挑战。

我们以小米的“铁人三项”战略管理为例来进行分析。小米作为新兴的互联网科技公司，以非凡的速度迅速成为世界知名公司，市值一度超过 450 亿美元。然而，要最终成为一家伟大的公司或许还面临着诸多考验。2011 年 8 月，小米发布了第一款手机。2015 年底，小米手机出货量预计超过 7 000 万台，雷军本人给出的小米市值高达 300 亿美元，旗下小米商城跻身成为中国第三大电商平台。但是，2015 年以来，从整个智能手机市场来看，大多用户已经完成从功能机到智能机的使用转换，新增用户日渐减少，整个手机市场开始趋于饱和，并进入用户周期更新阶段。在这种大趋势之下，手机市场增长速度放缓，甚至已经进入滞涨阶段。如果小米手机最初高速增长是因为在整个功能手机向智能手机切换的高速期（也即智能手机空白市场时期）依靠创造性商业模式迅速抢占了大量的空白市场，那么如今整个手机市场“圈地”已经接近尾声，大多国内用户已经用上智能手机，此时小米如果继续增加市场份额，势必需要从竞争对手手中抢夺市场份额，难度可想而知。正因如此，小米要想延续高增长必须调整自己的战略，以适应市场变化的要求。通过对市场数据、行业数据、销售数据、财务数据、金融数据等内部和外部数据综合分析，小米公司逐渐从单一互联网销售手机转向“铁人三项”① 战略。“铁人三项”战略的真正意义是小米想通过硬件、软件和服务三个层面的整合服务形成超越竞争对手的全新优势，这在当时普遍认为互联网服务与硬件系统是不同领域的环境下，是一个巨大的创新。

管理会计要在组织中实现战略管理会计角色，必须获取组织内部和外部的各项数据，站在战略的高度，跳出单一组织的范围，关注组织环境的变化。战略管理会计不仅要收集、分析企业内部的数据信息，更要从企业外部收集外部市场环境和竞争者信息以及整个经济市场、自然环境和竞争对手的变动等相关信息，判断对企业战略的影响。战略管理会计突破传统管理会计只提供财务信息的局限，在提供信息的内容和处理信息的方法上都进行拓展，帮助组织管理层掌握更广泛、更深层次的信息，全面研究分析组织的相对竞争优势，做出正确的战略决策。因此，对于战略管理会计角色来说，管理会计必须有全面的、综合性的数据管理，能通过对影响企业绩效的相关因素进行深入分析，剖析影响企业运行的动因，发现存在的问题，为改善经营决策提供信息。

2.3.3 数据在管理会计中的分类与管理

数据是描述事物的符号记录，是信息的表现形式和载体。在绝大多数情

① 小米公司“铁人三项”商业模式即“硬件 + 互联网 + 新零售”。

况下，人们并非追求数据本身，而是追求数据所蕴含的信息。用于支持管理会计进行决策分析与控制管理的信息同样来源于数据。如何把企业经营活动中采集的数据加工处理为辅助决策与控制的信息十分重要，而在此之前这些数据首先需要被合理分类。分类是否恰当影响着后续数据加工、综合成信息的结果与效率。

（1）根据数据来源分类与管理

根据来源，数据可分为内部数据和外部数据。企业规模与行业不同，所需要及能够获取的数据也不同。内部数据包括存货记录、销售记录等财务数据，也包括退货记录、雇员记录等非财务数据。内部数据由企业自身控制形成，通常被认为更具有可靠性。传统企业往往出于可靠性目的更倾向于使用内部数据，内部数据也能满足其必要的分析、决策需要；而诸如金融企业、互联网企业等“富数据”行业能够获取大量的外部数据，也有使用行业数据、市场数据等外部数据的需要。

管理会计所用模块几乎均需使用内部数据。例如，在控制管理方面：销售预算、生产预算、成本预算等经营预算，大多以实物量指标与价值量指标反映企业收入与费用的构成情况，通常需采集与利润表计算相关的财务内部数据；现金控制、存货控制等成本控制，期末需要将成本发生的实际值与成本控制的目标进行比较，实际值往往是与该资产项目相关的财务内部数据；绩效评价中的财务评价，需采集成本、收入、利润等财务内部数据。在决策分析方面：销售预测分析中需要采集企业内部历史销售量数据；短期经营决策需采集相关生产设备、人力资源、产量、销量、收入、成本等内部数据。

有些领域（尤其是与分析相关的领域）也需要采集外部数据才能完成其职责，例如：销售预测分析在进行市场调查时，需采集市场占有率、竞争对手情况等外部数据；绩效评价中的非财务评价需采集市场份额、客户满意度等外部数据；长期投资决策需从企业、社会的角度进行研究，分析经济、技术和财务的可行性，需采集大量政策法规、行业数据、市场数据等外部数据。

（2）根据数据格式分类与管理

根据格式，数据可大致分为文本、图像、视频、音频。基于此分类模式，管理会计中运用最普遍的数据是文本类型数据，原因在于文本类型数据具有多种形式（如数字、符号、文字等），在披露方面具有独特的优势。数据采集者可以很清晰地利用文本类型数据描述事项，数据分析者也可以方便地使用文本类型数据进行比较、汇总、统计等。例如：在预算、成本控制方面经常需要采集财务报表加工形成的数据，这类数据都是文本类型数据；在销售预测、利润预测、短期经营决策方面通常需要采集销售量、产量、价格这类数据，而这些数据往往来自单、票等原始凭证，也是文本类型数据。

文本类型数据虽优势明显，但有时由于语境或用词的不同，会造成多层次多维度的猜测与解读，而客观准确的数据是进行决策分析与控制管理的基础，因此有必要使用其他类型的数据进行扩充。得益于互联网的发展（尤其是大数据时代的到来），图像、视频、音频类型数据被广泛使用。非文本类型数据往往不能直接用于分析，目前通常是采取一定的技术手段，如光学字符识别（OCR）技术，语音识别技术，从这些数据中提取出所需信息，形成文本类型数据，并同时对原非文本数据进行存储及索引。例如，扫描原始凭证及各类单据，利用 OCR 技术从得到的图像数据中提取文本类型数据，并对图像数据进行存储。分析人员使用管理会计信息系统进行分析与决策时（如销售预测分析、存货控制等），同时显示图像数据，辅助分析人员进行理解。

（3）根据数据类型分类与管理

根据结构，数据可分为结构化数据、半结构化数据以及非结构化数据。顾名思义，结构化数据是有特定结构的数据，通常指关系型数据库中的行数据，可以用二维表结构来逻辑表达。一方面，关系型数据库因具有数据结构简单、容易实现、有关系代数作为理论基础等优势，被包括会计信息系统及 ERP 系统在内的各类信息系统广泛使用（这些信息系统为管理会计分析积累了大量的遗产数据）；这一点使结构化数据成为管理会计最具历史性的数据；另一方面，数据仓库是管理会计信息系统的重要组成部分，基于数据仓库可以对数据进行多维度的分析。结构化数据可以直接通过 ETL 技术导入数据仓库进行集中管理，这就使结构化数据成为目前管理会计最易抽取的数据。例如，财务报表在会计信息系统中通常不存储为某个物理文件，它往往是个视图（即时生成），其内含的各项数据就是结构化数据。管理会计进行预测分析、成本控制、绩效评价、短期决策等所需使用的财务数据就来源于此。

非结构化数据包括文档、图像、音频、视频等。上文也提及，因为很难对这类数据直接进行分析，所以通常把它们存储在文件系统中，利用数据仓库中的元数据（解释型数据，描述属性、位置信息等）进行索引。半结构化数据是介于结构化数据和非结构化数据间的数据。这类数据具有一定的结构，但往往结构变化较大，很难用二维表存储，如 XML、JSON 等。这类数据一般都是以纯文本的形式输出，管理维护也较为方便，且很容易进行网络传输，通常存储的是动态数据，但在使用这些数据进行分析时，需要先进行解析。半结构化数据以 XBRL 为例最为合适。例如，企业进行长期投资决策时，往往需要使用行业数据（如财务指标），并对竞争对手进行分析（财务报表横、纵比较），利用 XBRL 可以用工具比较和统计这些数据。

2.3.4 管理会计数据仓库构建研究

（1）数据仓库的原理和方法综述

①数据仓库的概念与原理。数据仓库并非新概念，这个术语在 1991 年由 William H. Inmon 在《建立数据仓库》一书中提出并定义：数据仓库是一个面向主题的、集成的、时变的、非易失的数据集合，支持管理者的决策过程。将数据库与数据仓库进行比较，可以更容易理解什么是数据仓库。数据库系统的主要任务是执行联机事务和查询处理，被称为联机事务处理（Online Transaction Processing，OLTP）系统。它们涵盖了单位的大部分日常操作，如采购、库存、制造、银行、工资、注册、记账等。数据仓库系统在数据分析和决策方面为决策者或分析人员提供服务，这种系统可以用不同的格式组织和提供数据，以满足不同用户形形色色的需求，被称为联机分析处理（Online Analytical Processing，OLAP）系统（见表 2－1）。

表 2-1　　OLTP 和 OLAP 的区别与联系

特征	OLTP	OLAP
特性	操作处理	信息处理
面向	事务	分析
用户	办事员、DBA、数据库专业人员	知识工人（如经理、主管、分析人员）
功能	日常操作	长期信息需求、决策支持
DB 设计	基于 E-R，面向应用	星形/雪花，面向主题
数据	当前的、确保最新	历史的、跨时间维护
汇总	原始的、高度详细	汇总的、统一的
视图	详细、一般关系	汇总的、多维的
工作单元	短的、简单事务	复杂查询
访问	读/写	大多为读
关注	数据进入	信息输出
操作	主码上索引/散列	大量扫描
访问记录数量	数十	数百万
用户数	数千	数百
DB 规模	GB 到高达 GB	≥TB
优先	高性能、高可用性	高灵活性、终端用户自治
度量	事务吞吐量	查询吞吐量、响应时间

OLTP 的数据库系统积累了海量数据，但它是为已知的任务和负载设计的，所提供的简单数据查询不能满足企业分析的需求，数据使用者很难从这些数据中获取有效信息，仅凭个人的经验和直觉做出决策。如果在数据库系统中进行复杂、汇总、多维的 OLAP 查询，则会大大降低日常操作任务的性能。因此，分离出 OLAP 的数据仓库是能够满足企业更高性能地完成日常操作与分析决策的需要。根据定义，数据仓库有如下特征。

➢ 面向主题的（sub-oriented）：主题是一个在较高层次上将数据归类

的标准，每一个主题对应一个宏观的分析领域，如顾客、供应商、产品和销售组织。数据仓库关注决策者的数据建模与分析，而不是单位的日常操作和事务处理。因此，数据仓库通常排除对于决策无用的数据，提供特定主题的简明视图。

➢ 集成的（integrated）：通常，构造数据仓库是将多个异构数据源，如关系数据库、一般文件和联机事务处理记录集成在一起。这些数据源可能有重复或不一致的地方，因此数据在进入数据仓库之前必须经过数据加工和集成，确保命名约定、编码结构、属性度量等的一致性。

➢ 时变的（time - variant）：数据仓库中的数据时间期限要远远长于操作型系统中的数据时间期限，它从历史的角度（例如，过去5—10年）提供信息。数据仓库中的关键结构都隐式或显式地包含时间元素。

➢ 非易失的（nonvolatile）：数据仓库总是物理地分离存放数据，这些数据源于操作环境下的应用数据。由于这种分离，数据仓库不需要事务处理、恢复和并发控制机制。通常，它只需要两种数据访问操作：数据的初始化装入和数据访问。

②数据仓库的数据存储。以下从ETL（数据是如何进入数据仓库的）、粒度（数据仓库中数据的综合程度）以及元数据（数据仓库中的数据如何进行管理）三个方面阐述数据仓库中的数据存储。ETL即数据抽取（Extract）、清洗（Cleaning）、转换（Transform）、装载（Load）的过程。数据抽取从多个异构外部数据源收集数据，数据清洗检测数据中的错误并更正以保证一致性，数据转换将数据由遗产或宿主格式转换成数据仓库所要求的格式，数据装载对数据进行排序、汇总、合并、建立索引和划分，并载入数据仓库。ETL是提高数据质量，从而提高其后数据分析、挖掘结果质量的重要步骤。

粒度是指数据仓库的数据单位中保存数据的细化或综合程度的级别。细化程度越高，粒度级别就越小；相反，细化程度越低，粒度级别就越大。粒度是一个设计问题，它影响着存放在数据仓库中的数据量的大小，同时影响着数据仓库所能回答的查询类型。在数据仓库中的数据量大小与查询的详细程度之间需做出权衡。数据仓库采取双重或多重的粒度设计才有意义，大量的、历史的、来自操作环境的数据采用细节级粒度存储，分析用数据采用的是经汇总、压缩的综合级粒度数据，综合级粒度数据的数据量比细节级数据的数据量要少得多。当然，可以根据需求对粒度进行多重划分。例如，细节级数据进一步划分为当前细节级数据与早期细节级数据，综合级进一步划分为轻度综合级与高度综合级。源数据经 ETL 后，首先进入当前细节级，并根据具体需要进行进一步的综合，从而进入轻度综合级及至高度综合级，老化的数据将进入早期细节级。

元数据是描述数据的数据。元数据库通常包括以下内容：数据仓库结构的描述，包括仓库模式、视图、维、分层结构等；操作元数据，包括迁移数据的历史和它所使用过的变换序列、数据流通和管理信息（仓库使用过的统计量、错误报告和审计跟踪）；用于汇总的算法，包括度量和维定义算法，数据所处的粒度、主题领域、聚集、汇总、预定义的查询和报告；由操作环境到数据仓库的映射，包括源数据库和它们的内容，相关描述，数据划分，数据抽取、清洗、转换规则和默认值，以及安全性（用户授权和存取控制）；关于系统性能的数据，除刷新、更新和复制周期的定时和调度的规则外，还包括改善数据存取和检索性能的索引和概要。在数据仓库中，元数据扮演很多不相同的角色。元数据用作目录，可以帮助决策支持系统分析者对数据仓库的内容定位；当数据由操作环境到数据仓库环境转换时，元数据是数据映射的指南；对于汇总的算法将当前细节级粒度的数据汇总成轻度综合级粒度的数据，或将轻度综合级粒度的数据汇总成高度综合级粒度的数据，元数据是指南。

③数据仓库的主要应用。数据仓库主要有三类应用：信息处理、分析处理和数据挖掘。信息处理支持查询和基本的统计分析，并使用图表的形式进行报告。数据仓库信息处理的当前趋势是构造低价格的基于 Web 的访问工具。分析处理支持基本的 OLAP 操作，一般在汇总的和细节的历史数据上操作。与信息处理相比，联机分析处理的主要优势是它支持数据仓库的多维数据分析。数据挖掘支持知识发现，包括找出隐藏的模式和关联、构造分析模型、进行分类和预测，并使用可视化工具提供挖掘结构。

（2）管理会计数据仓库的构建过程

①数据仓库的构建方法。数据仓库有两种构建方法：自顶向下方法和自底向上方法。自顶向下方法是指将 OLTP 数据直接集中到数据仓库中，数据仓库中的数据可以下钻到最细粒度，或者上卷至最粗粒度，数据集市是数据仓库的子集，是在数据仓库已经形成的基础上构建的，面向特定主题的分析需求。自底向上方法是指数据仓库仅仅是构成它的数据集市的联合，可以通过一系列维数相同的数据集市递增地构建数据仓库。这两种方法各有优劣，自顶向下方法只有在构建几个主题区域之后，集中式的数据仓库才创建数据集市，这种方法某种程度上缺乏灵活性，并且在现在的商业环境中所花时间太长。自底向上方法首先形成部门级的数据集市，数据集市因规模小，构建时间短，能够解决组织迫切的业务问题，然而企业在后期构建数据仓库时往往不得不解决各个数据集市的数据不一致问题。

在实际数据仓库建设中，企业往往会根据实际情况与需求相互借鉴使用两种构建方法。管理会计的工作主体可以分为多个层次，它既可以以整个企业（如投资中心、利润中心）为主体，又可以将企业内部的局部区域或个别部门甚至某一管理环节（如成本中心、费用中心）作为其工作的中心。当急需对企业内部的局部区域进行分析时，企业当然可以采用先建立数据集市再联合成数据仓库的自底向上方法。然而，事实上在多数情况下，管理会计是以企业为主体，需要采集的数据既有内部数据，又有外部数据，既有财务数据，又有业务数据，分析人员或决策者需站在中心角度，考虑多方面因素才能得出结果。因此，如果时间和资源允许，并且企业需分析的事项（主题）不经常变动，采用自顶向下方法更为合适。

②管理会计数据仓库的构建。管理会计分析与决策所需的数据可分为内部数据与外部数据。如图 2-4 管理会计数据仓库架构所示，内部数据包括财务数据和业务数据（非财务数据）。财务数据可能来自财务核算系统、报表系统，业务数据可能来自采购系统、销售系统、存货系统等。外部数据包括经济政策、法规、行业数据、供应商数据等。这些数据需进行抽取、清洗、转换（ETL）后才可进入数据仓库，以保证数据的一致性和初步的汇总与归类。例如，从财务核算系统（财务数据）与销售系统（业务数据）都能够获得收

入数据，那么这两个系统中的数据是否存在口径或数值不一致的情况？数据仓库中保留哪些，舍弃哪些？是否需要归纳、汇总为新结构的数据？这些都是ETL过程需要解决的问题。

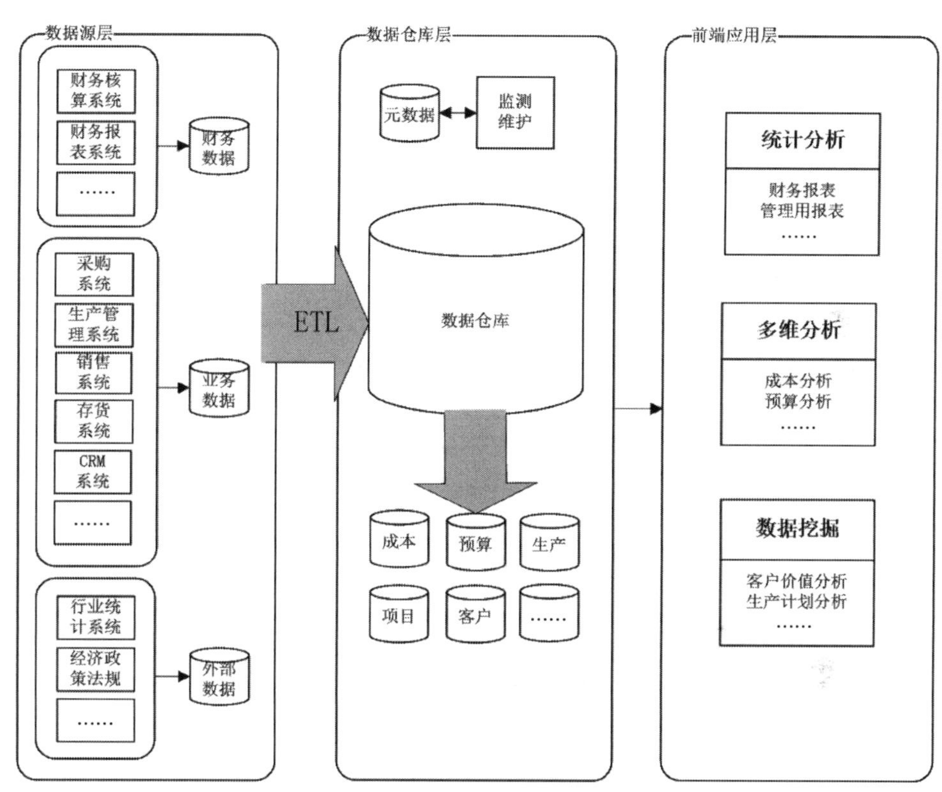

图2-4 管理会计数据仓库架构

数据仓库中的数据是按照一定的主题进行组织的，因此构建管理会计信息系统数据仓库的第一步是选取主题。选取主题需要对管理会计信息系统需要实现的目标（即需要分析的领域）进行解读。如前文所述，管理会计信息系统主要包括规划、控制、评价和决策四个部分，功能模块包括（但不限于）成本管理、预算管理、绩效管理、投融资管理、管理会计报告。下面以成本管理和预算管理为例，确定其分析用数据、数据源、主题（见表2-2和表2-3）。

表 2-2　　成本数据主题

<table>
<tr><td>功能模块</td><td>成本管理</td></tr>
<tr><td>主要任务</td><td>成本核算、成本分析、成本预测、成本控制</td></tr>
<tr><td rowspan="4">分析用
主要数据</td><td>成本核算：业务活动事项记录和货币计量的数据
产品成本：直接材料、直接人工、制造费用
期间成本：销售费用、管理费用、财务费用</td></tr>
<tr><td>成本分析：成本标准或计划数据、成本核算子模块生成的成本实际数据</td></tr>
<tr><td>成本预测：业务计划数据、成本评价结果、成本预测假设条件以及历史数据及行业对标数据</td></tr>
<tr><td>成本控制：成本费用目标、成本预算控制等</td></tr>
<tr><td>数据源</td><td>财务核算子系统
业务子系统：生产管理系统（机器、人工、产量记录）、设备管理系统（折旧、备件消耗等）、存货系统（材料消耗）、供应商采购系统（价值链分析）、计划统计系统（各类标准）、行业信息（对标数据）等</td></tr>
<tr><td>主题</td><td>采购、销售、生产、成本等</td></tr>
</table>

表 2-3　　预算数据主题

<table>
<tr><td>功能模块</td><td>预算管理</td></tr>
<tr><td>主要任务</td><td>预算编制、预算执行控制、预算调整、预算分析和评价</td></tr>
<tr><td rowspan="4">分析用
主要数据</td><td>预算编制：历史绩效数据、关键业绩指标、预算驱动因素、管理费用标准
销售预算：单价、预计销售量等
生产预算：预计销售量、预计期末存货量、预计期初存货量等
直接材料预算：消耗定额、预计生产量、预计需求量、预计采购量等
制造费用预算：变动性制造费用、固定生产成本等
产品成本预算：直接材料、直接人工、制造费用、采购单价等
销售费用预算：变动性销售费用、固定性销售费用（如管理人员工资、宣传广告费等）</td></tr>
<tr><td>预算执行控制：各部门的主要绩效指标、业务计划、预算执行控制标准及预算执行情况</td></tr>
<tr><td>预算调整：各部门的主要绩效指标、预算执行差异分析报告</td></tr>
<tr><td>预算分析和评价：预算指标及预算执行情况、业绩评价的标准与考核办法</td></tr>
<tr><td>数据源</td><td>财务核算子系统
业务子系统：采购系统、销售系统等</td></tr>
<tr><td>主题</td><td>采购、销售、预算等</td></tr>
</table>

确定主题后，应选取主题（事实表）所对应的维。维可以帮助用户更好地跟踪数据，以及执行多维分析模型中的复杂演算。以成本主题为例，可以建立时间维、作业维、直接费用维、间接费用维等，完成在各个维度上的汇总分析。维、事实表等概念在下一节多维分析模型中进一步阐述。事实表与维表搭建完成后，即可从之前分析的数据源中抽取、转换、装载数据，并以这些数据为基础进行多维分析和数据挖掘。

（3）管理会计数据仓库的多维分析模型

①多维分析模型及其操作。多维分析模型是为了满足用户从多角度多层次进行数据查询和分析的需要而建立起来的基于事实和维的数据库模型，其基本的应用是为了实现 OLAP。在阐述多维分析模型之前，需要简要地介绍一些术语。“维”是人们观察客观世界的角度。以销售记录为例，一笔销售涉及时间、产品、分支机构、地点等，这些“维”使企业能够记录产品的月销售、实现销售的店铺和地点。每个维都可以对应一个与之关联的表，即维表。多维分析模型围绕诸如销售这样的中心主题组织。主题用事实表表示，事实表包括事实的名称或度量，以及每个相关维表的码。通常，采用数据立方体来描述多维模型，这里的立方体是 n 维的，不限于三维。常见的多维分析模型有：星型模型、雪花模型、星座模型。

星型模型是最常见的模型，包括一个大的中心表（事实表）——它包含大批数据且不含冗余——以级一组小的附属表（维表）。在星型模型中，每个维只用一个表表示，这种限制可能造成某些冗余。雪花模型是星型模型的变种，其中某些维表被规范化，因而把数据进一步分解到附加的表中。雪花模型的维表是规范化形式，可以减少冗余，易于维护，节省存储空间。然而，与巨大的事实表相比，这种空间的节约可以忽略。此外，由于执行查询需要更多的连接操作，雪花模型可能会降低查询效率。复杂的应用可能需要多个事实表共享维表。这种模式可以看作星型模型的汇集，因此称作星座模型。

典型的 OLAP 多维分析操作包括：

A. 上卷（roll－up）：上卷操作通过沿一个维的概念分层向上攀升或者通过维规约在数据立方体上进行聚集，从数据粒度的角度即是粒度由细到粗的过程。如将江苏省、上海市和浙江省的销售数据进行汇总来查看江浙沪地区的销售数据。

B. 下钻（drill - down）：下钻是上卷的逆操作，它可以通过沿维的概念分层向下或引入附加的维来实现，从数据粒度的角度即是粒度由粗到细的过程。如通过对某年第二季度的总销售数据进行钻取来查看第二季度每个月的销售数据。

C. 切片和切块：切片（slice）操作在给定的立方体的一个维上进行选择，形成子立方体。切块（dice）操作通过在两个或多个维上进行选择，定义子立方体。

D. 转轴（pivot）：转轴是一种目视操作，它转动数据的视角，提供数据的替代表示，即维的位置的互换，类似二维表的行列转换。

②多维分析模型在管理会计中的主要应用。

A. 预算与预测分析。企业应进行预算，以便对在特定计划期内的全部生产经营活动做出计划、协调、控制以及考核。传统预算通常设定一个稳定的假设条件，并在此基础上进行预算的编制、控制和分析。然而，企业实际的经营情况复杂多变，传统预算得到的结论可能与战略、经营目标不符，这时就需要及时进行预算调整，组织新的预算平衡。多维分析可以基于现有模型对预算进行迅速、灵活的调整，同时可以很容易标识出哪些数据是过时的，从而追踪至具体的预算项目，以辅助管理人员进行分析。预算所需的很多数据都来自预测分析，可以说预算是以预测分析为基础的。多维分析模型可以通过维表选取不同的层次进行预测分析（如按月或季度，按产品或产品线等），快速地生成多层次、多样本的统计结果。

B. 差异分析。预算（标准）值与实际值总会存在差异，有些是有利差异，有些是不利差异。企业为进行决策，必须分析产生差异的原因，即进行差异分析。由于数据仓库中的数据是时变的（含大量历史数据），分析人员可以利用多维分析模型快速地进行纵向比较，不仅可计算出当期实际值与当期标准值的差异，还可计算出当期实际值与前期标准值差异，且结果可以即时生成。例如，企业对销售量进行预测，可以建立销售主题的多维分析模型，含标准维与实际维，并根据实际销售情况，即时得出价格差异与销量差异，以进行差异分析。

C. 作业管理。作业即活动，作业管理以“作业”为企业管理的起点和核心，把企业看作为最终满足顾客需要而设计的“一系列作业”的集合体，形成一个由此及彼、由内到外的作业链，一切价值都由价值链创造。作业管理的过程实质上就是作业链的优化过程，通过作业管理，企业可以确定关键资源、为产品定价、进行库存评估、分析成本与投资回报率等。企业决策者可以利用多维分析模型把多种场景和策略列入其商业模型，分析可能的改进方案，并评估各种生产和管理策略（如引进生产线、改变生产工序等）对运营的影响，且这一分析过程对企业没有任何风险。

以管理会计报告进一步说明多维分析模型。管理会计报告是提供公司经营管理过程和经营结果的书面文件，它作为管理会计信息的直接输出方式，是管理者可以获得的最全面最有效的管理会计信息，与管理者的决策高度相关。目前，会计学界并不存在统一的管理会计报告体系，管理会计报告的使用者是企业各个层级、各个环节的管理者，它可根据需要灵活设置报告期间（一般为月度、季度、年度），其内容可以根据管理需要和报告目标而定，如战略层面的经营分析报告、经营层面的盈利分析报告、业务层面的销售业务报告等。管理会计报告的这种灵活、多层次、多维度的存在形式，使它十分适合使用多维分析模型建模。在管理会计信息系统中，管理会计报告应基于数据仓库中的数据（财务数据、业务数据、外部数据）自动生成相对固化的管理会计报告，这意味着系统应为企业战略层、经营层、业务层提供丰富的管理会计报告模板、充足且恰当的数据以及能够利用这些模板和数据快速生成管理会计报告的数据模型——多维分析模型。管理会计报告多种多样，是对企业管理会计信息最综合的反映，因此会涉及多个主题，如预算、成本。围绕这些主题形成的多维数据模型往往既可以用于即时分析，也可以用于形成报告，前者的分析结果往往就是报告的一部分。这些主题形成的模型中，以下维度可以用于生成管理会计报告。

实际/预算量值维度：通常，能够利用多维分析模型生成的是指标（数字）类型的数据，而非管理层建议、事项表述这类文字性描述。前文也阐述过，管理会计报告多样、多期，在数据仓库中，需要存储的是产量、销售量、应收账款这样的量值数据，毛利率、周转率这样的比率值数据是不必要的，因为可以利用前者及计算公式生成。此外，预算与预测分析在管理会计报告中应用广泛，如经营层的全面预算管理报告、业务层中成本管理报告中的成本预算、采购业务报告的采购预算、生产业务报告的生产业务预算等。因此，相关的成本、采购、生产等主题形成的模型，既要包含实际维，又要包含预算维。

时间/期间维度：管理者往往需要迅速获取某一期间的报告，这意味着相关主题需要包含时间维度。例如，在经营分析报告的主体经营情况中，需获取销售量指标，月度报告与季度报告的值显然不同，围绕销售主题建立时间维度（年、季度、月等细项）则可以很轻松地获取统计值（上卷、下钻操作）。

主体维度：管理会计报告是多层次的，有时需要对不同的主体进行同一指标量的统计。如在盈利分析报告中，可基于企业集团、独立企业，也可基于责任中心、区域、产品，进行利润、收入、成本的分析。此时，应该按需建立组织、产品、地点等维度，以便快速汇总。

（4）管理会计数据挖掘过程

数据挖掘是指从大量数据中运用相对复杂的方法自动或半自动地发现未知的、有用的、并非一般方法所能发现的知识的过程。跨行业数据挖掘过程标准（cross－industry standard process for data mining，CRISP－DM）将数据挖掘过程分为六步：业务理解、数据理解、数据准备、建模、评估和部署。

①业务理解（business understanding）。数据挖掘的第一阶段需要从业务的角度了解项目目标，并将其转化为数据挖掘问题的定义和完成目标的初步计划。业务理解阶段的主要任务包括确定商业目标，发现影响结果的重要因素，评估形势，查找所有的资源、局限、设想，最终确定数据挖掘的目标，制定项目计划。例如，管理会计需要实现的目标之一为销售预测，影响销售的因素包括市场占有率、竞争对手情况、产品价格、产品功能和质量、企业生产能力、推广手段等。企业可以对资源、设想、成本与收益等综合考虑，并最终确定数据挖掘目标，如分析竞争对手价值活动、生产能力与销量相关性等。

②数据理解（data understanding）和数据准备（data preparation）。数据理解阶段开始于数据的收集工作，并通过数据预处理熟悉数据、识别数据的质

量问题，从数据中发现隐藏的信息或探测臆想的数据子集。数据准备阶段是在源数据的基础上运用建模工具建立最终的数据集。数据准备可能重复多次，其主要任务是使用建模工具来传输和清洗数据（ETL）。例如，在客户价值分析数据挖掘中，企业可能需要从 CRM 系统、销售系统中收集数据，收集时需要熟悉数据源包含哪些数据、这些数据是否存在质量问题，如 CRM 系统与销售系统都有客户数据，需检测两系统的客户数据是否一致（如客户编码存在差异）、是否存在数据挖掘可能感兴趣的属性存在缺失值（如年龄），当两系统数据不一致时，哪个系统的数据更为可信，如何进行填补与修改等。数据准备阶段通过 ETL 把从 CRM 系统与销售系统中获取的数据整合成新的数据集，如以客户为主题建立一个事实表，以及销量维表、客户年龄维表、信用等级维表等。

③建模（modeling）。在建模阶段，可以选择和应用不同的模型技术，模型参数被调整到最佳的数值。有些技术可以解决一类相同的数据挖掘问题，有些技术有特殊要求，因此有时也需要重新进入数据准备阶段。常见的数据挖掘模型有分类模型、关联规则挖掘模型、聚类模型等。

A. 分类模型。分类（classification）是一种重要的数据分析形式，它提取刻画重要数据类的模型。这种模型称为分类器，预测分类的（离散的、无序的）类标号。例如，企业销售部门需要进行数据分析，来推测具有某些特征的顾客会购买产品，销售数据的“是”或“否”是类标号。数据分类是一个两阶段过程，包括学习阶段（构建分类模型）和分类阶段（使用模型预测给定数据的类标号）。分类模型是监督式学习模型，即分类需要使用一些已知类别的样本集去学习一个模式，用学习得到的模型来标注那些未知类别的实例。在构建分类模型的时候，需要用到训练集与测试集，训练集用来对模型的参数进行训练，测试集则用来验证训练出来的模型效果的好坏，即用来评价模型的好坏程度。常用的评价指标有准确率与召回率。针对不同的分类任务、不同的数据以及不同的适应场景，有着不同的分类算法。常见的分类算法包括：决策树、贝叶斯、K 近邻、支持向量机、基于关联规则、集成学习、人工神经网络。

在管理会计信息系统中，分类模型可用于客户价值分析、成本差异分析等。以决策树为例，决策树是一种类似于流程图的树结构，每个内部节点（非叶子节点）表示在一个属性上的测试，每个分枝代表该测试的一个输出，而每个叶子节点存放一个类标号，树的最顶层节点是根节点。常用的决策树算法有 ID3、C4.5/C5.0、CART 等。

B. 关联规则挖掘模型。数据关联是数据中存在的一类重要的可被发现的知识，关联分析用于描述发生在给定事件中数据项之间的关联关系，如最为经典的啤酒与尿布的关联规则。关联可分为简单关联、时序关联、因果关联。关联分析的目的是确定哪些事物或行为是同时发生或出现的规则，被广泛应用在零售行业，如超市或电商，可以帮助超市确定哪些商品组合促销更容易售出，帮助网店在特定商品的页面上提供关联产品，引导消费者消费。通常将关联规则挖掘的任务分解成两个子任务：一是生成频繁项集，目的是生成全部满足最小支持度（衡量规则的有用性）阈值的项集，被称为频繁项集。确定频繁项集的目的是确保后续生成的关联规则是在具有普遍代表性的项集上生成的。二是生成规则，目的是从频繁项集中筛选出置信度（衡量规则的确定性）较高的规则。常见的关键规则挖掘算法有 Apriori、FP - growth、GSpan 等。在管理会计中，关联规则挖掘可以帮助企业进行短期经营决策，如确定相关业务量。例如，可以根据企业历史存货周转情况挖掘出某原材料入库与某产品销售的关联规则，根据当期的销售情况，决定原材料的采购数量。

C. 聚类模型。聚类分析是一个把数据对象划分为子集的过程。每个子集是一个簇（cluster），使得簇中的对象彼此相似，但与其他簇中的对象不相似，簇的集合称作聚类。从学习的角度来看，聚类中事先并不需要知道每个对象所属的类别，即每个对象没有类标进行指导学习，也不知道每个簇的大小，而是根据对象之间的相似性来划分的，因此聚类分析属于一种无监督学习方法。其目的是在数据中寻找相似的分组结构和区分差异的对象结构。目前，聚类算法已经被广泛应用于科学与工程领域的方方面面，如在电子商务中进行消费群体划分与商品主题团活动等。常见的聚类方式有：基于划分的聚类算法——K - means、K - mediods、EM 算法、CLARANS 等；基于层次的聚类算法——DIANA（Divisive Analysis）算法；基于图论的聚类算法；基于密度的聚类算法；基于网格的聚类算法等。在管理会计信息系统中，聚类可帮助企业进行企业业绩评价，如把大量客户分组，组内客户具有非常相似的特征，从而判断不同类型的客户需求、满意程度、新客户增加比例等（平衡计分卡）。

（5）评估（evaluation）和部署（deployment）

评估阶段，将从数据分析的观点建立一个或一些高质量的模型。在配置这些模型前，最终要的是对已经建立的模型进行评估，检测构造模型的步骤，确定业务目标是否被完全达到。通常模型的创建不是项目的结束。模型的作用是从数据中找到知识，获得的知识需要以便于用户使用的方式重新组织和展现。部署，即将发现的结果及过程组织成可读文本形式。由于管理会计用于分析的数据主要是文本型数据，部署阶段往往以报表的形式进行展示。

2.4 数字财会监督体系的构建

习近平总书记在第十九届中央纪律检查委员会第四次全会上对财会监督进行了全新定位，提出推动包括财会监督、审计监督、统计监督等多项监督有机贯通、相互协调。财会监督被党和国家赋予了新的使命，这对财政部门的监督工作具有里程碑意义。李克强总理在“两会”回答记者关于“如何让经济政策相关措施惠及企业和居民”的问题时明确指出：采取特殊的转移支付机制，资金要直达基层，实行实名制，资金都有账可查，绝不允许做假账，也不允许偷梁换柱。因此，在落实国家经济政策方针的过程中，财会监督将起到不可或缺的作用。但是，目前对于财会监督概念和范畴的讨论尚未达成共识，仍然存在较多争议。另外，在新冠肺炎疫情冲击和数字经济转型发展背景下，财政政策与货币政策协同发力，数字财政、数字财务、数字会计等财会数字化变革和转型正在大力推进，央行数字货币也呼之欲出。因此，在财政、金融、会计等数字化背景下，实施和建设数字财会监督体系具有较强的现实意义。

2.4.1 财会监督的基本内涵

所谓监督，是指对现场或某一特定环节、过程进行监视、督促和管理，使其结果能达到预定的目标。结合我国政治、经济、社会等国家治理体系来看，财会监督是党、国家和人民赋予的对财政、财务和会计等经济活动进行监视、督促和管理，并达到预定经济改革和政策实施目标的责任和权力。从广义上讲，财会监督实施的主体既包括国家财政、金融、审计部门，也包括各行各业以及各类企事业单位的会计审计部门。从狭义上讲，财会监督实施的主体主要是指国家财政部门。本书主要从狭义的角度来思考和诠释财会监督的内涵，梳理相关法律法规体系赋予财政部门的监督权力，并在此基础上细化财会监督的目标、内容和功能。

财政是国家治理的基础和支柱，财会监督是党和国家赋予财政部门的特殊权力，也是财政国家治理功能的重要保障。从法律上讲，《预算法》《政府采购法》《会计法》《注册会计师法》等法律分别赋予财政部门财政监督权和会计监督权；从行政法规上讲，《基本建设财务规则》《企业财务通则》《金融企业财务规则》《行政单位财务规则》《事业单位财务规则》等部门规章赋予财政部门财务监督权。从财政职能定位来说，国务院赋予财政部门一定的监督职能，这些职能都可以在上述法律法规中得以体现。

因此，本书认为财会监督是法律法规赋予财政部门的监督权，包括财政监督、财务监督和会计监督。财政监督是以《预算法》和《政府采购法》为基础，其监督权行使的根本着力点在于对国家预算的监督，包括对预算编制、预算执行和预算决算的监督。这里需要说明的是，2018 年《深化党和国家机构改革方案》中将“中央预算执行情况和其他财政收支情况的监督检查”职能划入审计署，并不代表预算执行监督和其他财政收支监督属于审计监督。2014 年修订的《预算法》第八十八条明确规定，“各级政府财政部门负责监督检查本级各部门及其所属各单位预算的编制、执行，并向本级政府和上一级政府财政部门报告预算执行情况”。因此，财政监督是党、国家和人民所赋予的监督权力，各级财政部门应承担必要的职能和责任。财务监督是以行政规章为依托，着力点在于行政、事业、企业、基建等各类主体开展经济业务活动有效性的监督，包括单位资金、资产、投资、融资等各类财务活动。会计监督是以《会计法》和《注册会计师法》为基础，其监督权行使的根本着力点在于对会计信息质量的监督，包括会计核算、会计报告、信息披露、审计报告等（见表2－4）。

表2－4 我国财会监督体系框架

财会监督体系	法律法规	监督目标	监督内容
财政监督	《预算法》《政府采购法》等	国家预算的规范性和有效性	预算编制
			预算执行
			预算决算
			预算绩效
			国库收支
			政府采购
财务监督	《基本建设财务规则》《企业财务通则》《金融企业财务规则》《行政单位财务规则》《事业单位财务规则》等	单位开展经济业务活动的合规性和有效性	资金收支
			资产管理
			投资活动
			筹资活动
会计监督	《会计法》《注册会计师法》等	会计行为合法合规和高质量的会计信息	会计核算
			会计报告
			内部控制
			审计报告

根据表2－4，财政监督、财务监督和会计监督的目标和内容既各有侧重，也存在交叉重叠，三者相辅相成，共同构成财会监督体系。根据对财会监督的定位和分析，财会监督应实现对相关法律法规涉及部门单位的全覆盖监督；实现事前审核、事中控制和事后检查的全流程监督；实现对政策执行、预算资金监管、财务管理和会计规范等法律规范赋予权力的全方位监督。

综上所述，财会监督体系具有以下特点：

①财会监督具有法定性特征。财会监督是法律和法规所赋予的公共权力。既然是公共权力，在其行使过程中，就要以人民利益为根本出发点，既要防止“权力越位”，也要防止“权力缺位”。

②财会监督内容多、范围广。财会监督既涉及政府、财政、行政事业单

位经济活动开展的各项行为监督，也涉及国有企业、民营企业、非营利组织等各类企业的经济事项监督，还包括对注册会计师开展各类审计活动的监督。

③财会监督体现出融合和交叉特征。财会监督所包含的财政监督、财务监督和会计监督并不是相互分割、相互独立的体系。比如，财政监督过程中也必然涉及财务活动和会计活动。有人认为财政监督属于宏观，财务监督属于中观，会计监督属于微观。这种划分有一定道理，但也不尽然。财务监督和会计监督本身都属于微观活动，财政监督也会涉及具体微观主体预算执行活动。

④财会监督主体重叠。由于当前各部门职能没有完全界定清晰，在财会监督过程中可能会存在多头监管、职责不清的局面。财会监督的主体是财政部门，但财政部门在进行监督时，可能会与中央银行、审计部门、国有资产管理部门、证券监督部门等产生职能交叉。例如，进行国库管理监督时与人民银行经理国库职能交叉，在进行国有资产管理时与国资委相关职能交叉，等等。但是，不同于其他监督，财会监督与财政、财务和会计活动的关系更为紧密，属于日常经济活动的实时监督。

因此，无论从法律赋予权力视角还是涉及经济活动范围上，财会监督一定是国家治理体系和治理能力的重要组成部分。如果财会监督能够定位明确、设计合理、实施到位，与审计监督、统计监督等各类监督形成合力，将会极大地提升党和国家监督体系的治理能力。

2.4.2 财会监督的数字化转型

法治化和信息化是财会监督的两个“翅膀”（王振东，2020）。要注意的是，在当前数字经济蓬勃发展的背景下，数字财政、数字财务和数字会计正在实现积极转型，财会监督的客体已经实现或正在实现数字化转型，如果财会监督不能加快数字化建设的步伐，其思维、模式、方法和工具都会落后，从而导致监督效果大打折扣。因此，在数字科技快速发展的背景下，财会监督数字化是必然的发展趋势。一方面，由于财会监督的范围广、任务重、强度大，其需要通过信息化和数字化来提高效率，减轻财政部门的压力。另一方面，不同于财会监督信息化，财会监督数字化不仅是监督技术和手段创新，更是数字战略和数字理念的创新，是认知、价值、战略和领导力的变革。目前，我国财政部门仍然缺乏一个全面的财会监督数字化体系，财会监督尚未完全实现党、国家和人民所赋予的监督责任和义务。因此，有必要加快推动财会监督数字化转型，构建数字财会监督体系，实现财政监督、财务监督和会计监督的一体化，更好地服务于财政的国家治理职能，推动治理能力现代化，提高国家治理能力。

（1）财会监督信息化是数字化建设的前提基础

信息化是财会监督的必要手段，也是财会监督数字化建设的前提基础。如果财会监督仍然采取专项检查和人工调研核查为主的方式，信息化技术和工具相对比较滞后，那么数字化建设也就缺乏一定的基础和支撑。

（2）掌握数字科技规律是财会监督数字化建设的驱动力

云计算、大数据、人工智能、物联网、区块链、5G 等是当今主要数字科技，数字科技的发展具有一定的特征和规律。财会监督必须与时俱进，掌握数字科技发展规律是至关重要的。例如，对于“财政云平台”、“政府采购云平台”、“区块链 + 电子发票”、电子会计档案、RPA 财务机器人、财务共享服务等各类数字化财会建设，应采取相适应的财会监督策略。上述数字科技的发展应用将驱动财会监督数字化建设的发展。

（3）数据采集与分析闭环是财会监督数字化建设主线

数据采集与分析闭环是指从数据的获取、存储、分析，与所期望的给定值相比较，根据监督结果和结论进行督促和管理，再通过进一步采集和分析，使被监督对象的经济活动达到预定的政策目标的反馈控制过程。财会监督不能过多地干预正常的财政、财务和会计活动，而是通过实时采集和分析被监督对象的相关数据来发现线索，并提出问题和督促管理。因此，财会监督数字化建设实质上是数据采集与分析的闭环过程。

（4）大数据治理是财会监督数字化建设的核心任务

财会监督数字化建设实质上是数据采集与分析的闭环过程，大数据是财会监督数字化建设的关键生产要素，大数据质量则是财会监督数字化建设的重要基础。由于财会监督对象繁杂、监督内容广泛，所采集的各类财会数据质量必然出现质量参差不齐的情况。做好大数据治理，通过数据标准化实施，对数据的获取、处理、使用进行持续监督，建立有效的财会监督大数据体系，将是财会监督数字化建设的核心和方向。

(5) 监督结果数字化是财会监督数字化建设的主要内容

监督结果是否依托或依据数字化结果是区别监督信息化和监督数字化的重要内容。传统财会监督信息化只是将信息科技作为监督的技术和手段之一，最终监督结果、监督效果和监督决策并不一定依赖于信息化手段。财会监督数字化建设强调的是监督结果、监督效果和监督决策必须以数字化为基础和依据，要来源于数字化结果和数字化证据，而不是依赖于主观和武断的判断。

(6) 统一的数字化体系是财会监督数字化建设的手段

要厘清各部门监督职能，明确各部门权力，统筹多头主体，构建一个统一的数字化财会监督体系。通过数字化手段实现数据采集、分析、传输共享和应用，有利于减少监督数据冗余，降低监督成本，减轻被监督单位压力，提高监督效率和效益。

2.4.3 数字财会监督体系的构建

(1) 数字财会监督体系的层次

根据对财会监督基本内涵和类型的梳理以及对财会监督数字化的思考，本书对数字财会监督体系提出初步设想，将数字财会监督体系分为四层，即技术层、数据层、监管层和行为层。

技术层是指云计算、大数据、人工智能、区块链和物联网为代表的数字科技赋能财会监督的过程。尽管数字科技在不断进步和演化过程中，但是充分利用数字科技的方法和逻辑可以提升财会监督效能。云计算提供算力共享基础，大数据实现结构化和非结构化数据存储，人工智能提供深度学习和智能算法，区块链提供信任和安全机制，物联网提供自动感知和识别。此外，还需要根据监督对象的信息化和数字化情况来选择相应的数字技术。

数据层是数字化财会监督体系的基础，负责采集财会监督所需数据。将财会监督相关业务统一纳入该数字化体系进行便于实现对财会监督结构化数据的采集。例如，通过将财政部门对各单位报送预算的审核工作纳入数字化体系，可以直接采集到单位预算信息。更重要的是，还可以通过外部数据，如爬网等方式，从互联网和其他相关链接网站上采集所需的结构化和非结构化数据。

监管层是对数字财会监督体系中采集到的数据进行分析和处理。该体系通过预先设置规则库，对采集到的数据进行实时判断和分析，及时发现问题，进行反馈。规则库包括判断规则库、预警规则库和疑点库等。判断规则即判断该项经济业务活动是否符合法律法规政策要求，是否合法合规进行；预警库用以对单位的业务活动、财务状况进行临界点判断；疑点库是对容易存在漏洞的业务和操作以及不合理的数据进行判断的依据。

行为层是数字财会监督体系的应用层，财政部门根据数据层采集的数据和监管层数据分析的结果，对存在疑点或问题的单位以及经济业务活动采取介入、核实、问询、指导、纠偏、整改等具体监督（见图 2－5）。

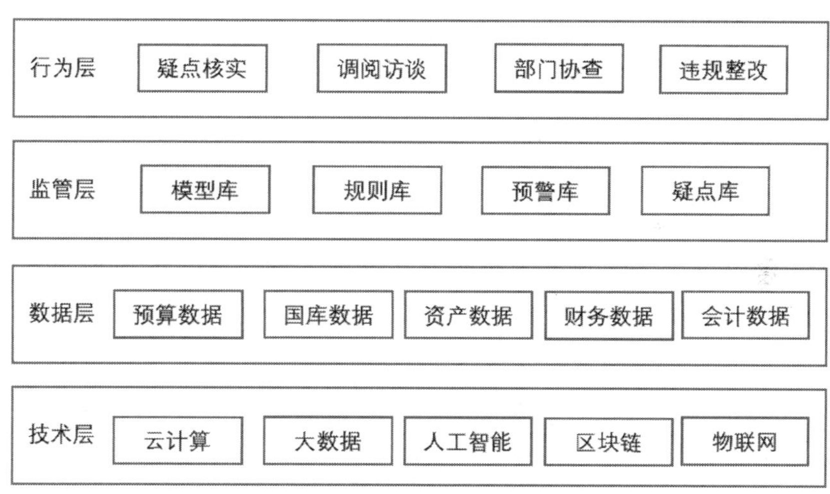

图 2－5　数字财会监督体系

从图 2－5 可以看出，数字财会监督体系形成了一个监督信息的采集和分析闭环。技术层根据不同监督对象提供数字科技的技术支持，数据层采集财会监督对象数据信息，监管层对数据进行分析处理，行为层在此基础上对财会监督对象进行具体监督。

尽管相关法律法规界定了财政部门在财会监督上的责任和权力，但是由于监督业务分散、缺乏必要的数据和技术，主动全面开展财会监督工作并不容易。比如，对于会计账簿、会计核算、会计资料的监督，如果没有大数据的帮助和支撑，财政部门往往难以深入每家单位内部开展监督检查工作。又如，对于注册会计师审计报告的监督，由于缺乏审计底稿、审计证据等数据资料，财政部门也难以对其开展必要的监督。构建数字财会监督体系就是要把数字科技和财会监督紧密结合起来，融入监督工作的理念、思维、技术、方法和内容。

(2) 数字科技与财会监督的融合

①云计算+财会监督。云计算的本质是计算资源的云化和虚拟化，核心是计算资源的使用和共享。“云计算+财会监督”既可以包含对于财政、财务和会计云平台的监督，也指财会监督资源的使用和共享。首先，针对财政云平台、财务云、云会计等平台的出现和技术应用，财会监督必须加强数字监督建设，建立针对云计算平台的监督技术和监督手段。其次，构建基于云计算的财会监督网络平台也是整合监督资源、共享监督资源、推动监督数字化建设的重要方向。

②大数据+财会监督。大数据是财会监督数字化建设的重要内容。首先，应按照财政、财务、会计分别建立大数据主题，针对不同的监督对象建立相应的数据湖。其次，不限于传统的结构化数据（例如预决算报表、会计账簿等），还要把非结构化数据纳入，可考虑通过互联网爬网技术获取新闻、计划、报告、年报等数据，建立“结构化+非结构化”的大数据体系。再次，构建基于大数据的数字财会监督体系，充分利用云计算、大数据的数字化技术，全面提升财会监督数字化水平。

③人工智能+财会监督。人工智能作为引领新一轮科技革命和产业变革的战略性技术，也必将在推动财会监督数字化建设中起到关键性作用。当前大数据、机器学习、RPA 机器人在财会领域广泛应用，财会监督也应将人工智能引入数字化建设。例如，通过机器学习加大财会监督的智能化水平，提升精准监督能力，建立风险导向监督；通过引入基于 RPA 技术的监督机器人，提升财会监督自动化水平，促进监督效率的提高。

④区块链+财会监督。区块链的本质是分布式共享数据库，具有去中心化、不可篡改、全程留痕、可以追溯、公开透明等特征。在税务领域，“区块

链+电子发票”已在深圳、广州、北京等地区推广应用；在金融领域，央行数字货币（DC/EP）已在深圳、苏州、雄安、成都等部分城市开展封闭试点测试，不久的将来即将落地并正式应用。区块链技术在政务、经济领域的应用必将对财政、财务和会计带来颠覆性的变化。区块链技术对于财会监督也将带来必然的影响，也必须纳入财会监督数字化建设体系。

财政是国家治理的基础，财会监督是财政实现国家治理能力的必要途径。财会监督的覆盖面涉及宏观、中观和微观，财政部门在财会监督中应肩负不可或缺的地位和责任。因此，行使好财会监督权既要将财政监督、财务监督和会计监督有机融合，也要有重点、有差别地开展监督工作，这是各级政府财政部门需要思考的重要问题。比如，尽管财政部门实施预算执行动态监控属于财政监督，但是在监督过程中必然涉及财务监督和会计监督，对单位的财务监督和会计监督并不能替代预算执行的动态监控。可以说，在数字科技时代，构建数字财会监督体系是解决上述问题的重要途径。跳出传统财会监督信息化思路，推动建立财会监督数字化理念，将数字科技与财会监督深度融合，建设统一的财会监督数字化体系，是未来财会监督数字化转型的主要思路。

3. 政府大会计概念框架与工作机理

党的十八届三中全会通过的《中共中央关于全面深化改革若干重大问题的决定》指出，财政是国家治理的基础和重要支柱。党的十九大报告强调指出要加快建立现代财政制度。政府会计作为现代财政制度的重要组成部分，作为财政治理的有力抓手，具备信息提供功能和微观治理功能。根据2014年12月《国务院关于批转财政部权责发生制政府综合财务报告制度改革方案的通知》的计划和安排，财政部已陆续发布政府会计准则、政府会计制度以及政府财务报告编制的相关规定和办法。但是，我国政府会计理论建设尚待完善，实践经验尚待探索，尤其是将财政制度建设与政府会计改革相结合的理论研究和政策建议还比较少。本章拟从现代财政治理视角的更高站位构建政府大会计的概念框架，借鉴美国政府会计改革和综合财务报告制度，提出推动我国政府会计改革的政策建议和具体实施路径。

“财政是国家治理的基础和重要支柱”是党的十八届三中全会提出的重要论断。这个论断正推动财政理论完成重大变革和创新。为尽快发挥财政的国家治理功能，党的十九大报告提出加快建立现代财政制度的总体目标。财政是国家治理的基础，而政府会计是财政的基础，是国家治理基础中的基础（李建发，2015）。从公共财政制度、现代财政制度再到国家治理体系，财政界理论专家已展开大量研究，分析论证财政国家治理的理论基础。如刘尚希（2018）沿着“财政风险防范—公共风险治理—注入确定性—实现国家治理目标”的逻辑，从公共风险的视角构建财政理论框架；吕冰洋（2018）沿着“财政制度—增进公共秩序—国家能力支柱—实现国家治理目标”的逻辑，尝试以公共秩序为基础建立“国家治理财政论”的基本框架。在现代财政基础理论不断创新的背景下，政府会计如何发挥财政治理支持作用进而支撑财政国家治理能力也引发会计学者的关注。如陈志斌（2017）以政府会计在国家治理中的基础性制度与基础性信息工具角色为切入点，构建政府会计国家治理功能的分析框架。但是，从现有研究来看，沿着“政府会计信息系统—政府会计信息提供—国家治理能力提升”的传统研究路径存在较大的局限性，尚未与公共风险治理的财政本质需求对接。

会计作为一个信息系统，提供高质量的会计信息，满足利益相关方的需求是其工作的基本逻辑。“会计管理活动论”告诉我们：会计的本质是一项管理活动，而不仅仅是一个信息工具。政府会计作为财政系统的一个子系统，不仅要满足财政治理的信息需求，还要确保财政计划、执行、控制、反映的有效运转。本书试图沿着“国家治理—财政治理—政府会计”的逻辑路径，以公共风险和财政风险为基本视角，重新定位政府会计的概念、功能与目标，构建政府大会计的概念框架，进而提出政府会计信息演进与工作机理。

3.1 公共风险视角的财政治理框架与路径

公共风险是对社会公众或整个社会经济发展造成损害的可能性（刘尚希，1999）。公共风险往往是个人或企业无法承担、也只能由政府来承担的风险。从政府作为一个公共主体出发，显然财政风险是一种公共风险。根据公共风险理论，财政风险是政府拥有的公共资源不足以履行其应承担的支出责任和义务，以至于经济、社会的稳定和发展受到损害的一种可能性（刘尚希，2005）。财政治理的根本目标是防范财政风险，保持财政的稳定性和可持续性，进而防范公共风险，并支撑国家治理的基石和重要支柱。按照“公共风险—公共产品—公共支出”的逻辑思路，国家治理要面对的是公共风险，财政治理要面对的是财政风险，财政风险是一种公共风险。在国家治理层面，财政具有防控公共风险的基础功能；在财政治理层面，财政必须要能防控财政风险；在政府会计层面，政府会计的基础功能要满足财政治理的需求，进而支撑财政的公共风险防控职能，如图 3-1 所示。

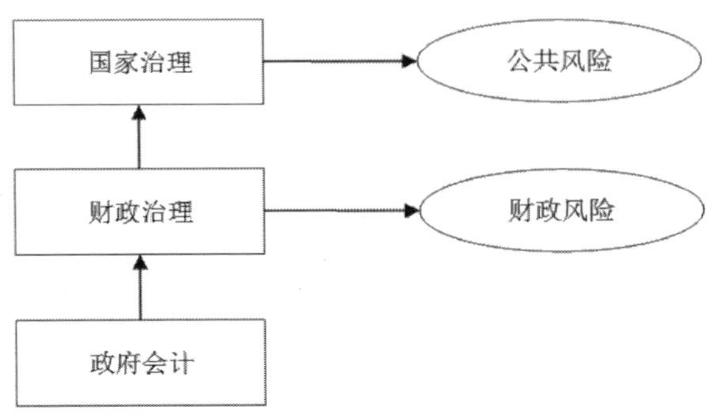

图 3-1　公共风险视角的财政国家治理逻辑路径

结合公共风险理论和财政理论，我们进一步分解财政治理的路径，按照“财政风险—财政治理—财政管理”逻辑展开。根据公共风险理论，财政风险在于“公共资源与支出责任义务的不确定、不匹配”，进一步可以分解为公共资源的不确定风险、支出责任的不确定风险和公共资源与支出责任的不匹配风险。公共资源的来源包括公共资产存量、公共收入流量和政府债务规模。公共资源的不确定风险需要针对资产存量、收入流量和政府债务分别进行防控。支出责任主要包括本级支出和转移支付。支出责任的不确定风险需要依靠公共预算改革和转移支付改革分别进行防控。公共资源与支出责任的不匹配风险主要通过公共预算执行监督和预算绩效管理来控制。

从图 3-2 中可以看出，从公共风险视角，财政治理框架主要从公共资源的不确定风险、支出责任的不确定风险和公共资源与支出责任不匹配风险三个维度展开，具体落实到财政治理职能，包括资产存量、收入流量、政府债务、本级支出、转移支付、预算执行、绩效管理 7 个模块。这与党的十九大报告提出的“加快建立现代财政制度，建立权责清晰、财力协调、区域均衡的中央和地方财政关系。建立全面规范透明、标准科学、约束有力的预算制度，全面实施绩效管理。深化税收制度改革，健全地方税体系”总体目标是完全一致的。因此，沿着“国家治理—财政治理—政府会计”的逻辑路径，政府会计如何满足财政治理的需求并支撑财政风险防控是需要进一步论证的核心问题。

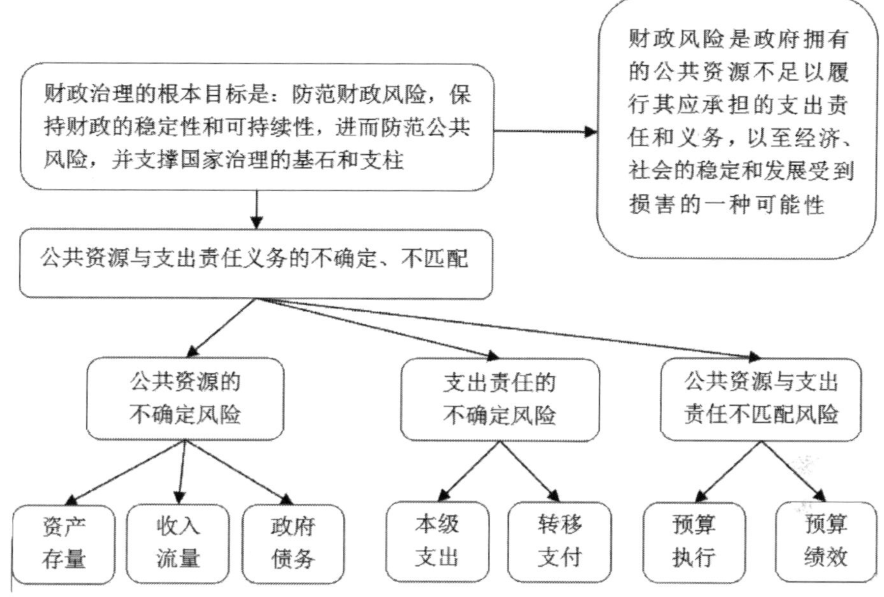

图 3－2 公共风险视角的财政治理框架

3.2 财政治理视角下的政府会计功能与目标定位再思考

随着现代经济、金融和企业的快速发展，企业会计理论与实践较政府会计发展更为迅速，因此企业会计经常被用作评价政府会计的基准，将企业会计理论和实践引入政府会计体系建设是大多数学者的主要思路。早在 200 多年前，托马斯·杰弗逊就提出希望美国联邦的财务工作能像商业会计处理一样清晰且智能，这样国会议员和联邦工作人员都可以理解并利用会计信息调查腐败和控制舞弊（Arthur Anderson，1986）。我国正在实施的政府会计改革，也是在借鉴企业会计理论与实践的同时结合政府会计的特点来逐步实施的，主要围绕政府会计准则与制度体系的建设展开。实际上，由于政府组织与企业组织的不同，直接借鉴企业会计理论和实践往往并不适合，如企业对于财务会计和管理会计的界限在政府会计中并不能划分得非常清楚（James L. Chan，2003）。将企业会计理论框架直接照搬到政府会计再“修修补补”的思路存在较大的局限性。本书试图从财政治理视角来对政府会计功能与目标定位进行重新思考。

3.2.1 财政治理目标下政府会计改革主要面临的问题

企业会计是从经济主体为假设对所开展的经济活动进行记录与报告的过程。从企业会计出发，政府会计往往会局限于经济主体假设和信息报告功能，忽略公共主体需求和公共治理职能。

（1）政府会计主体划分与确认存在悖论

《政府会计基本准则》规定政府会计主体是各级政府、各部门和各单位。从组织架构上看，政府是由各部门、各单位组成。如果政府是一个会计主体，政府会计信息应由各部门和各单位会计信息合并而来，那么是否存在政府本级的会计信息呢？答案是肯定的。从财政经济活动来看，大量的政府财政活动（如：转移支付、PPP、投融资、政府债券）都不是由政府部门或单位来进行的，而是由政府这一主体来完成的。当前政府会计改革主要是围绕各部门和各单位（即行政事业单位）来制定会计准则和会计制度，真正意义上以政府为主体的“政府会计”尚未涉及。以前的财政总预算会计是否能够承担“政府会计”的职能尚未有定论，政府会计准则及制度中也尚未明确。

（2）政府会计概念框架思路与范围亟待重新定位

在借鉴企业财务会计概念框架的基础上，当前的政府会计概念框架是在《政府会计基本准则》的基础上进行界定和描述。有一点值得注意的是，企业财务会计概念框架并不是企业会计概念框架。从学理上划分，企业会计包括财务会计和管理会计，财务会计有财务会计概念框架，管理会计也有管理会计概念框架，而目前的政府会计概念框架实质上是与企业财务会计概念框架对应，之所以不能直接叫“政府财务会计概念框架”，是因为包括“预算会计”和“财务会计”。因此，基本准则所界定和描述的政府会计概念框架，准确地说是“政府财务会计和政府预算会计的概念框架”。否则，当前各行政事业单位财务工作人员正在完成的预算编制、预算执行、资产管理、资金出纳、内部控制、绩效评价等大量会计工作都不属于政府会计概念的范畴？如果借鉴企业会计概念框架来看，上述工作全部属于管理会计的内容。因此，有必要从学术和学理上对于政府会计建立一套完整的会计概念框架，不能将政府会计仅限于会计核算和对外报告。

（3）政府会计目标与功能亟待重新思考

从上述分析来看，当前政府会计概念范畴过于狭隘，局限于“行政事业单位会计”的政府会计目标与功能无法满足财政治理的本质需求，不利于政府会计向更广阔范围和长期的发展。局限于“会计信息提供”的功能目标对于支撑财政国家治理理论来说比较勉强。尽管国家治理财政基础理论已开展阶段性的研究，但从国家治理、财政治理到政府会计的基础理论道路尚未打通，尤其是从财政治理到政府会计论述的文献较少，财政治理视角下政府会计目标与功能亟待重新定位和思考。

3.2.2 政府会计本质是微观财政治理活动

“会计管理活动论”是杨纪琬教授和阎达五教授于20世纪80年代提出的学术思想，对于提升会计管理水平和推动我国会计理论建设发挥了积极作用。在当前经济形势下，会计学的发展趋势和会计工作升级转型的发展方向都表明会计管理活动论具有科学性和预见性。如果说会计的本质是人类有意识的价值管理活动，那么政府会计的本质是政府管理有意识的公共价值管理活动。这种公共价值管理活动的具体体现就是财政治理活动。

从财政理论与逻辑来看，财政治理包括宏观治理和微观治理两部分内容。从宏观上，财政治理关注财政权力的配置，核心是财税制度改革与建设，包括中央和地方财政关系的安排、国家税收制度的改革与健全，作用于经济、社会、政治等国家治理的各个领域；从微观上，财政治理关注财政权力的运行，核心是国家预算制度改革与建设，建立全面规范透明、标准科学、约束有力的预算制度和全面实施绩效管理，包括收入的取得、预算编制、预算执行、政府采购、资金拨付、财政绩效等各个环节，确保各项财政政策的执行和落实。

根据会计管理活动论，会计既是计量技术，也是管理活动。会计学是研究人们如何运用计量技术对社会生产进行管理的科学体系。根据马克思的价值理论，价值是经济价值和使用价值的统一，价值运动包括价值耗费、增值、分配、补偿、积累等经济现象。会计工作的具体内容就是对价值的耗费、形成以及价值创造进行记录、计算、分析、考核和监督。因此，财政治理关注的资源取得、资源分配、资源使用、资源考核和监督正是政府会计工作的范畴。因此，从财政治理视角出发，政府会计功能本质就是微观财政治理活动。

3.2.3 财政治理视角下的政府会计目标定位

关于政府会计的目标，陈立齐等（2003）认为政府会计应包括三个目标：第一个是基本目标——预防和查处贪污腐败行为，保障公共财政资金的安全；第二个是中级目标——促进健全合理的财政管理；第三个是高级目标——帮助政府履行公共受托责任。政府会计基本准则并没有对政府会计的目标进行明确界定，但分别定义了决算报告和财务报告的目标。理论界普遍认为政府会计改革要兼顾受托责任和决策有用的双重目标。从财政治理视角出发，政府会计首先要满足财政治理的需求，如果财政需求不能得到满足，何谈政府会计未来的发展目标。本书认为，政府会计目标在微观上应定位于保障公共资产安全完整、加强财政风险管控、履行政府受托责任、提升财政信息决策有用，在宏观上应定位配合财政政策改革、支撑财政国家治理能力、实现大国会计。

3.3 从财政治理到政府会计的逻辑演进及其引导效应

政府会计的本质是微观财政治理活动，既包括信息提供功能，也包括微观治理功能。财政治理的目标是防范财政风险，在微观公共主体内部主要依赖政府会计完成治理工作。我们认为，政府会计能够给予财政治理很大的支撑，不仅仅在于信息提供，而且在治理活动上也有较大支持。从财政治理的框架来看，财政治理的主要活动包括防范公共资源不确定风险、防范支出责任不确定风险和防范公共资源支出责任不匹配风险等。从会计主体的角度，政府会计包含财政总预算会计和行政事业单位会计；从功能的角度，政府会计包括信息提供和微观治理，信息提供功能通过核算和报告实现，微观治理功能通过资源配置、过程监督和内部控制实现。将财政治理活动与政府会计功能打通并有机联系，我们发现政府会计可以分为财务会计、国库会计、预算会计、绩效会计等。以下从财政治理的逻辑框架出发分析政府会计如何支撑财政治理活动。

3.3.1 公共资源不确定风险

公共资源是政府拥有或控制能预期具有潜在服务潜力或产生公共利益的各类物质要素的总称。公共资源是开展政府活动、提供公共产品或服务的基础条件。从财政角度，公共资源包括资产存量、收入流量和政府债务。公共资源的不确定风险将对政府执政和运转带来潜在威胁。从防范公共不确定风险来看，政府会计主要承担信息供给的职能，包括资产信息、收入信息和债务信息。近些年地方政府债务风险逐渐加大，尤其是隐形政府债务风险较高，政府债务到底是多少引发越来越多的关注，准确地确认和披露政府债务信息是政府会计应承担的重要工作。资产存量信息提供也是政府会计的重要工作内容之一，过去预算会计主要注重流量忽略存量，导致我国政府资产存量信息准确性有待提高。政府会计需要记录和报告的资产信息较为复杂，不仅是原始价值信息，还包括资产分类、数量、折旧、地址等各类信息。收入流量信息的报告和披露有助于财政收入总量的统筹，防范收入大幅度波动对政府经济活动的影响，这些正是政府会计核算和报告的结果。

3.3.2 支出责任不确定风险

支出责任是政府履行事权的财政支出义务，事权体现政府活动的范围和方向，事权和支出责任相适应是深化财税改革的重要内容。支出责任的不确定风险往往会导致公共资源支出效率降低，不能产生预期的公共产品或公共服务。从支出形式来看，政府支出包括本级支出和转移支付。本级支出的责任和义务全部纳入预算管理，政府会计不仅要提供预算编制、执行和决算信息，而且要参与预算管理活动，按照计划、控制和报告循环实现预算风险的防范。转移支付的责任和义务目前主要由财政总预算会计来完成，但是财政总预算会计侧重于收付实现制的核算、披露与报告，对于转移支付的监督与控制还很不够，尤其是跨政府主体的转移支付跟踪、监督、审计还没有实现。政府会计在防范支出责任不确定风险方面发挥重要的作用，不能仅限于提供信息，还要加大微观治理功能的发挥，这将有助于财政治理水平的提升。

3.3.3 公共资源与支出责任不匹配风险

公共资源与支出责任不匹配风险是导致财政支出资源不足或财政支出资源松弛的主要原因，如预算松弛是预算管理中经常出现的问题。上述风险主要通过预算执行监督和预算绩效管理来实现。预算执行监督是政府会计的重要工作，不仅要定期报告预算执行信息，而且要在预算执行过程中对于支出的合理性、合法性以及进度进行有效管控。绩效管理是公共资源支出过程和结果的评估和判定。党的十九大报告提出全面实施绩效管理的目标，对于政府会计来说是一项重要任务。政府会计既要采集绩效数据和评价绩效结果，也要参与绩效目标制定、绩效实施过程等微观治理活动（见图3－3）。

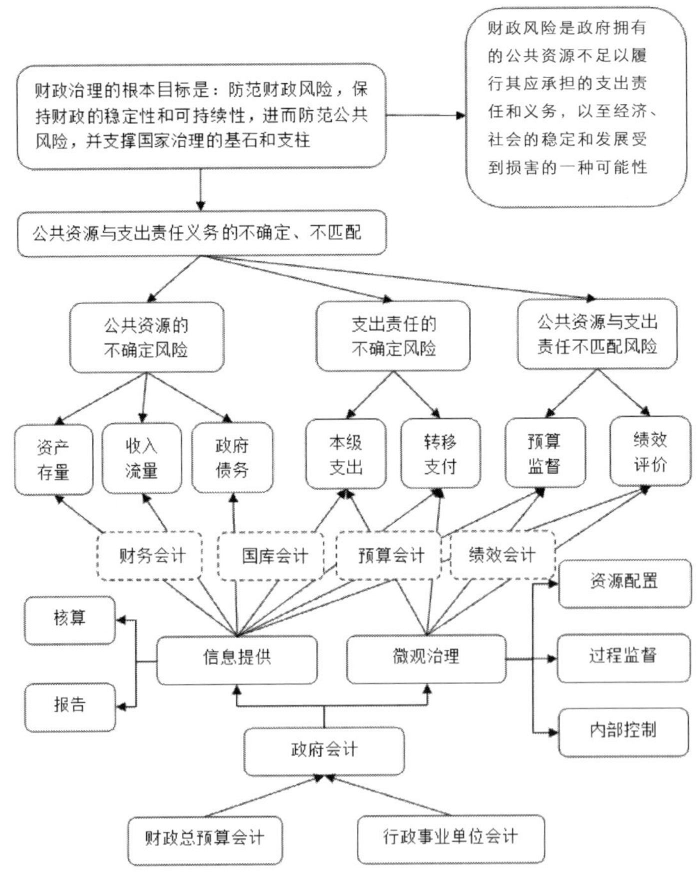

图3－3 从财政治理到政府会计的逻辑演进

3.4 财政治理视角的政府大会计概念框架构建

3.4.1 政府大会计概念提出的必要性和可行性

（1）政府会计概念辨析和重思考

不同于企业会计理论与实践的发展，我国政府会计的理论体系与概念框架一直未准确地建立起来。从严格意义上说，在财政部 2015 年发布《政府会计准则——基本准则》之前，我国其实并没有“政府会计”的概念，只有“预算会计”的概念。《会计大百科辞典》将政府会计学科分为政府会计与政府财务管理，其中政府会计是指用于确认、计量、记录政府受人民委托管理国家公共事务和国家资源、国有资产的情况，报告政府公共财务资源管理的业绩及履行受托责任情况的专门会计。《政府会计准则——基本准则》提出政府会计由预算会计和财务会计构成，构建了预算会计与财务会计适度分离的概念框架体系。我们发现，目前政府会计的概念内涵实际只覆盖政府对外会计的内容，并未包括诸如政府成本会计、政府资产会计、政府审计等相关内容。

按照服务于会计信息使用者的不同，企业会计一般分为财务会计和管理会计，财务会计负责为外部使用者提供会计信息，管理会计负责对内部使用者提供会计信息。但是，这个逻辑应用在政府会计上显然不太合适。目前政府会计准则包含的预算会计信息和财务会计信息是为了满足政府外部用户的信息需求，但从行政事业单位这一微观政府会计主体来说，需要对外提供的不仅是预算会计信息和财务会计信息，还需要根据上级部门或财政部门要求提供政府资产信息、财政绩效信息、政府采购信息、内部控制信息等各类会计信息。

综上分析，从会计管理活动论出发，结合政府会计的微观治理活动本质，有必要提出政府大会计的概念框架，把政府财务会计、政府预算会计、政府成本会计、政府绩效会计、政府资产会计、政府财务管理、政府预算管理、政府审计、政府内部控制等内容涵盖进来，将更有利于政府会计学科长期建设和发展。

(2) 与财政管理融合是政府会计信息质量的前提和保证

政府会计信息质量要求包括真实、可靠、及时、可比，并且要满足信息使用者决策、监督和管理的需要。传统的会计算账、记账、报账等职能已不能满足上述要求。政府会计必须向前延伸，主动与财政管理活动融合。这与企业会计中的业财融合具有异曲同工的效果。在信息化环境下，政府会计与财政管理相融合并不难，并且将是未来发展的必然趋势。如果从会计管理活动论出发，将与财政管理有机融合的概念逻辑纳入政府大会计概念，将在概念体系上更能体现政府会计的管理活动本质。

(3) 政府会计要为财政大数据提供数据支持

政府会计所提供的会计信息既要满足人大、政协、投资人等外部分析决策需要，也要满足政府管理者内部管理决策需要，最终能够形成财政大数据，为国家治理体系服务。从这个角度来说，政府会计所要报告的信息将涵盖预算、资金、核算、报表、资产、投资、收入、支出、转移支付等财政会计数据。只有建立政府大会计的概念体系，才能涵盖上述内容。

3.4.2 财政治理视角的政府大会计概念与内涵

(1) 政府大会计概念的提出

“大会计”概念是基于会计管理活动论所提出的会计理论发展全局观，从全面的角度审视和发展会计理论和实践。该概念在中国古代早已存在，包括会计、统计、计划、财务、审计、分析等一些的含义（杨纪琬、阎达五，1983）。从财政视角来看，据史书记载，公元前1066—公元前771年西周时代，会计已正式见于文字记载，会计管理的内容就是财政收支（杨纪琬、阎达五，1980）。大会计与传统会计确认、计量和报告的职能并不冲突，体现一种包含和融合关系。如果政府会计不从会计管理活动论出发，忽略政府会计具备财政治理的职能，财政与政府会计的关系就会脱节，财政作为国家治理的基石和支柱就缺少了有力的抓手，必然会限制政府会计服务于财政治理的功能和范围。

我国已故会计学家杨纪琬教授曾预言，“在IT环境下，会计学作为一门独立的学科将逐步向边缘学科转化。会计学作为管理学的分支，其内容将不断地扩大、延伸，其独立性相对地缩小，而更体现出它与其他经济管理学科相互依赖、相互渗透、相互支持、相互影响、相互制约的关系”。从目前发展来看，杨纪琬教授的预言正在变成现实。会计学科作为一级学科“工商管理”的二级学科，已经不符合会计学科的发展要求，会计学界正在努力推动会计学科成为一级学科，形成大会计学科。如果作为“工商管理”的子学科，政府会计就显得不合时宜，因为政府会计不从属于工商管理，而应从属于公共管理。只有基于管理活动论，才能真正赋予政府会计的全部内涵。

本书认为，政府会计本质上是一种财政治理活动，政府大会计是以新时代社会主义财政理论为指导，将服务财政治理需求作为主要出发点，并以此协调政府会计的管理目标和报告目标，涵盖财政治理的所有经济管理活动，实现国家财政长远地可持续发展，促进国家治理体系和治理能力现代化，最终推动国家战略目标的实现。

（2）政府大会计的理论框架体系

长期以来，无论是在财政领域还是会计领域，政府会计并未受到重视。究其原因可能有以下几个方面：首先，财政更关注于宏观经济问题研究，而政府会计属于微观问题，难以引起官员和学者的兴趣；其次，政府会计局限于是一个信息提供系统，会计规范、准则和制度框架更多地向企业会计学习即可，并无较大的研究空间和价值；再次，相对于企业会计来说，政府会计数据的透明程度比较低、公开要求比较少，一定程度上对学术研究也有“抑制”作用。因此，财政与政府会计之间一直以来存在真空地带，较少学者从财政视角去研究和分析政府会计问题。本书认为，政府会计的研究必须打开视野，与财政管理紧密结合，基于会计管理活动论来重新审视和建设政府大会计理论和实践，将传统的政府会计核算活动扩展到政府会计管理活动，打通宏观财政治理与微观财政治理的有机联系，提升政府会计的价值。

基于上述分析，政府大会计所关注的核心问题不仅仅局限于政府财务报告和决算报告问题，还要扩展到所有的财政报告事项，并在此基础上提升到公共资源的有效配置问题。因此，政府大会计研究的根本问题是如何有效配置政府公共资源以实现国家战略，并对政府公共资源实行有效监督和价值管理。传统政府会计是以信息需求为导向，主要涉及会计信息的采集、加工、存储、交换和报告过程，而政府大会计是以国家战略为导向，在传统会计信息处理的基础上扩展到公共资源的分配、核算、监督、保全和评价等管理活动，通过促进财政治理能力和体系的现代化来推动财政发挥作为国家治理的基石和支柱作用。

随着社会经济的不断发展，政府会计必将成为财政治理的中心活动。尤其是在云计算、大数据和人工智能的快速发展背景下，政府会计必将融合财政治理、会计管理、会计核算、会计监督、会计报告、财政大数据等各项理论和实践，形成政府大会计理论和学科，推动政府会计改革与发展进程。

如图 3 –4 所示，政府大会计理论框架主要包括五个层次：第一，财政治理体系是政府大会计的基础，包括部门预算、国库集中收付、财政内部控制、国有资产管理、政府采购、收支两条线等；第二，政府大会计的职能域，包括财政总预算会计、政府预算会计、政府财务会计、政府资产会计、政府成本会计、政府采购会计、政府绩效会计等；第三，从会计管理活动角度可以分为预算管理循环、采购付款循环、会计核算循环、固定资产循环、应收收款循环、资金管理循环等；第四，从会计报告角度可以分为预算编制报告、预算执行报告、政府决算报告、综合财务报告、财政资金报告、政府资产报告、政府成本报告、政府采购报告、政府绩效报告等；第五，从财政大数据角度，政府会计数据分析与决策支持上可以实现财务分析、预算分析、成本分析、资产分析、风险分析和绩效分析等，为实现财政治理体系和治理能力现代化提供必要的数据支撑。

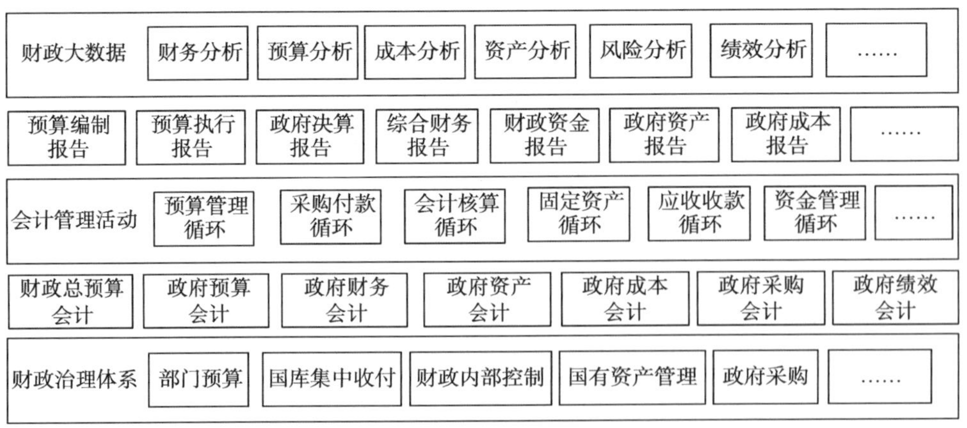

图 3 –4 政府大会计理论框架

3.5 政府会计改革与财政预算改革互动关系研究

联合国经济合作与发展组织（OECD）认为构建健全而透明的预算和会计制度是良好的公共部门治理基石（陈小悦、陈立齐，2006）。从世界各国财政预算改革实践与经验出发，财政预算改革与政府会计改革都是相辅相成并同步推进。从我国目前的预算改革与政府会计改革来看，党的十九大报告提出：加快建立现代财政制度体系，建立全面透明、标准科学、约束有力的预算制度，全面实施绩效管理。2018 年 9 月 26 日党中央、国务院正式印发《关于全面实施预算绩效管理的意见》，部署加快建立全方位、全过程、全覆盖的预算绩效管理体系。此外，基于权责发生制的政府综合财务报告改革正步入关键时期，政府会计准则和制度体系初步建成并不断完善，2019 年 1 月 1 日已正式实施。可以看到，我国财政预算改革与政府会计改革正在同步推进，那么它们之间的逻辑关系是什么？在传统预算体制正在迈向绩效预算体制的过程中，政府会计如何发挥支持作用是亟待研究的课题。尤其是基于权责发生制的政府会计对于未来预算变革的促进与影响机理有待进一步分析与探索。只有基于上述逻辑，才能提出和指导政府会计改革的下一步路径和方向。

3.5.1 财政预算与政府会计的互动关系

从理论上讲，财政预算与政府会计是不可分割的两个部分，就像一枚硬币的正反面一样。财政预算是国家财政资源的计划和安排，政府会计是财政预算的执行和反馈。如果没有政府会计的基础和支持，财政预算就是无源之水；如果没有财政预算的引导和促进，政府会计也会脱离发展轨道。事实上，一直以来我国执行的是预算会计制度，政府会计即预算会计，是财政预算体系的重要组成部分。基于权责发生制的政府会计改革以来，政府会计选择走一条双轨制道路——权责发生制的政府财务会计和收付实现制的政府预算会计。“双轨制”的政府会计如何与财政预算改革互动是值得研究的问题。

（1）财政预算与政府会计分别服务于宏观财政治理与微观财政治理

财政预算与政府会计同属于财政治理的周期活动。在财政治理过程中，政府会计在预算计划之后，是预算执行和决算的重要环节。财政预算体现了政府资源的配置与承诺，政府会计则提供了一个有效的工具跟踪财政预算计划的实施。从行政事业单位内部管理来说，政府会计也要建立单位内部预算管理体系，这是借鉴企业全面预算管理的相关经验。但是，单位内部预算管理不同于财政预算，其主要是一种内部管理手段，而且内部预算也不等同于财政预算。在政府会计的概念框架中，一定要把内部预算管理与财政预算相区分，不能等同混淆。

从我国政府会计改革进程来看，“双轨制”政府会计体系已不再是财政预算的附属，未来将会逐渐独立出来形成独立的会计准则和制度。但是，政府会计对于财政预算改革的理念和实践一定会产生影响。因为政府会计是财政预算管理中最基础的技术，正是政府会计核算系统将财政预算政策和意图转化为财政管理和控制的手段，政府会计系统被认为是“预算的反射”。正如Karl Deutsch（1996）认为会计系统实质上是“政府的神经”，因为它实质是政府财务命令和控制的中心枢纽。

从财政治理视角来说，财政预算更侧重于服务宏观财政治理，政府会计更侧重于微观财政治理。财政预算的目标是财政资源的合理配置，政府会计目标是财政资源使用的真实反映。财政预算与政府会计的互动关系是从宏观目标到微观目标的落实过程，也是微观目标到宏观目标的反馈过程。只有将财政预算与政府会计有机结合，才能形成具有反馈的闭环财政管理系统。

（2）“全面透明”的预算公开需要政府会计信息的提供和支持

“全面透明”既包含推进全口径政府预算管理，政府的全部收入和支出都应当纳入预算，包括一般公共预算、政府基金预算、国有资本经营预算、社会保险基金预算，从而全面反映政府收支总量、结构和管理活动；也包括增强财政预算的透明度，完善预算公开的方式方法，扩大预算公开范围，细化公开内容。财政预算所公开的信息和内容必须基于政府会计核算的成果。如果没有政府会计信息的提供和支持，财政预算公开的“透明”目标是无法实现的。

（3）“标准科学”的预算计划需要政府会计信息的分析与决策

“标准科学”是在统筹兼顾经济社会发展目标、国家宏观调控总体要求、行业发展和跨年度预算平衡的基础上科学编制财政预算，明确重点支出预算安排的基本依据。要从基本支出定员定额管理、项目支出标准体系建设、加强预算评审结果运用等方面出发实施预算改革。要编制“标准科学”的预算计划离不开政府会计信息的分析与决策。政府预算会计核算主要是跟踪执行基本支出和项目支出的计划进度，政府财务会计主要反映基本支出和项目支出的成本信息。将政府预算会计信息与政府财务会计信息有机结合，就能为“标准科学”的预算计划提供决策支持。

（4）“约束有力”的预算执行需要政府会计的微观监督与控制

“约束有力”是指硬化预算约束的政策实施，严格落实先预算后支出，强化预算单位的主体责任，防范财政运行风险。政府会计的微观核算与监督成为“约束有力”的工具和手段。政府会计的核算和监督职能就是服务于财政预算的控制、管理及计划目标。从政府会计系统中可以得到预算信息使得追溯实际支出与预算支出相互关系成为可能，这是控制的前提。从微观财政治理视角，政府会计不再是“事后核算”的工具，而是“事中监督”和“事前控制”的重要管理过程。因此，政府会计必将成为“约束有力”的重要基础和手段。

（5）“全面绩效”的预算管理需要政府会计的成本核算与评价

“全面绩效”是从根本上提升预算工作的制度化、规范化、科学化水平，促进各部门和各单位提高财政资金的使用效率，降低政府行政成本，为建设清廉高效节约政府提供制度保障。基于权责发生制的政府会计能够反映政府运行成本信息，以反映财政预算是否符合成本效益原则并进行合理评价。实施全面绩效管理将促进我国财政预算向绩效预算改革转变，而绩效预算一个非常重要的方面就是将政府提供的产品与其成本进行匹配，这是进行政府绩效评价的基础。基于权责发生制的政府会计可以为政府部门提供相关成本信息，通过将成本与产出进行合理匹配，来分析政府提供某项产品或服务的“真实完整成本”。政府活动或服务“成本—产出”分析，有助于同私营部门类似服务或活动进行比较，据此可决定该项服务是由政府提供，还是从社会直接购买，从而提高政府部门的绩效，达到用较少的钱办较多的事。

（6）财政预算与政府会计相互促进

政府会计信息不仅要定位和服务于预算管理需求，更要考虑如何影响预算管理。如果会计信息不能有效服务于预算改革，那么政府会计就成为一个纯粹的会计技术活动。基于权责发生制的政府会计改革的一个重要目标就是能够更加准确透明地反映政府运行成本，以便更好地为预算提供决策支持和合理分配财政资源。传统以收付实现制为基础的预算会计不能合理分配费用，造成政府成本扭曲。从各国财政改革的经验来看，权责发生制通常被放在公共管理改革的最前沿，希望能切实用权责发生制的会计信息影响财政政策。基于权责发生制的政府综合财务报告能为政府提供更有价值的信息，可以支持预算决策的制定。政府也可以更准确地了解资产和负债情况，以评估财政预算将如何进一步影响未来政府财务状况。还有一种观点认为，如果预算不能采用权责发生制，那么基于权责发生制的政府会计信息有用性将大打折扣，政府会计只能成为“分析工具”。

另外，财政预算改革也会直接影响政府会计的变革和发展。传统部门预算支出按照支出类型和功能进行分类，发达国家早期预算编制大多采用这种方式，利用这种方式通常分类较细。但是，这种预算编制方法不能较好地反映和处理预算与政府目标的关系，以及政府投入与政府产出之间的关系。在我国向绩效预算改革的进程中，部门预算将综合考虑支出目的、成本、项目计划、计划产生的结果等各种因素，以结果为导向。绩效预算编制将政府活动细分为职能、计划、活动、成本等因素，同时确定业绩指标体系，并对业绩指标和成本进行度量和报告，这对于政府会计信息供给提出了更高的要求。

从国际上财政预算与政府会计改革的进展来看，财政预算与政府会计改革是相互促进的。预算与会计作为财政管理的两个方面，缺一不可。如何使公共资源配置更有效率、更有效益、更科学、更透明，从而防范财政风险和确保财政可持续性是财政预算与政府会计改革的主要目标。无论是引入权责发生制会计核算，还是引入政府成本会计体系，全面实施财政预算绩效管理，编制部门绩效报告以及政府综合年度财务报告等，这些都是提高政府资源配置水平、提高政府透明度的重要手段和方法。

3.5.2 全面实施预算绩效管理是政府会计改革重要突破口

(1) 全面实施预算绩效管理的方向就是绩效预算

从概念界定的角度，预算绩效管理和绩效预算应该是两个并不完全相同的概念。已有研究文献并没有将这两个概念分别界定，甚至常常混用，因此有必要对以上两个概念进行清晰的划分。

预算绩效管理是指将绩效理念和方法深度融入预算编制、执行、监督全过程，构建事前事中事后绩效管理闭环系统，完善绩效目标、绩效监控、绩效评价、结果应用等管理流程。预算绩效管理重在“管理”，以管理流程优化与再造为主要思路，将绩效的理念融入日常预算管理工作。

绩效预算是从传统的分项预算（line - item budgets）发展而来。它是以一种全新的角度，按照企业化经营模式，把政府作为一个提供公共品的经济部门，建立起“公共品—公共品成本—预算”的模式，通过对公共品的核算，进行预算编制。绩效预算是一种以结果为导向，以支出效果为核心，以成本效益为衡量标准的预算管理方式，是以改进公共服务质量为宗旨的公共管理改革。绩效预算提出资金的使用目的和使用目标等要求，以及为实现这些目标而产生的成本和相关行为、每个项目下的产出和提供的服务。

绩效预算强调从预算编制开始就要以绩效为起点，而不是以传统每一个支出项目为起点。我国目前的预算编制仍然是以分项预算为基础，以上年每一项目的支出额为基数，按照政府收支分类科目进行编制。尽管《预算法》规定预算编制要考虑绩效目标，但从操作上讲仍以分项式预算编制为主。因此，全面实施预算绩效管理将推动我国财政预算向绩效预算发展。如果预算体制不是基于绩效预算来编制计划和实施执行，那么全面实施预算绩效管理很可能达不到预期效果。

(2) 全面实施预算绩效管理的关键目标和技术基础

全面实施预算绩效管理的关键目标是制定合理的绩效目标、进行完整的预算执行监控和全面的预算绩效评价。要达到以上目标并不是非常容易的事情，更不可能一蹴而就，而是从全面信息提供和管理流程再造的角度不断尝试和深入改革。本书认为全面实施预算绩效管理的技术基础包括以下几个方面：

①完善的项目支出绩效指标体系。我国部门预算支出分为基本支出和项目支出，目前基本支出已基本实现定员定额的指标体系，无论是从预算编制还是预算控制上来说都比较清楚。但是，项目支出绩效指标有待进一步制定和完善。由于各类项目千差万别，不同的项目具有不同的特征，所设计的绩效目标不能完全相同。然而，没有合理完善的项目支出绩效目标，后期预算执行监控和预算绩效评价只能是空谈。从目前已经推行的财政项目支出绩效评价来看，项目支出绩效指标在制定上具有缺乏财政绩效指标和非财政绩效指标过于简单的特点。建议对于项目支出绩效指标体系要按照分类提出绩效指标标准，具体可考虑引入平衡计分卡设计指标体系。

②全面的政府资产管理系统。当前的预算绩效主要是针对预算资金收支所产生的效益效果，但是忽略了项目执行过程中政府存量资产的投入、折损和耗费。如果不能把现有政府资产的投入纳入绩效指标和考核范畴的话，对于预算绩效管理来说也是不全面的。这就需要具备一个全面的政府资产管理系统，提供真实完整的政府存量资产信息，以正确记录和反映政府运转中存量资产的投入情况。

③基于权责发生制的政府成本会计系统。预算支出绩效指标体系主要由财政绩效指标和非财政绩效指标组成。但是，从实际预算绩效评价来看，财政绩效指标比较缺乏，可以说基本上只有“预算执行率”一项指标。由于我国预算会计采用收付实现制为会计核算基础，无法提供政府运行的成本数据，也就无法对于预算项目执行的经济效益进行合理评价，更无法与市场平均成本进行比较。因此，全面实施预算绩效管理非常需要基于权责发生制的政府成本会计信息。《国务院关于批转财政部权责发生制政府综合财务报告制度改革方案的通知》对研究推行政府成本会计做出了明确的工作部署。政府会计改革实施之后，逐步推行政府成本会计将对全面实施预算绩效管理提供有效的技术支撑。

④公平合理绩效评价机制，实现预算闭环管理。财政绩效评价是测量评价达到既定公共目标的活动过程，测量评价的内容包括将资源转化为公共物品及服务（产出）的效率、产出的质量（公共产品及服务的质量和公众的满

意度)、结果(行为的实际效果与其预期目标相比较)及其在达成预期目标的过程中组织运作的效率。建立公平合理绩效评价机制,不走过场、不流于形式至关重要。绩效评价引入第三方独立评价机制是未来发展的一个趋势。第三方评价是由第三方独立开展的绩效评价,具有独立性、专业性和公开性特点。建立完善包括主体权责、资质认定、管理协调、结果应用、经费保障等内容在内的评价机制,有利于推动预算闭环管理的实现。

(3)全面实施预算绩效管理的关键就是权责发生制政府会计

从上述分析来看,全面实施预算绩效管理的关键和基础是权责发生制政府会计。尽管我国预算体制是基于收付实现制,但是对于预算绩效目标的制定、预算执行成本的核算、预算经济效益的评价必须依赖于权责发生制的政府会计信息。我国正在尝试实施基于权责发生制的财务会计和基于收付实现制的预算会计的双轨制,以协调权责发生制和收付实现制的关系,兼顾上述两种核算基础的优势,融合财务会计和预算会计信息,达到真实全面的政府会计信息供给目标。全面实施预算绩效管理将对于政府会计下一步改革,即推行政府成本会计和政府管理会计具有很强的推动力。

3.5.3 权责发生制政府会计对预算绩效管理的重要支持

全面实施预算绩效管理是财政预算改革的主要内容和重要方向。从宏观上看,财政预算涵盖预算编制、预算执行、预算决算和预算绩效评价等全生命周期过程;从微观上看,政府会计作为微观财政治理的工具,为全生命周期的财政预算落地提供数据支撑、方法应用、监督控制和决策支持。尽管财政预算是基于收付实现制,但是权责发生制政府会计能够对财政预算提供更多更有价值的数据信息和方法工具。

(1)权责发生制政府会计为财政预算全生命周期提供数据支撑

从生命周期理论分析,财政预算本质是一个财政管理循环,包括预算编制、预算执行、预算决算和预算绩效评价等各阶段,按照预算年度周而复始、前后衔接、不停运转。传统预算会计为财政预算所提供的数据信息比较有限,无法满足财政预算管理循环各个环节的需求,尤其是预算决策支持信息往往只能来自统计数据,并不是由政府会计提供。例如,预算编制所依据的定员定额标准、项目支出标准、生均经费标准等数据，由于预算会计不是基于权责发生制，上述标准数据、成本动因等都无法由会计信息给出，只能依据统计数据做相应的测算，其准确性和合理性不能满足实际工作需要。此外，预算执行和决算过程中对于潜在的支出责任、债务负担等隐性数据都无法报告，不利于利益相关方做出合理准确的决策。因此，在传统基于收付实现制的预算会计基础上，权责发生制政府会计能够为财政预算全生命周期提供更有价值的数据补充和支撑，使财政预算精细化和科学化管理真正落到实处。

（2）权责发生制政府会计为预算绩效目标提供财政指标支持

预算绩效目标的制定是全面预算绩效管理的起点。只有制定完整、合理和准确的预算绩效目标，才能有效保证预算计划、执行和评价的有效性。在2018年承担某部委委托课题的研究过程中，我们调研、收集并分析了项目预算绩效评价相关绩效报告。我们发现，在项目绩效目标设计上缺乏财政管理目标。项目绩效指标体系主要包括产出指标、效益指标和满意度指标，也缺乏财政绩效目标体系。与财政目标或绩效相关的只有预算执行率这一项，并未对项目预算的成本效益展开有效分析。调研中发现，在预算项目绩效评价过程中并不是不想设置财政管理目标和财政绩效指标，而是因为传统收付实现制的预算会计无法提供全面合理的成本效益数据，只能提供预算执行率的相关数据。在实施权责发生制政府会计以后，政府会计完全可以提供全面的成本效益数据，对于未来预算绩效目标制定、预算绩效数据记录和报告、预算绩效评价结果将大有裨益。

（3）权责发生制政府会计为全面预算绩效管理提供方法支撑

权责发生制政府会计不仅能为全面预算绩效管理提供数据支撑，也能为政府部门及行政事业单位提供全面的方法支撑。在财政部全面推进管理会计体系建设进程中，行政事业单位管理会计体系建设是管理会计改革的重要方向。在权责发生制政府会计实施以后，诸如战略地图、全面预算、业财融合、平衡计分卡等管理会计工具都可以应用到单位内部管理工作中。行政事业单位应用战略地图工具可以将国家战略、党建工作、发展目标等融入单位各项计划和任务，以促进各项战略性目标的扎实推进和稳步落实。全面预算是单位在内外部环境分析和预测决策基础上按照全方位、全过程和全员参与编制与实施的内部预算管理模式。业财融合可以使单位财务管理向智能报销、智能核算、智能报告等智能化管理迈进，全面提升单位内部财务管理水平。平衡计分卡是预算绩效评价的有效工具，最早由美国斯坦福大学卡普兰教授提出，目前广泛应用于企业绩效管理和评价过程中。有关资料显示，美国布什政府早在 2003 年开始在预算绩效管理中应用平衡计分卡。平衡计分卡将为我国全面实施预算绩效管理提供有力工具支撑。

（4）权责发生制政府财务报告成为绩效预算管理的决策基础

权责发生制政府会计是编制基于权责发生制政府综合财务报告的重要基础。权责发生制政府综合财务报告将成为我国推进绩效预算管理的决策基础。绩效预算是全面实施预算绩效管理的最终目标。权责发生制政府综合财务报告可以提供重要的资产折旧分摊数据、成本效益数据、潜在义务债务数据等，这对于未来按照绩效目标来编制预算计划是重要的决策支持。权责发生制政府综合财务报告既能作为绩效预算管理的输入，也是绩效预算管理过程的输出，也就构成了全面绩效预算管理闭环系统。因此，可以说权责发生制政府会计是推动我国预算绩效改革的基础和关键。

4. 基于公共价值的政府会计管理活动论

党的十八届三中全会通过的《中共中央关于全面深化改革若干重大问题的决定》指出，财政是国家治理的基础和重要支柱。财政是国家治理的基础，而政府会计是财政的基础，是国家治理基础中的基础（李建发，2015）。在加快建立现代财政制度背景下，政府会计如何服务于国家治理目标和功能已引起财政界和会计界的广泛关注。要解释和分析上述问题必然涉及政府会计的本质和定位问题。杨纪琬教授和阎达五教授于 20 世纪 80 年代初建立具有创见性的会计理论——“管理活动论”。“管理活动论”认为，会计在本质上是一项管理活动，而不仅仅是信息工具。“管理活动论”强调会计具有管理职能，核心是价值管理，对我国新时代会计事业的改革和发展产生了深远影响（叶康涛等，2020）。从宏观上说，价值可以划分为私人价值（Private Value）和公共价值（Public Value）。由于私人价值更易清晰界定并能获得认同，“管理活动论”思想在企业会计管理活动中得到广泛应用，并成为推动企业会计转型升级的重要理论基础。如果我们将“管理活动论”应用到政府会计领域，政府会计亦应具有管理职能，核心是公共价值管理。在公共行政和公共管理领域，公共价值的概念、识别、测量、创造等问题获得学术界的广泛关注，并为公共行政研究提供新的语境和前景。我们尝试从公共价值视角，将“管理活动论”引入政府会计领域，以公共价值管理和创造为核心理念分析提出政府会计管理体系，以期推动我国政府会计理论体系进一步发展和完善。

4.1 公共价值与政府会计理论综述

4.1.1 公共价值理论综述

如果说私人部门管理层能够利用创造力和技能，通过使用私人财产为股东创造私有价值，那么公共部门管理人员也能够利用创造力和技能，通过使用公共财产为人民创造公共价值。基于这个朴素的逻辑，公共价值的概念由哈弗大学 Mark Moore 教授在其专著《创造公共价值：政府中的战略管理》中首次提出，其主要特征是由新公共管理强调效率、效果、结果为导向转变为将实现公共价值目标作为最终目标，其核心是战略三角理论。Moore（1995）认为公共价值是公民对政府期望的集合，价值的概念不仅包括创造的收益，也包括公共部门在追求价值的过程中使用的资源，包括财政资源、立法权威和公共权力。Kelly（2002）等认为公共价值是政府通过服务、法律规制和其他行为创造的价值，公共价值应该作为资源配置决策、绩效测量和服务系统选择的标准。Stoker（2006）认为公共价值是公共服务生产者和使用者偏好的集合，主要通过政府官员和核心利益相关者的协商过程来共同创造，是一个更加复杂和广泛的治理过程，一定程度上是一个社会交换过程。

近年来，我国也有不少学者开始对公共价值的研究。王乐夫、张富（2004）认为公共行政的价值可分为两类：目的性（终极性）价值和工具性（手段）价值。其中，目的性价值居于主导地位，它反映公共行政所追求的希望和理想；工具性价值，是公共行政为实现其目的性价值应具备的基本属性。王学军等（2013）对公共价值的研究路径和前沿问题进行了整理研究，归纳了关于公共价值研究的两大方向，即结果主导的公共价值（PV，Public Value）和共识主导的公共价值（PVs，Public Values）。结果导向是指公共价值是一个结果概念，是对公民有价值的结果，公共价值概念的核心内涵是政府的产出要满足公民的需要。共识主导的公共价值研究观点是，作为共识或者规范的公共价值往往是多元的，而且同时存在于公共行政过程，公共行政过程本质上成为相互冲突的价值选择和平衡过程。包国宪等（2012）在分析新公共管理的理论缺陷和实践困境的基础上，提出公共价值对政府绩效的合法性具有本质的规定性，并由此构建了以公共价值为基础的政府绩效治理理论体系框架。杨博等（2014）深入研究了新公共管理与公共价值的不同，提出公共价值管理是从整个民主政治系统出发，审视政府治理危机，力图实现工具与价值的融合，但公共价值管理所倡导的创造公共价值主张往往又受到政治现实基础的限制，在实际操作性上还存在一定难度。应益华（2014）研究了公共价值创造和政府会计改革之间的关系，提出公共价值视角的政府改革重点。

如何实现对公共价值进行科学合理的测量一直是困扰公共价值理论界的难题之一。只有对公共价值进行科学合理的识别、测量和报告才能有助于公共管理者进行管理决策，目标是将有限的公共资源投入到最优的公共产品和服务的供给。Mark Moore 在 2013 年出版的《识别公共价值》一书中提出了公共价值账户、公共价值计分卡、公共价值链等公共价值识别和测量工具。2014 年 Mark Moore 首次提出公共价值会计的概念，构建公共价值会计实践的哲学主张和框架体系。鉴于公共价值测量的复杂性，部分学者主要借鉴经济学领域机会成本、成本效益分析、福利经济学、环境经济学等理论，尝试应用收入资本化方法、残差和重置成本、人工神经网络、空间分析方法等对公共价值进行测量（王学军等，2018）。但是，在公共管理实践中，政府会计具有执行成本相对低廉和执行方法相对可靠的特点，完全可以承担公共价值测量的重要职能。政府会计作为公共部门信息收集、价值判断和管理矫正的重要工具，其改革应以公共价值为导向，充分发挥其在公共价值创造中的重要作用（应益华，2014）。

4.1.2 政府会计理论综述

（1）我国政府会计发展与演变过程

我国政府会计起源于预算会计，伴随着财政预算制度的改革而不断发展。政府会计的概念最早由刘炳炎先生于 1982 年提出。但是，直到 20 世纪末，政府会计始终处于边缘化研究的尴尬位置（徐玉德，2018）。按照财政预算改革和政府会计改革的路径，可以将我国政府会计改革的阶段划分为初建阶段、逐步发展阶段、改革探索阶段、改革全面展开阶段、预算会计向政府会计转变阶段、政府会计改革阶段，具体如表 4－1 所示。

表 4－1　我国政府会计改革与发展历程

阶段	财政预算改革	政府会计改革	成就
初建阶段（1949—1953 年）	高度集中的统收统支的预算体制	1950 年《各级人民政府暂行总预算会计制度》； 1950 年《各级人民政府暂行单位预算会计制度》	确立预算会计体系；统一预算会计科目；统一规定预算会计报表格式；实行收付实现制；采用借贷记账法
逐步发展阶段（1953—1978 年）	“统一领导、分级管理”的预算体制	1956 年《预算会计工作改革要点》； 1963 年《地方财政机关总预算会计制度》； 1966 年《行政事业单位会计制度》	确认会计科目：资金来源、资金运用、资金结存以及会计恒等式
改革探索阶段（1978—1992 年）	“划分收支、分级包干”的预算体制	1984 年《财政机关总预算会计制度》； 1988 年修订财政机关总预算会计制度》和《行政事业单位预算会计制度》	突破政府预算会计职能及核算范围，增加并形成总预算会计体系； 各级事业单位的会计管理体制摆脱过去高度统一的状态，逐步走向分级管理
改革全面展开阶段（1992—1999 年）	“分税制”财政体制改革； 1994 年《预算法》颁布	1995 年《预算会计核算制度改革要点》； 1997 年《财政总预算会计制度》《行政单位会计制度》《事业单位会计准则（试行）》《事业单位会计制度》，随后陆续制定高校、医院、科学事业单位等事业单位分类会计制度	重构预算会计核算体系，确立财政总预算会计、行政单位会计和事业单位会计为基础的政府会计基本架构
预算会计向政府会计转变阶段（1999—2009 年）	建立公共财政体制，开展部门预算、政府收支分类、政府采购、国库集中收付等改革	2003 年财政部成立政府会计改革领导小组； 2007 年政府会计改革被写入《国民经济和社会发展第十一个五年规划》； 2009 年修订《高等学校会计制度》和《医院会计制度》	为适应公共财政改革，政府会计服务于政府财政预算资金收支管理，重点反映当期财政收支状况，但未突破既有的预算会计框架

续表

阶段	财政预算改革	政府会计改革	成就
政府会计改革（2010—）	加快建立现代财政制度，建立全面规范透明、标准科学、约束有力的预算制度，全面实施绩效管理	2010年《权责发生制政府综合财务报告试编办法》； 2012年《行政事业单位内部控制规范（试行）》； 2014年国务院批转财政部《权责发生制政府综合财务报告制度改革方案》； 2015年财政部成立政府会计准则委员会； 2016年陆续发布《政府会计基本准则》及具体准则、《财政总预算会计制度》以及《政府会计制度——行政事业单位会计制度及报表》（以下简称《政府会计制度》）	我国政府会计准则和制度体系基本形成，重构政府会计核算模式，确立“双体系、双基础、双报告”的新型政府会计体系；统一行政事业单位会计制度；开拓行政事业单位内部控制基本框架，为财政作为国家治理基础和重要支柱提供基础性制度条件

（2）我国政府会计概念框架理论综述

目前学术界对于政府会计的分类持有不同的观点，主要包括“二元论”“三元论”和“四元论”等。“二元论”主要来自我国当前实施的政府会计准则中对政府会计的分类，即政府会计包括预算会计和财务会计，两者适度分离又相互衔接。“三元论”有两种观点，王雍君（2017）将政府会计分为政府财务会计、政府预算会计以及政府成本会计；张曾莲（2009）构建了政府财务会计、政府预算会计和政府管理会计的政府会计体系。关于“四元论”，荆新（2018）认为政府会计通常包含政府预算会计、政府财务会计、政府成本会计以及政府管理会计。综合上述观点并结合我国会计理论的发展，本书认为“四元论”比较符合当前我国政府会计的分类体系和发展方向。

第一，政府预算会计是用于确认、计量、记录预算批准和预算执行整个过程中所发生的经济活动或事项，服务于财政治理体系，在我国政府会计体系中占主导地位。我国现行预算会计体系主要包括财政总预算会计和单位预算会计两部分，另外还有与总预算会计同属政府层面的参与预算执行会计（包括国库会计、税收征解会计、社保基金会计等）。政府预算会计采用收付实现制，主要记录预算收支过程中财政资金流量的变化。

第二，政府财务会计立足于政府会计主体，以满足政府财务管理需要为主要目标，充分揭示政府整体的财务状况、运营业绩和现金流量。政府代表国家进行公共事务管理，行使公共行政权力，按立法机关批准的预算筹集和使用公共资金，负责分配、使用和管理公共资源，代表国家运营和管理国有企业，拥有和管理国家的债权债务。因此，政府负有保护公共资金、公共资源、公共财产的安全和完整，不断提高其使用效率和效益，确保国有资产的保值增值，防范财政财务风险，促进社会政治经济稳定，推动经济持续增长，维护公共利益等责任。这些都是政府承担的财务受托责任。政府财务会计应能够全面、完整、系统地反映政府的财务状况和财务活动结果，全面、客观、真实地反映政府的成本费用，全面、客观地反映政府的受托业绩。

第三，政府成本会计是对政府会计主体实现其职能目标过程中按照成本核算对象和成本项目归集、分配和计算实际发生的各种耗费并确定成本的各项管理活动。虽然政府的经济活动不以营利为目的，但采用政府成本会计对政府的各类项目和业务活动进行成本核算、分析、报告等工作，降低成本、提高效率也是政府创造公共价值的要求。政府成本会计可以实现成本控制、公共产品或服务定价和预算绩效评价等目标。2019 年 7 月财政部发布《行政事业单位成本核算基本指引（征求意见稿）》，并于 2019 年 12 月发布《事业单位成本核算基本指引》。

第四，政府管理会计是面向政府内部提供有用决策信息的管理活动。在新公共管理环境下，政府管理会计的价值已逐渐被认识，并得到美国、英国、法国及国际会计师联合会的广泛关注。财政部于 2014 年颁布《关于全面推进管理会计体系建设的指导意见》明确指出“管理会计是会计的重要分支，主要服务于单位（包括企业和行政事业单位）内部管理需要，是通过利用相关信息，有机融合财务与业务活动，在单位规划、决策、控制和评价等方面发挥重要作用的管理活动”，为政府管理会计的发展指明了具体方向。《管理会计应用指引第 803 号——行政事业单位》中指出管理会计体系应包含战略管理、预决算管理、绩效管理、成本管理、财务管理、资产管理以及管理会计报告等内容。

4.1.3 公共价值应用于政府会计的综述

从广义上说，公共价值是价值在公共领域的表达，是指客体能满足不同主体需要所产生的效用和意义。公共价值蕴含在公共部门设计、开发、制造、组织、治理、提供、分配给公众进行消费和享受的公共产品和公共服务中。从狭义上说，公共价值体现在利用政府资产实现特定目的的公共政策所承诺的公共绩效中。在私营部门会计中，价值创造可以直接通过计算向愿意购买的客户销售产品或服务所获得的收入，并将其与成本进行比较来测度和报告。购买者是价值的仲裁者，通过在市场上双方自愿成交的价格来进行计量。从技术角度来说，购买者支付的价格可靠地反映了私营部门付出产品或服务的价值。但是，公共部门所提供的产品或服务的价格远低于市场价值，甚至是免费的，尽管对于支出可以做准确的核算，但是最大的问题是如何建立能够反映收入方面的会计体系，即政府所生产的价值。

公共部门缺乏对所产生价值的明确衡量，主要原因在于在制定政策任务的政治进程中，往往不能明确和一致地说明公众希望看到的政策推动和影响的价值。尚无现成的衡量工具将政府的业绩和公众期望的结果与实际情况联系起来。因此，政府会计能否承担公共价值测度的重担是比较关键的问题。由于政府会计负责政府各部门、各单位的所有经济活动信息采集、计量、记录和报告，其显然是公共价值测度具有天然优势的职能岗位。但是，公共价值与政府会计相关的研究仍属于起步阶段，政府会计应是公共价值管理的重要落脚点。公共价值的概念比较宽泛，涵盖了结果主导的公共价值和共识主导的公共价值。考虑到公共价值管理的实践和可操作性，政府会计可以先以结果主导的公共价值管理为初始目标，主要体现在政府资产或公共资源投入产生公共价值的确认、计量、评估和报告的管理过程。

4.2 “管理活动论”应用于政府会计的必要性分析

1980 年，在中国会计学会成立大会上，杨纪琬教授和阎达五教授合作发表了《开展我国会计理论研究的几点建议——兼论会计学的科学属性》一文，首次提出“会计管理”这一概念，将会计视为一种管理活动。会计管理活动论的核心思想是会计具有管理的职能，会计的本质是价值管理活动（杨纪琬和阎达五，1980）。“管理活动论”突破西方“信息系统论”的局限性，为我国社会主义会计理论打下坚实的基础。会计管理活动论的提出对于指导企业会计在价值管理和价值创造中发挥积极作用具有重要意义。但是，将“管理活动论”用于政府会计领域还鲜有文献进行深入探讨。既然会计的本质是价值管理活动，政府会计作为会计的一个分支，其本质应是公共价值管理活动。从促进政治文明角度来看，政府会计对于建设透明、高效、公正、廉洁的政府以及促进政治观念文明有着至关重要的作用（周守华，2018）。因此，“管理活动论”对于推动政府会计从传统信息提供向公共价值创造转型升级亦具有重要意义。

4.2.1 “管理活动论”符合政府会计改革的发展方向

自2014年12月国务院批复《财政部权责发生制政府综合财务报告制度改革方案》以来，财政部已陆续发布政府会计准则、政府会计制度以及政府综合财务报告编制的规定及其办法。我国政府会计改革的发展方向就是强化政府资产管理、降低行政成本、提升运行效率、有效防范财政风险，加快建立现代财政制度、促进财政中长期可持续发展和推进国家治理现代化。这就要求政府会计改革应提升到现代财政制度和国家治理体系的高度上来。“以人民为中心”是推进现代财政制度建设和国家治理现代化的核心内容，这与公共价值的概念是不谋而合的。公共价值属于价值范畴，是价值论在公共领域的表现形式，具有价值的基本属性即客体能够满足主体需要的效益关系。公共价值可以理解为公共管理者在特定的约束条件下如何回应社会公众的公共需求。因此，公共价值管理也应是对公共价值运动的管理，包括对公共价值创造、公共价值衡量、公共价值评估的管理。

马克思把价值运动放在核心地位，提出企业经营活动的根本目的是实现价值增值，认为价值管理是指对价值运动的管理，包括对价值形成、价值实现、价值分配的管理。杨纪琬、阎达五（1994）提出的会计管理活动论认为，会计工作是一种重要的价值管理工作，会计工作处理和利用的信息主要是价值运动的信息，会计人员通过参与价值管理的计划、决策、核算、控制、分析及反馈等职能实现价值管理。会计管理活动论将会计与价值管理联系起来，由此引申到公共管理领域，政府会计也要实现对公共价值的管理。会计管理活动论围绕“会计管理是一种价值运动的管理”，提出了一系列实现会计价值管理的具体途径和方法。其中许多观点和方法同样适用于政府会计对公共价值的管理。基于公共价值理论，在政府会计领域运用会计管理活动论的基本理论和实践方法，以期实现政府会计对公共价值运动的管理，最终推动公共价值创造。

4.2.2 “管理活动论”拓展政府会计的内涵与边界

国际会计准则委员会（IASC）认为“政府会计是指用于确认、计量、记录、和报告政府和政府单位财务收支活动及其受托责任的履行情况的会计体系”。这代表了西方关于会计“信息系统论”的主流观点。在我国社会主义进入新时代的时点，我国政府会计选择预算会计和财务会计并行的“双轨制”道路，这是新时代社会主义政府会计的重大创新，并正在向成本会计和管理会计拓展。上述趋势符合“管理活动论”的理论逻辑。新《预算法》及实施条例和修订后的《会计法》均赋予政府会计内部监督和内部控制的责任。显然“信息系统论”不能涵盖上述内容。而“管理活动论”更强调会计的信息反馈和监督控制。因此，“管理活动论”更契合我国政府会计的本质和职能定位。最后，为继承和弘扬我国社会主义会计基本思想，有必要将“管理活动论”作为政府会计的理论基础，推动我国政府会计内涵与边界拓展，推动传统偏重受托责任观的预算会计向以权责发生制为基础、兼顾受托责任观和决策有用观的政府会计转型升级。因此，将“管理活动论”应用于政府会计，对提升政府会计的管理职能，加强内部控制和监督评价，加强政府会计对于管理者的决策支持作用具有重要的理论意义和现实意义。

4.2.3 “管理活动论”推动政府会计从管理控制向价值创造转变

“管理活动论”的核心在于价值管理。基于“管理活动论”的政府会计需要突破传统管理控制目标，将目标定位于公共价值管理。这对于政府会计来说是根本性的转变。长期以来，我国政府会计以预算会计定位，主要为预算执行提供会计核算、信息报告和内部监督服务，是财政预算执行在微观会计主体的主要抓手。党的十八大提出编制权责发生制的政府综合财务报告目标以来，政府会计准则和制度系统进行较大改革，政府会计理论框架不断丰富和完善。从新公共管理理论到公共价值理论，政府会计需要从传统预算管理控制的视野向公共价值管理转变。从公共价值视角出发，政府会计不仅关注财政预算资金收支的计量和报告，而且更重要的是关注公共价值的创造和评估。2018 年 9 月，中共中央、国务院发布关于全面实施预算绩效管理的意见，加快建成全方位、全过程、全覆盖的预算绩效管理体系。在全面实施预算绩效管理的背景下，政府会计的责任解脱从预算支出的合法合规性向预算支出的绩效评价转变，也就是要管理预算支出的效果和成绩。将政府资源投入的成本与为人民服务满意的结果相衔接，是新时代社会主义公共价值创造的过程。因此，“管理活动论”将成为政府会计未来发展和转型升级的重要指导。

4.2.4 “管理活动论”是政府会计发挥国家治理功能的理论基础

阎达五教授曾指出“经济越发展会计越重要，在经济高度发达以后，会计还将深度参与国民核算和财政监督”（曾雪云，2011）。我国已是世界第二大经济体，国民经济保持着中高速增长，国家经济水平和社会主义市场经济的发展已对公共管理体制提出更高要求。党的十八大提出“财政是国家治理的基础和重要支柱”，政府会计是财政治理的主要活动，从而发挥国家治理功能。从“管理活动论”出发，政府会计是大会计的概念，而不是仅仅对外提供预算会计信息和财务会计信息。大会计概念是“管理活动论”提出的会计理论发展全局观，从全面的角度审视和发展会计理论和实践。政府大会计要把政府财务会计、政府预算会计、政府成本会计、政府绩效会计、政府资产会计、政府财务管理、政府预算管理、政府内部审计、政府内部控制等内容全部涵盖进来。因此，政府大会计是以新时代社会主义财政理论为指导，将服务财政治理需求作为主要出发点，并以此协调政府会计的管理目标和报告目标，涵盖财政治理的所有经济管理活动，实现国家财政长远地可持续性发展，促进国家治理体系和治理能力现代化建设，最终推动国家战略目标的实现（周卫华，2020）。因此，将“管理活动论”作为政府会计的理论基础，将有利于政府会计与财政管理的融合，推动政府会计实现“业财融合”，确保政府会计发挥国家治理的基础和支柱作用。

4.3 基于公共价值视角政府会计管理体系的要素分析

所谓体系，泛指一定范围内或同类事物按照一定的秩序和相互联系组合而成、具有特点功能的有机整体，是若干子系统组成的大系统（荆新，2018）。政府会计管理体系是政府利用受人民委托的公共资源进行公共价值创造所开展的规划、设计、实施、控制和评价等管理活动的政府大会计系统。基于会计管理活动论的会计理论结构应当包括基本理论和外延理论。基本理论应有概念基础、目标假设、环境背景和运行机制 4 个层次（阎达五，1988）。本书基于系统论和“管理活动论”对政府会计的对象、目标、活动、循环、特征、环境等要素进行全面分析，尝试构建政府会计管理的基本理论体系。

4.3.1 政府会计管理的对象：公共价值

从哲学上讲，价值是抽象的信念、理想、规范、标准、关系、倾向、爱好、选择等。从公共行政学讲，公共价值是公民对政府期望的集合，是公众通过切实的公共政策与服务所获得的一种效用。根据会计管理活动论，政府会计管理的对象是政府利用的所有公共资源的流转过程，即公共价值运动过程。也就是说，政府会计应当核算每一个政府会计主体的每一项公共资源（包括但不限于财政资金）运转，即政府经济业务活动的全过程，包含财政资金运转的信息、部门项目支出的成本信息以及相关会计管理的财务信息和非财务信息。从会计视角来说，公共价值可以分为财务价值和非财务价值。财务价值主要指人力、物力、财力等公共经济资源消耗所形成的资金价值，非财务价值主要指政府提供公共服务或公共产品所带来的效用净增加。私人价值可以通过市场来进行估值和管理，由于公共价值缺少显性的市场估值，公共价值管理对于政府会计来说难度非常大。政府会计必须要超越传统会计方法和工具，在财务价值管理的基础上，通过大数据技术从公众中获取大量非财务数据，以实现公共价值管理。例如，在部门决算项目绩效评价中，不仅需要实施财务价值管理，提供预算执行、资金耗费等财务价值数据，而且需要实现非财务价值管理，提供公共产品数量、公共产品质量、公众满意度等非财务价值数据。

4.3.2 政府会计管理的目标：公共价值创造

正如企业会计管理的目标是实现企业股东价值最大化一样，政府会计管理的目标是实现公共价值最大化，即公共价值创造，增进公民所认同的公共价值。公共价值的创造取决于公民的意愿和判断，这一点与私人价值创造很不同。根据 Moor 的公共战略管理的“战略三角”模型，公共管理者应主动在与公众互动中识别和发现公共价值，并在获得上级授权和支持的情况下，积极整合必要的资源，实现公共价值的创造。政府会计应积极参与公共价值创造过程，在财政预算编制和立项过程中识别和发现公共价值，提供和整合必要的财政资金资源，在经济活动中加强会计监督和成本控制，推动政府战略目标的实现，从而实现公共价值创造。

4.3.3 政府会计管理的主体和客体

（1）政府会计管理主体

判断一个单位是否纳入政府会计体系可以用其是否具有支配公共资源的权力为标准进行衡量。财政部颁布的《政府会计准则——基本准则》规定“本准则适用于各级政府、各部门、各单位”，并做出解释——“各部门、各单位是指与本级政府财政部门直接或者间接发生预算拨款关系的国家机关、军队、政党组织、社会团体、事业单位和其他单位”。会计管理活动论认为，会计是由人直接参加的，按照预定目标进行管理和控制的一种社会实践活动。因此，会计主体是指具有能动性，并在会计实践中认识和改造会计客体的“会计人”，包括会计人员和会计机构（张兆国，1994）。因此，我国政府会计管理主体是政府、部门和单位的会计机构和会计人员。根据会计管理的范围，可以划分出政府会计（如财政总预算会计）、部门会计和单位会计。

政府会计是指以政府为会计主体的会计机构和会计人员。政府也有广义和狭义之分。广义的政府是指公共机关的集合，代表着社会公共权力；狭义的政府是指国家权力的执行机关，即国家行政机关。政府会计体系中纵向级次分类中的政府是狭义的概念。从公共财政视角，各级政府规划统筹本级政府行政部门、职能部门、党政组织等的财政收支，具有管理和监督的职责。政府会计要对以下两个部分进行会计管理：一是对以政府为单位进行的经济业务活动的管理，比如对本级政府所控制的资产进行管理或对以政府名义发行的债券进行价值管理；二是对政府的组成部门和下属各级单位开展经济活动的监督和管理，并要合并形成政府综合财务报告。

部门会计是指以政府组成部门为会计主体的会计机构和会计人员。从我国行政体制来划分，政府由各级组成部门构成。在我国部门预算改革中，部门指与财政直接发生经费拨款关系的一级预算会计单位。在政府会计体系中，部门会计对本部门的经济活动实施会计管理，统筹整合本部门和下属各单位财政资源，负责合并本部门综合财务报告并上报财政部门。

单位会计是指行政事业单位会计主体的会计机构和会计人员。政府各部门由下属的行政单位和事业单位组成。行政单位是我国政府的主要组成单位，事业单位是我国社会公共服务的主要提供者。从财政角度，行政单位指实行预算管理的国家权力机关、行政机关、司法机关、检察机关，以及其他机关、政党组织等，其人员实行公务员体制管理，经费、工资福利等全部由政府拨付。事业单位一般是国家机关或利用国有资产成立的，其活动的性质都是非市场导向的，包括公益一类、公益二类和自主事业单位三种类型。行政单位资金消耗以提供公共服务为主，也有一部分用于自身组织机构的运转；事业单位主要分布在科教文卫等行业领域，主要是在其职能领域提供专业性的公共产品或服务。单位会计是政府会计体系的重要组成部分，单位会计管理水平的高低影响着部门、政府会计信息的质量和管理效果。

（2）政府会计管理客体

根据公共价值、会计管理活动论和政府会计的基本理论，政府会计的客体是政府利用的所有公共资源的流转过程，即公共价值运动过程。也就是说，政府会计应当核算每一个政府会计主体的每一项公共资源（包括但不限于财政资金）运转，即政府经济业务活动的全过程，包含财政资金运转的信息、部门项目支出的成本信息以及相关会计管理的财务信息和非财务信息。在政府会计改革之前，预算会计通过收付实现制实现的是对财政资金收支的核算，缺少对政府实物资产及过去形成的存量信息的管理，导致政府难以实现科学精准的资产和负债管理。从政府经济业务活动发生的时间维度来看，政府会计管理对象不仅要包括当前活动形成的资金流量，也要包括过去形成的历史存量，如资产存量、负债存量等。无论是政府存量价值还是流量价值，对于政府成本管理、财政绩效评价、政府决策支持等都具有重要意义，这也符合我国当前政府会计改革的要求。

4.3.4 政府会计管理的活动

政府会计是经济管理活动的重要组成部分，通过收集和处理政府经济信息，对政府经济活动进行组织、控制、调节和指导。政府会计管理的基本内涵就是公共价值管理，包括价值形成、实现、优化等管理活动，其目标就是公共价值创造。政府会计管理的活动应主要包括政府战略管理活动、政府预算管理活动、政府投融资管理活动、政府成本管理活动、政府绩效管理活动、政府风险管理活动等。

（1）政府战略管理活动

根据公共战略管理的“战略三角模型”，政府战略管理是主动在与人民或公众的互动中识别和发现公共价值，并在与上级政府部门的互动中争取政治支持并获得授权，积极整合必要的资源，最终实现公共价值的创造。政府会计作为政府经济资源和经济活动的归口管理部门，必然要加入政府战略管理，通过分配和执行经济资源、监督和控制经济活动、记录和报告经济信息，推动政府战略的实现，从而创造公共价值。

（2）政府预算管理活动

政府预算管理是以战略为导向，通过合理配置各项财务资源和非财务资源，并对执行过程进行控制和监督，对执行结果进行评价和反馈，指导政府经济活动的调整和改善，从而推动战略目标的实现。政府预算管理活动与财政预算概念范畴是不同的，它是以政府、部门、单位为会计主体所实施的计划、决策、控制和评价活动。政府预算管理活动的范畴既包括财务资源，也包括非财务资源，既包括一般公共预算资金，也包括其他公共经济资源等。

（3）政府投融资管理活动

政府投融资管理活动是政府、部门或单位所开展的投资活动和融资活动。政府投融资管理是我国政府经济活动中非常重要的组成部分，涉及的公共资金量规模庞大，各类投融资活动和模式复杂（如 PPP 模式、政府地方债务等）。如果政府会计不能对政府投融资进行有效管理，那么必然会带来较大的公共风险。政府会计应在政府投融资管理中发挥积极作用，通过加强国有资本权益管理、提高投资收益、降低融资成本，最终实现政府战略和创造公共价值。

（4）政府成本管理活动

政府成本管理活动是从特定的成本对象角度对政府提供的公共产品和公共服务进行核算、分析、控制和报告的管理过程。财政部于 2019 年 7 月 22 日对《行政事业单位成本核算基本指引（征求意见稿）》公开征求意见，并于 2019 年 12 月 17 日发布《事业单位成本核算基本指引》。政府成本管理活动对于提高政府行政运行和资源配置效率具有极大意义，将确保落实中央提出的“过紧日子”要求。政府会计在政府成本管理活动中具有不可或缺的作用，包括成本控制活动、公共服务或产品定价活动、成本绩效评价活动和资源配置活动等。

（5）政府绩效管理活动

政府绩效管理本质上是体现政府对公共价值的追求，并在此基础上对公共行政过程进行管理和治理。在新公共管理实践中，政府绩效主要围绕如何提高政府工作效率、降低政府成本和改进政府与社会关系等方面展开。从公共价值视角，政府绩效管理已从提升政府效率效益向满足人民需要和达到公众共识方面转变，这也是“以人民为中心”思想的体现。政府会计在政府绩效管理中除了要提升公共资源利用的效率效果以外，还要将公共服务或产品质量、公民满意度等非财务指标纳入进来，从而体现公共价值的实现和创造。

（6）政府风险管理活动

政府风险管理活动是对政府所面临的公共风险进行评估、控制和管理的过程。公共风险是对社会公众或整个社会经济发展造成损害的可能性（刘尚希，1999）。在百年之未有大变局的背景下，政府面临的公共风险问题尤其突出，包括国际经济下行风险、人口老龄化带来养老金风险等。政府会计通过风险管理和内部控制，确保政府拥有足够的公共资源履行应承担的支出责任和义务，从而推动可持续发展。根据公共风险和财政风险相关理论，政府风险管理活动将是政府会计管理活动中的重要组成部分，主要防范公共资源不确定风险、支出责任不确定风险和公共资源与支出责任不匹配风险。

4.3.5 政府会计管理的循环

政府会计管理循环是对政府会计管理活动的流程再造和流程建模。通过将传统政府会计信息循环融入每个管理循环，每个管理循环都会有信息循环作为支撑。基于“管理活动论”的核心思想，政府会计从传统确认、计量、记录、报告环节，扩展到计划、组织、指挥、控制、协同等各项管理活动，并随着管理的边界向公共价值管理和公共价值创造延伸，同时协调政府内部和外部利益相关者，形成覆盖业务、财务、财政、宏观经济监督与调控为一体的政府大会计管理循环。以下针对政府会计管理循环进行模型构建。

（1）基于“识别—整合”的公共价值创造循环

根据 Moor 公共战略管理的“战略三角”模型，公共管理不能仅仅从部门利益出发或仅停留在执行者的角色上，而应该主动在同公众的互动中识别和发现公共价值，并在与上级公共部门的互动中争取政治支持，营造有利的授权环境，积极整合必要的资源，最终实现公共价值的创造（见图 4－1）。在我国社会主义政治体制下，政府会计应该成为“有担当、有责任”的公共管理者，根据党中央和国务院制定的国家战略、“以人民为中心”来规划设计未来的工作目标，积极利用“放管服”政策获取政策支持、上级授权和预算资源，通过整合必要的各类资源，按照既定的目标和计划依法行政，从而提升政府绩效，获得人民支持，最终实现公共价值创造。

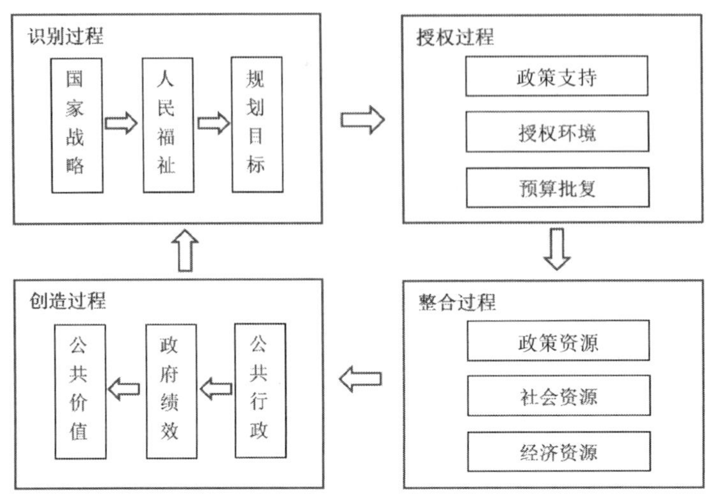

图 4-1　基于“识别—整合”的公共价值创造循环

（2）基于“感知—评价”的公共价值绩效管理循环

新公共管理运动强调在公共部门中引入私人部门的管理工具和管理方法，政府绩效管理的价值取向逐步包含经济、效率、效益、公平、满意度等多个方面。Moore（2000）认为私人部门的财务绩效、组织存续和社会价值三者是一致的，但是对于政府而言，财务绩效和组织存续却不等于社会价值（见图 4-2）。因此，与私人价值不同，公共价值的分析和度量是较为困难的，因为公共价值的创造并不一定能够与公共财政资源进行有效匹配，有时候在缺少公共财政资源的情况下，公共权力仍然可以正常运转并获取公众的满意，例如我国在应对新冠肺炎疫情初期全国各地医护人员都是自愿自发前往疫情前线，并创造了最短时间有效控制疫情的公共价值。但是，一旦投入公共财政资源，就必须创造公共价值，这就离不开政府会计的价值管理活动，也是全面加强预算绩效管理的主要目标。政府绩效是以公共价值建构为基础的，公共价值可以分为财务绩效（包括预算执行率、财务合法合规等）和非财务绩效（包括公共产品或服务数量、公共产品或服务满意度等）。政府会计可以作为财政治理的抓手，深入公共产品或公共服务生产的业务过程，实现财务数据和非财务数据的感知和采集，依托人工智能和大数据技术加强数据分析，实施绩效评价并完成实时反馈，提升公共产品或公共服务的质量，达到公众和人民最大的满意度，从而实现公共价值的绩效管理。

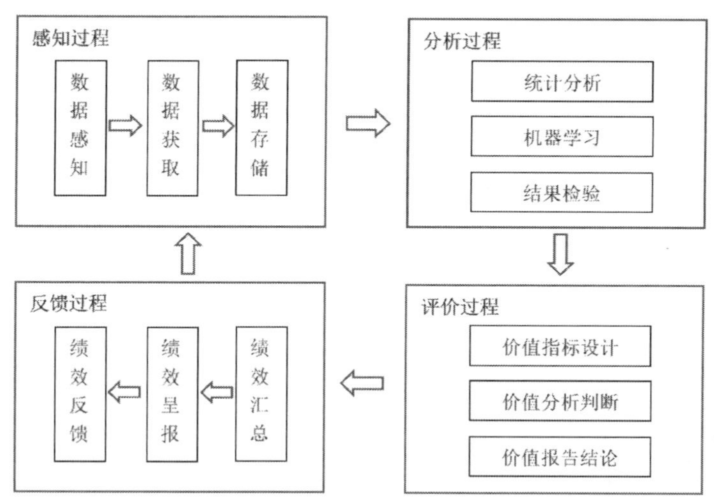

图 4－2　基于“绩效—评价”的公共价值绩效管理循环

(3) 基于“审查—披露”的公共价值信息交换循环

基于受托责任观的要求，政府会计作为一个信息系统，承担公共价值管理的重要内容就是要对外充分披露公共价值信息，通过与外界信息交换，解脱政府受托责任和提升政府公共价值，降低政府融资成本，推动政府效率效益的提升。新《预算法》及其实施条例规定政府要及时披露基于权责发生制的政府综合财务报告，各部门和各单位也要适时披露财务状况和预决算报告。我国在编制政府综合财务报告过程中，需要按照单位、部门、政府的层级进行逐级汇总和合并，最终由财政部门提交人大审查，在审查通过后及时向社会发布和披露信息（见图 4－3）。

云计算、大数据、区块链和分布式账簿的成熟应用将会改变政府财务报告的生产方式，使其从单纯的行政事业单位内部信息加工转变为政府会计信息的社会化共同生产和维护，成为国家治理的基础并提升国家治理能力。政府综合财务报告的加工成本、披露成本和监督成本将会大幅度降低，从而促进公共财政资源在政府内部和外部的加速循环。

(4) 基于“内控—监管”的公共价值控制监督循环

从公共风险理论和财政理论的视角，财政治理的目标在于风险管理，保

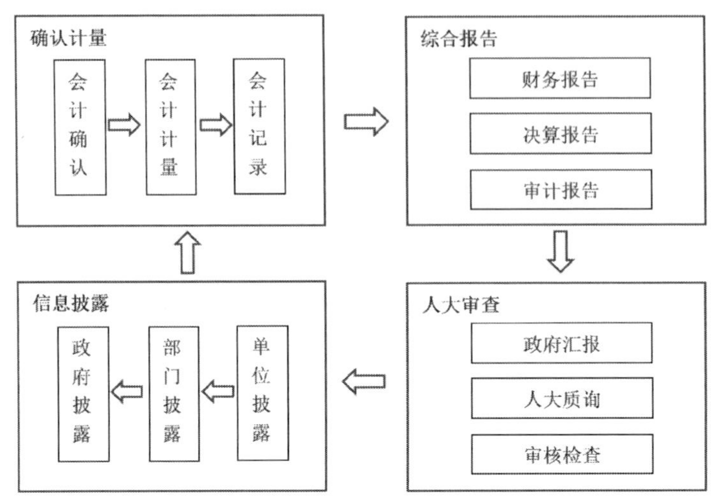

图4-3 基于“审查—披露”的公共价值信息交换循环

持财政的稳定性和可持续性，实现国家治理的基础和重要支柱功能，最终创造公共价值。加强公共风险控制的有效抓手就是内部控制，从财政内部控制再到行政事业单位内部控制，政府会计承担内部控制设计和实施的主体责任。习近平总书记在第十九届中央纪律检查委员会第四次全会上对财会监督进行了全新定位，提出推动财会监督、审计监督、统计监督等多项监督有机贯通、相互协调，这对于政府会计和财政部门来说具有里程碑意义。从法律上讲，《预算法》《政府采购法》《会计法》和《注册会计师法》等法律分别赋予政府会计会计监督权和财政部门的财政监督权。将内部控制、会计监督、财政监督和审计监督有效集成，形成基于“内控—监管”的公共价值控制监督循环，有利于推动我国政府会计价值监督职能的实现。基于人工智能和大数据的技术，将极大地提升和加强内部控制、财会监督和审计监督的效率和效果，使其从事后控制向事前控制、事中实时控制发展，从事后监督向事前监督过渡，从决算报告监督向全面预算监督转变，从政府审计监督向社会审计监督推进(见图4-4)。

(5) 基于“决策—调控”的公共价值资源配置循环

从财政理论与逻辑来看，资源配置职能和经济调控职能是财政的主要职能。宏观环境下的财政资源配置与微观政府会计价值管理活动是紧密连接的。

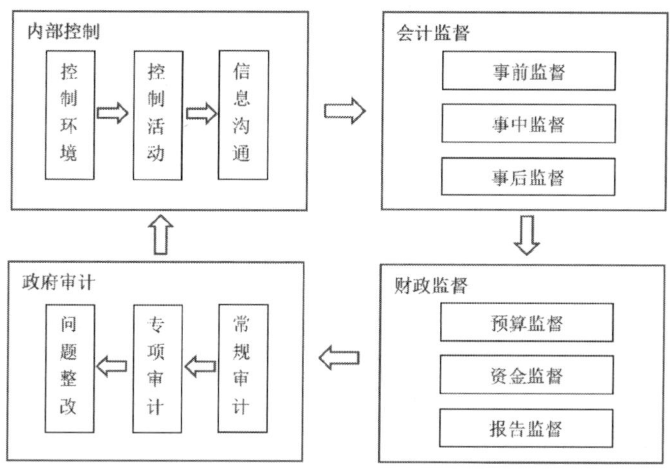

图 4-4　基于“内控—监管”的公共价值控制监督循环

宏观财政经济活动可以理解为微观行政事业单位经济活动的聚合。在传统技术环境下，很难建立行政事业单位微观行为和宏观财政政策之间的管理关系。在智能化环境下，借助云计算、大数据和人工智能等数字科技，可以有效地实现微观会计和宏观经济之间的联系。这也是会计管理活动论所提出的社会大会计的理念。政府会计需要跳出传统行政事业单位会计的逻辑，从单位会计到部门会计、从部门会计再到政府会计，实现微观会计到宏观财政的“三级跳”，通过对微观公共价值管理行为的归纳、抽象、推导，获取有利于宏观财政政策制度或调控的知识和规则（见图 4-5）。

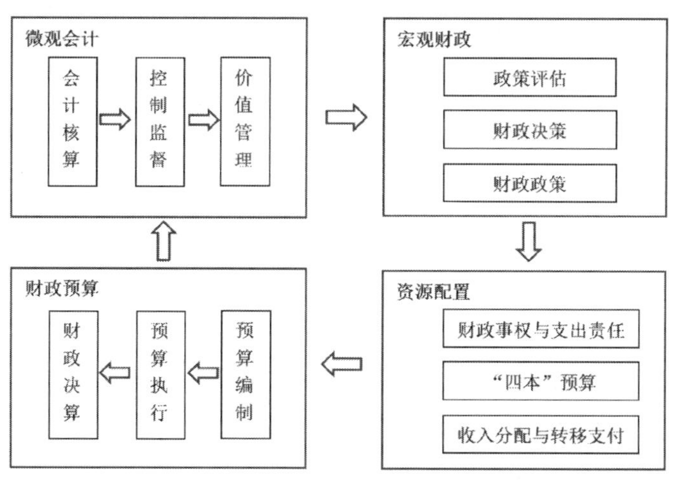

图 4-5　基于“决策—调控”的公共价值资源配置循环

4.3.6 政府会计管理的特征

基于政府会计管理的活动和循环，政府会计管理相对于传统政府会计系统呈现不同的特征：一是全面性，政府会计管理体现出大会计特征，本质是从政府经济管理活动出发，涵盖公共价值创造的全过程；二是宏观性，政府会计管理贯通微观会计信息和宏观财政信息的逻辑路线，打通微观会计管理和宏观会计管理的关系，推动政府会计国家治理功能的实现；三是政治性，财政既包括“财”，也包括“政”，政府会计是财政的基础，不仅是政府经济管理的工具，而且是与政治高度统一的有机整体。

4.3.7 政府会计管理的环境

在云计算、大数据、人工智能、区块链等新兴数智科技背景下，数字经济已成为我国经济转型的主要方向，政府会计管理的技术环境正在由传统的信息技术工具向数智化环境转变。杨周南（2009）提出了信息化环境论，论述了现代信息化技术不仅缔造了一次工具能量的变革，从更深远的视角看，信息化还提供了开发和应用信息资源的生产力环境，该环境的核心要素有信息化资源、信息化行为、信息化方法和工具。从工具观到环境论，意味着当今新兴数智化技术所构成的数智化环境对会计的影响不是单纯的工具替代和工艺改进，而是会产生新的生产要素和能量。

在数智化环境下，政府会计管理将由政府会计信息化向政府会计数字化和智能化方向演进。从信息资源空间分析，数据正在成为社会经济发展的生产要素，数智化环境将极大扩展政府会计的资源空间，既包括财务数据，也包括非财务数据，既包括结构化数据，也包括非结构化数据。从信息行为选择分析，数智化环境扩展政府会计的行为选择和行为方式，将政府会计从传统的确认、计量、记录、报告环节，扩展到计划、组织、指挥、控制、协同等各项管理活动，政府会计管理的边界逐渐延伸到公共价值管理，逐步融入国家治理能力和治理体系。从信息技术工具分析，云计算、大数据、人工智能、区块链、5G 等正在成为社会经济发展的基础设施，这些数字技术将为政府会计管理系统的构建提供基础和支撑环境，并有助于政府会计管理成为现代财政治理和国家财会监督的基础设施。

作为我国社会主义会计理论的思想基础，有必要将“管理活动论”引入政府会计领域。在我国政府会计改革关键时期，政府会计的内涵和外延正在发展，政府会计的职能不断强化，政府会计的应用范围不断扩展，“管理活动论”将对我国政府会计的理论发展起到重要作用。在“管理活动论”的指导下，依托习近平新时代中国特色社会主义思想并融入现代财政制度的核心理念，以“大会计”的视角推动新公共管理思想向公共价值创造转变，“以人民为中心”不断加强公共价值管理和实现公共价值创造，研究探索出具有中国特色的政府会计管理体系，推动政府会计从传统预算会计信息提供向公共价值管理和创造转变，发挥政府会计在微观领域的财政治理作用，为更好地服务于财政发挥国家治理基础和重要支柱作用提供全面的理论基础和方法论根基。本书研究将为数智化环境下政府会计管理系统的构建提供理论基础。

5. 基于事项会计理论的政府会计技术改进

自欧洲主权债务危机发生以来，以收付实现制为基础的传统政府会计饱受诟病，建立以权责发生制为基础的政府会计体系成为必然趋势。党的十八届三中全会明确提出“建立权责发生制的政府综合财务报告制度”，标志着我国政府会计改革进入实质阶段。经过十多年来的理论研究、经验借鉴和反复论证，理论界和实务界已经形成“我国政府会计由财务会计和预算会计构成，适度分离政府财务会计与预算会计”的共识。《政府会计准则——基本准则》将政府财务会计和政府预算会计作为独立要素予以规定和描述，政府会计的二元结构体系已经形成。由此我国政府会计核算将进入财务会计核算和预算会计核算并存的“双核”模式。如何实现政府会计“双核”模式之间的相互联系、协调和驱动是未来政府会计改革落地和推进需要解决的关键问题。借助我国政府会计改革破冰的契机，本书基于事项会计理论对政府会计的理念、方法和技术进行部分改进，为政府会计改革的实施进行前瞻性探索。

“事项法”会计理论最早由美国会计学家乔治·索特（George H. Sorter）在 1969 年提出。他认为传统价值法会计忽视了会计信息需求的广泛差异，主张向会计信息使用者提供更多的有关经济事项的信息。事项会计理论的提出引发事项理论与基本会计理论、会计信息系统、政府会计、成本会计等领域相关联的一系列研究。很多学者对基于事项会计的会计信息系统开展了诸多有益探索，不仅提出基于链表结构、树形结构等数据结构改造传统会计核算，而且提出基于事项会计理论的会计信息系统设想和模型（Lieberman 和 Whinston，1975；Colantoni 和 Whinston，1971；Haseman 和 Whinston，1976）。美国密歇根州立大学的麦卡锡教授于1982年在"事项法"会计思想基础上提出了REA（Resource、Event、Agent）会计模型，对会计信息系统理论产生了较为深远的影响（McCarthy，1982）。近些年我国学者对于事项会计理论也展开了积极的研究，如嵇建功（2013）对于事项会计理论的事项概念和会计信息演进进行了研究，提出由经济活动出发，经作业事项—经济事项—会计事项，形成使用者所需的会计报告信息的演进过程。胡玉明（2002）提出在信息技术发展的浪潮下事项会计能够实现受托责任观和决策有用观的统一，会计信息系统的未来是基于事项会计理论的设计与创新。

从国内外已有的研究来看，将事项会计应用于政府会计研究的文献还比较少，仅有刘福东、李建发（2012）针对公共危机情境下政府会计面临的一些困难，建议通过引入"事项法"会计进行局部改进，建立基于事项的会计信息整合方式，追溯反映危机下的资源流转过程，协调处理政府财务报告模式，以提升危机事件中政府的决策质量。本书以政府会计改革为契机，基于事项会计理论对传统政府会计技术进行部分改进，以期为我国政府会计的系统重构和实现路径提供借鉴。

5.1 政府会计"双核"模式对政府会计核算的要求

政府会计"双核"模式是指政府会计由预算会计和财务会计两大核算系统构成，两个系统各自具有不同的会计要素、核算规则和报告内容。尽管两个系统彼此相对独立，但仍须具有相互融合和相互协调的关系。

从会计目标上讲，政府会计"双核"模式包含预算会计目标和财务会计目标两大方面。政府预算会计的目标是反映预算编制、调整与执行过程，揭示公共财务资源的起因、过程与结果，支持政府受托责任的履行，服务于"受托责任观"目标；政府财务会计的目标是披露政府整体的财务状况与运营成果，为开展政府信用评级、加强资产负债管理、改进政府绩效监督考核、防范财政风险提供支持，服务于"决策有用观"目标。政府会计"双核"模式的目标是"公共受托责任+决策有用性"，即向政府会计信息使用者提供政府预算执行、政府财务状况、运行情况和现金流量等综合的会计信息，有助于政府会计信息使用者进行监督、管理和决策。

从会计主体来说，二元结构体系下政府会计主体仍然是统一的，并不区分为预算会计主体和财务会计主体。根据《政府会计准则——基本准则》，政府会计主体包括各级政府、各部门、各单位，其中各部门、各单位是指与本级政府财政部门直接或者间接发生预算拨款关系的国家机关、军队、政党组织、社会团体、事业单位和其他单位。当政府会计主体发生经济活动时，对同一笔经济事项在会计主体中既可能进行预算会计核算，也可能进行财务会计核算，或两者同时进行。

从核算基础上说，二元结构体系下政府会计同时采用权责发生制和收付实现制，即财务会计实行权责发生制，而预算会计实行收付实现制。政府会计核算要同时能够满足双重核算基础的需要，对权责发生制与收付实现制进行有效的权衡。

从会计要素上说，政府会计要素包括预算会计要素和财务会计要素。预算会计要素包括预算收入、预算支出和预算结余，财务会计要素包括资产、负债、净资产、收入和费用。由于采用“双重”核算基础和独立的会计要素，对于同一笔经济事项有可能会出现“双重”确认和记录。

从会计报告上说，政府会计报告包括财务报告和决算报告，财务报告由财务会计负责编制，决算报告由预算会计负责编制。这两类报告分别从政府财务状况和政府预算执行情况的视角向政府利益相关者提供相关会计信息。对于财务报告与决算报告之间的差异，也需要进行必要的列示和解释。

5.2 二元结构体系下传统政府会计的困境分析

在二元结构体系下政府会计面临的最大挑战将是在实施过程中如何体现“适度分离与协调”的特征。某种程度上说，“分离”是容易的，只要按照两套核算体系独立进行核算即可。然而，在传统政府会计核算模式下“协调”是有难度的。如果预算会计与财务会计不能做到协调，那就彻底“分离”了，最终会形成预算会计与财务会计两个“信息孤岛”。随着政府会计二元结构体系的改革与实践，政府会计环境发生较大变化，基于“价值法”会计理论的传统政府会计将面临诸多困境。

首先，传统政府会计实现预算会计与财务会计的协调驱动有一定难度。权责发生制视角的财务会计和收付实现制视角的预算会计之间的根本矛盾在于：两种会计系统对于同一会计主体所发生经济事项的核算结果存在一定差异。例如，财务会计的“收入”和“费用”要素与预算会计的“预算收入”和“预算支出”要素，即使对同一经济事项的确认记录也可能并不一致，因此需要建立一种协调机制，实现两种核算结果的相互验证和相互解释。由于传统政府会计一套核算体系对应一个账套，二元结构下就需要建立两个账套，如果不能借助经济事项建立联系，传统政府会计实现两个相对独立账套之间的联系存在一定难度。

其次，传统政府会计对于政府受托责任的解除存在局限性。从公共管理角度，政府的资源来自公众，政府负有对公共资源配置经济性、效率性和效果性的受托责任。预算会计系统是政府披露预算编制、调整与执行情况的主要渠道，但是由于传统政府会计是基于“价值法”会计理论构建的，只能记录和报告预算执行的资金信息，无法披露预算编制及调整的情况，更不能反映预算资金的“来源”“用途”“性质”“对象”等相关信息。因此，对于传统政府会计来说，基于“价值法”会计理论构建的传统政府会计系统，无法全面解脱政府受托责任，从而存在一定的局限性。

最后，传统政府会计对于实现决策有用性目标仍存在一定的局限。尽管政府财务会计系统能够提供财务状况、运行成本、现金流量等会计信息，政府预算会计系统能够提供预算执行结果等会计信息，较之前来说已经有很大进步，但是对于基于“价值法”会计理论的传统政府会计来说，财务会计系统和预算会计系统所提供的信息仍然非常有限。因为“价值法”假设会计信息使用者的信息需求是确知的且具体的，但是这个假设往往不能成立，政府自身、社会公众、债权人等对于决策的信息需求并不确定。如果只能披露价值相关会计信息，不能满足会计信息使用者的广泛需求，也不利于决策有用性目标的实现。如果政府会计在“价值法”的基础上扩展记录更多和更丰富的会计信息，就能够更好地为会计信息使用者提供对决策更有价值的会计信息。

总之，在二元结构体系下基于“价值法”的传统政府会计将不仅面临诸多困境，而且具有较大的局限性。因此，政府会计系统应该对需求变化和环境变化保持必要的技术权变性。针对二元结构下政府会计技术的变革和实施，究竟哪些思想和技术更为适用呢？我们认为基于“事项法”对传统政府会计进行技术改进，能够更有助于政府会计改革的推进和落实。

5.3 二元结构体系下“事项法”对于政府会计的价值

“事项法”作为一种明确的会计思想和技术方向，通过记录原始的细颗粒的经济事项，为管理决策提供更为全面的、个性化的、更为丰富的会计信息，以满足不同会计信息使用者的个性化需求。相对于传统价值法会计，“事项法”会计更依赖于信息技术的进步和发展。本书将“事项法”会计与政府会计发展的客观要求综合在一起，从政府会计的核算、控制和监督出发，分析发现“事项法”基本思想更能契合二元结构体系下我国政府会计的技术变化需要。

（1）“事项法”符合政府会计“二元结构”的本质需求

政府会计“二元结构”的本质需求是跨问题域核算。问题域是指提问的范围、问题之间的内在关系和逻辑可能性空间。预算会计从属于主体公共资源分配问题域，财务会计从属于主体运营管理问题域。政府会计需要同时服务于以上两个问题域，其本质是为了满足不同用户的信息需求和决策需求。这一点与事项会计理论的思路吻合。“事项法”的基本思想就是要打破传统财务报表的会计信息供给模式，放松会计信息需求假设，极大增加会计技术的适用性。政府会计将财务会计和预算会计适度分离，根本出发点就是要丰富会计信息的综合维度，能够从更深程度上反映政府资源流动和消耗过程，充分考虑政府、债务人、社会公众等利益相关方的需求。

（2）“事项法”适应政府会计控制和监督的变革方向

随着我国预算体制改革不断深入，“改进年度预算控制方式”和“强化支出预算约束”是我国预算改革的重要内容。但是，要达到政府预算的硬约束和紧控制要求，政府会计需要突破会计期间、会计信息维度、会计信息属性等传统会计技术的限制，如对跨年项目、突发事件等不符合自然周期的经济事项，传统政府会计往往无法提供全面完整的会计信息，必然降低会计信息决策的可用性。“事项法”则是从经济事项出发，突破资金价值的限制，记录时间、地点、数量、过程等更多维度的信息，能够满足预算控制和监督的需要。

（3）“事项法”满足政府综合财务报告的编制要求

政府综合财务报告制度是我国推进政府会计改革，建立全面反映政府资产负债、收入费用、运行成本、现金流量等财务信息的一项重要制度安排。政府综合财务报告要满足不同用户的信息需求，也需要突破传统会计信息的边界，综合披露价值信息和非价值信息。例如，财政部 2015 年首次通过经济分类科目形式公布中央本级一般公共预算基本支出，其中人员经费超 5 900 亿元，获得媒体和大众的高度关注。有学者立刻指出只有进一步披露中央部门在编人员数量，人员经费才有比较、分析和决策的意义。可以认为仅公布价值信息并不能完全满足决策有用性的需求。“事项法”就是要突破传统会计信息披露的边界，完全从用户需求出发来披露会计信息，这样可以从根本上提升政府会计信息的可用性和决策性。

5.4 “事项法”对于政府会计的技术改进

从会计发展历程来看，政府会计对“价值法”会计的路径选择主要受到企业会计发展的影响，有其历史必然性，但局限于“价值法”会计对于政府会计的改革与发展，难以有所突破。本书以政府会计改革为契机，尝试应用“事项法”对政府会计进行局部技术改进。

5.4.1 政府会计对象的技术改进

会计对象是政府会计工作的客体，是会计反映、控制和监督的内容。根据公共管理理论，政府作为公共产品或服务的生产部门，所投入的大量资源均来自社会公众，这些公共资源都是由公众提供并委托政府进行管理。公共资源的所有权与控制权分离，形成政府的公共受托责任。政府会计要实现这一委托代理过程的反映和监督，不能仅限制于“价值运动”，还应扩展到“受托公共资源运动”。宏观上公共资源的配置主要通过公共预算制度来完成，而微观上政府会计核算应该能够反映公共资源的分配、保全、消耗、绩效、评价等全部流转过程。

（1）政府会计的事项抽象

事项会计理论认为事项是与会计主体相关的经济活动（Sorter，1969）。事项具有客观性、不可分性、多种计量属性等特征。嵇建功（2013）在会计信息演进过程的基础上，将事项分为作业事项、经济事项和会计事项。经济事项由众多作业事项组合而成，经济事项可以依据不同的会计理念和准则组合为多种不同体系的会计事项。如上所述，政府会计对象扩展到“受托公共资源运动”，需要从公共资源运动过程中抽取作业事项和经济事项，再按照政府会计准则确认为预算会计事项和财务会计事项。

作业事项记录和反映公共资源运动的动态过程，有利于政府会计对公共资源运动的事前和事中控制。经济事项记录和反映作业事项的经济结果，相对会计事项来说更为客观且恒定不变。政府会计事项是根据政府会计准则将经济事项分别组合成预算会计事项和财务会计事项。“事项法”对于政府会计对象的改进关键在于作业事项和经济事项的记录。通过经济事项能够将预算会计事项和财务会计事项有机联系起来，达到预算会计体系和财务会计体系协调融合的目标。不同事项所需记录的特征不同，计量属性是多角度、全方位的，既有定量的，也有定性的。例如，“预算编制”相关事项主要记录定员定额、预算项目、预算指标、预算报表、编审责任人、编审部门等特征属性；“非税收入”相关事项主要记录收据类型、收费项目、收费时间、费率、数量、金额、收费人、审核人等特征属性；“经费支出”相关事项主要记录支出时间、支出项目、支出数量、支出金额、审批人、报销人等特征属性。在记录方法上，主要采用直接观察方式进行记录和反映。政府会计的事项抽象如表5-1所示。

（2）政府会计REA模型的技术改进

借助事项法会计理论和REA会计模型，政府会计对象应该遵循“资源—事件—参与者”之间的逻辑关系进行技术改进。

①反映“事件—资源”的关系特征。公共事项及其后续子事件往往呈现

表 5 - 1　　政府会计事项分类抽象与描述

公共资源运动主要过程	作业事项	经济事项	会计事项	会计报告
预算编制	预算编制、预算汇总、预算审核等	预算批复	无	收支预算总表、基本支出预算表、项目支出预算表等
货币资金	现金盘点、银行账户设立、资金收付、银行对账等	现金对账、银行进账、银行对账等	预算会计收付核算、财务会计收付核算	资产负债表、财政专户管理资金收入支出表等
非税收入	收据管理、收据核销、收据汇缴等	非税收入解缴	财务会计应收往来核算、财务会计应缴财政款核算	非税收入征缴情况表等
经费支出	基本支出审批、项目支出审批	经费报销	预算会计支出核算、财务会计费用核算	收入费用表、预算执行表、支出决算表等
固定资产	固定资产验收、固定资产报废审批、固定资产变动审批、固定资产出租出借审批、固定资产盘点	固定资产增加、固定资产减少、固定资产变动、固定资产收益	财务会计固定资产增加核算、固定资产减少核算、固定资产变动核算、固定资产收益核算	资产负债表、资产情况表、国有资产收益情况表
政府采购	集中采购、分别采购、招投标等	采购合同签订	财务会计应付往来核算	政府采购情况表
工资发放	工资核定、工资审批、社保个税代扣代缴	工资转账	预算会计支出核算、财务会计费用核算	收入费用表、机构人员表、人员经费决算表

注：本表只列出了公共资源运动过程中引发的主要作业事项、经济事项和相关会计事项。其中会计报告列出了《政府会计准则——基本准则》规定的财务报告和决算报告，以及当前执行过程中的相关会计报告，所列内容虽然并不全面，但旨在说明事项会计记录对于会计报告数据的支撑作用。

连锁反应，并触发公共资源的需求，因此公共事件构成了公共资源消耗的外生动因。除公共危机及应急事件等以外，大部分公共事件应该在预算计划中进行体现。为了反映“事件—资源”的动因关联，应该针对每个公共事件建立会计记录，把“事件”和“资源”之间的关系固定在稳定的会计工具（事项凭证）上，使其成为政府会计循环的基础。

②反映“事件—事件”的关系特征。公共事件发生后往往会形成不同事件的转化、蔓延、衍生和耦合的扩散模式，导致资源配置路径复杂。只有将外在表现的资源流转和内在发生的事件关系建立起逻辑关联，才能保证受托公共资源的流转全程反映和监督。例如，如果政府采购和资产确认事件不能有效建立联系，往往会造成固定资产不能及时入账，容易导致固定资产流失。

③反映“事件—参与者”的关系特征。公共事件的发生一般是集体决策的结果，在不同的发展阶段由不同的责任人参与决策并执行。因而，政府会计在遵循公共事件发展的逻辑基础上，不仅要客观反映资源流转，还要客观记录事件参与者的责任履行过程。例如，预算执行或政府采购事件都需要一定的审批程序，将审批过程纳入政府会计对象可以有效反映公共资源流转的来龙去脉。

本书认为政府会计对象的技术改进要做好以下几项基础性工作：首先，做好原始公共事件的信息和资源流动信息的提取和保存；其次，科学设计“事项凭证”的属性字段，既能保证公共资源流转的反映和记录，又能兼顾不同公共管理方向的要求；最后，理顺信息共享的协调机制，尤其是注重实时记录、内部稽核和闭环控制，以实现资源、事件、参与者的完整确认、计量和记录。

5.4.2 政府会计信息整合的技术改进

随着我国政府信息公开推进的不断深入，作为政府信息的重要部分，政府会计信息越来越受到社会公众的关注，要求政府披露更多更好会计信息的呼声越来越高。即使在政府部门内部，对于会计信息的要求也逐渐提高，较好的会计信息管理水平意味着政府治理水平的提升。事项会计理论认为会计信息系统提供给用户的只能是未汇总过的、某一原始经济活动的可证实属性（特征）集，会计信息使用者可根据自己的特定需要，对不同的属性（特征）、在不同的期间和不同的截面范围进行不同程度的加工汇总，以获取符合特定决策模型和效用函数的数据信息。解决会计信息提供者和会计信息使用者之间的供需矛盾是“事项法”会计技术改进的关键问题。通过政府会计信息整合，既要解决会计信息系统提供哪些会计信息，也要解决会计信息使用者如何高效地利用这些会计信息。因此，会计信息整合可以实现“事项法”会计技术改进。

政府会计信息整合是指在信息工程的理论和方法指导下，按照“作业事项信息—经济事项信息—会计事项信息—会计报告信息”的逻辑路径，通过数据整合、结构整合、事件整合、流程整合和功能整合，提出和制定政府会计信息的数据标准、结构标准、功能标准和流程标准，尽可能地缩小会计信息需求方和会计信息提供方的差距。数据整合和结构整合是为了满足未汇总过的、原始经济活动的可证实可追溯属性或特征集的需要。事件整合和流程整合是为了实现政府会计工作流程的一体化，确保事项数据的全面和准确。功能整合是在上述整合的基础上提出的会计信息化功能标准，以指导政府会计信息化的建设思路。

（1）数据整合，是以会计核算信息为核心建立事项数据的逻辑关系，保持经济事项数据与会计事项数据的一致性，对基础数据资源实施标准化；结合国家会计数据和财政数据相关标准，构建政府会计数据资源标准体系，实现会计数据资源的共享。例如，政府预算收支分类科目改革明确预算科目功能分类标准和经济分类标准，统一预算支出科目体系。同样，对于机构、账套、项目、固定资产分类、财务列报等基础数据标准化是数据整合的基础。

（2）结构整合，是指以统一的数据结构整合政府会计信息的表达方式。从公共决策模式来看，我国正从政府单一决策主体逐步向多元主体协同治理（即国家治理）方向转变。为满足多元主体协同治理的需要，政府会计信息必须以标准的数据结构方便共享、复用、分析和再利用。目前在企业会计领域，XBRL 已成为企业财务信息处理的重要技术。本书建议将 XBRL 引入政府会计领域，通过 XML 技术整合和统一政府会计信息数据结构，并加以格式和语义标准化。借鉴会计信息化标准体系构建理论（杨周南和刘梅玲，2011），尽快建立政府会计准则 XBRL 分类标准，建立政府会计信息化标准体系，将是我国政府会计信息化发展的重要方向。

(3) 事件整合，是以经济事件为基础，建立各项经济事件的逻辑关系，贯穿各项经济事件的衔接，已实现政府会计全面一体化管理。根据政府组织的经济活动特点，从公共资源分配与执行出发，以预算管理为逻辑主线，建立预算编制、预算执行、决算、收入管理、资金管理、支出管理、资产管理、账务管理、财务报告等事件的逻辑关系，形成完整闭环的政府会计事项循环体系。

(4) 流程整合，是在事件整合的基础上，将事件所触发的一系列工作或任务，按照信息采集、处理、使用和管控有机关联。流程整合的目标是以预算管理为核心，整合预算会计和财务会计的业务活动，通过信息化贯穿各项业务流程的衔接，以达到互融互通，实现政府会计管理流程的一体化。

(5) 功能整合，从事项会计出发，政府会计功能不再仅仅局限于借贷记账法核算，而是将固定资产、全面预算、收入管理、支出管理、资金管理等纳入，建立“大政府会计系统”是实现政府会计信息整合的关键步骤。首先，“大政府会计系统”可以跳出单一“货币计量假设”的局限，在货币计量的基础上可以接受更多样化的计量属性，如重量、流量、能量、次数、长度、里程等。例如，由于油价变化频率和幅度增大对于汽车油耗的预算最好能基于油耗或里程。这样更为合理，对决策有用性的贡献也更为显著。其次，“大政府会计系统”可以更灵活、更全面地追踪公共资源流转过程，揭示政府受托责任的履行情况，有利于将会计监督和控制职能嵌入政府部门的日常运营管理，提升政府会计的管控水平。

5.5 政府会计“双核”技术模型的构建

“双核”是指政府会计核算体系由预算会计核算和财务会计核算两种核算体系组成，分别采用不同的会计要素和核算基础。政府会计“双核”技术模型是在“事项法”会计理论基础上实现预算会计与财务会计适度分离和相互协调的技术改进（见图 5 -1）。该模型并不是对以“价值法”为基础的借贷记账模型进行颠覆，而是在借贷记账模型的基础上增加事项凭证的确认、记录和反映，通过事项凭证建立预算会计与财务会计之间的关系，使“双核”

能够互相连通、互相钩稽、互为一体，共同为统一会计主体服务。

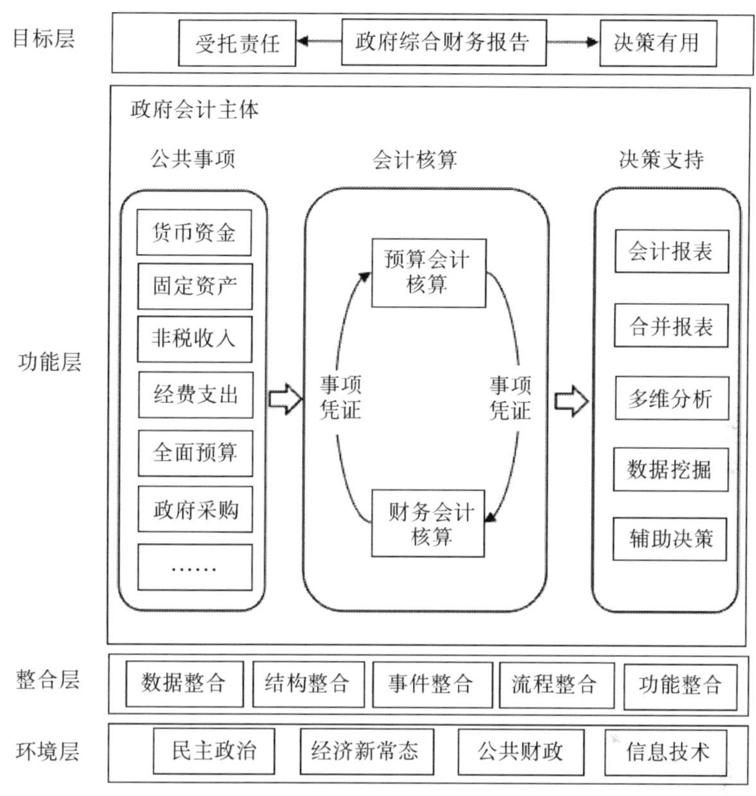

图 5－1 政府会计“双核”技术模型

5.5.1 模型结构解读

（1）模型构建理论依据

政府会计“双核”技术模型的构建原则：一是基于 ANSI/IEEE1471－2000 对体系结构的定义，二是借鉴会计信息化系统的层次结构和耗散结构特征，三是依据软件工程理论的结构化建模原则。按照目标驱动的思路，以抽象到具体进行思考、规划和描述，自顶向下划分为：目标层、功能层、整合层和环境层。

（2）模型内涵解析

目标层：根据政府会计改革实施的步骤和方案，以编制和输出“政府综合财务报告”作为政府会计信息化系统的主要目标，减少政府会计信息的不对称，提升政府会计信息的可用性，最终实现公共受托责任解除和决策有用的会计目标。

功能层：以预算会计核算和财务会计核算为核心，通过事项凭证的确认和计量涵盖政府会计所涉及的全部业务范围，包括货币资金、固定资产、非税收入、经费支出、全面预算、政府采购、基本建设等模块。以会计信息为基础，构建会计报表、合并报表、多维分析、数据挖掘、辅助决策等决策支持系统。按照“数据采集—数据处理—数据利用”的功能逻辑，形成从“公共事项”“会计核算”到“决策支持”的功能体系。

整合层：通过数据整合、结构整合、事件整合、流程整合和功能整合实现“大政府会计系统”，将政府会计核算的模式、数据、流程、结构等统一和标准化，加强政府会计信息化的统一规划和部署，推动财政管理信息系统一体化建设。

环境层：政治环境、经济环境和技术环境的不断变化促使政府会计发展和变革。随着社会主义民主政治制度不断建设，人民对于政府会计信息的需求和要求逐渐增加；经济新常态下，我国正处于经济结构调整、经济增速趋缓的阶段，财政收入增速逐步回落，预算支出控制趋紧，促使政府会计必须反映政府运转效率和成本；公共财政不断深化财税体制改革，要求政府会计能够实现解脱公共受托责任和决策有用性目标。在“互联网＋”时代，云计算、大数据、移动互联等先进 IT 技术将使会计行业迎来一场前所未有的变革。云计算技术促进政府会计信息处理更实时、动态和集中；大数据技术能够为编制政府综合财务报告、政府资源有效分配提供必要数据支持；移动互联技术能够提升政府会计服务水平，提升政府会计信息的透明度。

（3）层次间关联性解析

目标层是政府会计二元结构技术模型构建的出发点，表达政府会计信息化系统的目标。环境层是政府会计二元结构技术模型构建的立足点，表达政府会计变革所处的政治环境、经济环境和技术环境，各类环境的变化决定了业务变化和技术更迭。整合层是以信息工程和流程再造方法学体系为核心，表达了从环境层向功能层的过渡，起到承上启下的作用。功能层是整合层的产出和结果，表达政府会计信息化系统应面对的业务逻辑。简单来讲，目标层是起点，环境层是基础，整合层是方法，功能层是逻辑。

5.5.2 技术优势与特征分析

相对于传统政府会计核算体系，作为未来政府会计改革实施的逻辑模型，政府会计“双核”技术模型具有以下优势与特征：

一是兼容性。目前价值法仍然是会计核算的基础，该模型是在价值法基础上向事项法的延伸，通过价值法和事项法相结合，充分发挥各自技术上的优势，实现政府会计改革的目标。

二是协同性。类似于多核芯片处理器，只有同时发挥并行计算和串行计算，多核的性能优势才能体现。政府会计的“双核”要发挥财务会计核算和预算会计核算的协同核算能力，兼容权责发生制和收付实现制，实现受托责任观和决策有用观的协调。

三是标准性。通过建立数据标准，将政府会计所需要的数据确定下来，有利于满足不同利益相关者对于会计信息的不同诉求。由于事项凭证可能涉及不同的政府行业，在建立总体标准的基础上，还需要制定教育、交通、卫生、农林、国防等行业标准，确保模型的广泛适用性。

四是整合性。在会计信息化一体化的框架下，整合是政府会计信息化建设的重要方法和实施思路，体现了该模型的工程特征。通过数据整合、结构整合、事件整合、流程整合和功能整合构建政府会计信息化的顶层设计，推动政府会计信息化向成熟阶段发展。

5.5.3 应用效益辨析

政府会计“双核”技术模型的核心在于预算会计核算和财务会计核算的统一和协调，既发挥“双核”的异步，又坚持“双核”的同步，起到“1 + 1 >2”的作用。预算会计与财务会计适度分离与协调的关键在于事项凭证的设计和使用，其中包括银行单据（如银行进账单、银行对账单等）、税收收据（如税务发票、非税收入收据等）、资产卡片（如固定资产卡片、资产验收单等）、报销单据（如差旅费报销单、办公用品报销单、政府采购合同等）。按照“经济事件—事项凭证—会计凭证”的逻辑路径，将“事项法”提出的资源、事件、参与人等核算要素与“价值法”提出的会计要素有机整合和互相补充，可以将政府会计的受托责任和决策有用两个目标统一起来，从而保证政府会计改革目标的稳步推进和逐步落实。

财政部戴柏华部长助理在中国财会高峰论坛上提出：适应新常态，融合促发展，积极推进“互联网＋”下的会计改革与发展，“互联网＋”为会计技术的发展提供了新的支撑。政府会计“双核”技术模型是在“互联网＋”和政府会计改革融合的基础上，依据事项会计理论所提出的一种政府会计信息化设计构想和思路。“双核”模型充分利用“互联网＋”的模式思维，跨越传统模型的技术障碍，打破传统模型的技术壁垒，兼容权责发生制和收付实现制，突出预算会计和财务会计“双核”的价值，为编制政府财务综合报告提供坚实的基础。

5.6 政府会计信息化实现“双核”模式的融合

5.6.1 融合模式

政府会计信息化是将政府会计理论和会计信息化理论融合，形成有别于企业会计信息化的理论和方法学体系。针对政府会计改革的步骤和要求，政府会计信息化作为一个独立的研究领域，将架起政府会计理论和实践之间的桥梁，为政府会计改革实施和落地提供指导和借鉴。政府会计“双核”模式面临的最大挑战是如何实现预算会计与财务会计的“适当分离与协调”。将两套核算体系“分离”是容易的，但是“协调”是有难度的。所谓“协调”，就是在会计核算过程中在两套核算体系之间建立会计科目、凭证、报告之间的互动与稽核关系，达到会计数据自完整和自验证的目的。如果预算会计与财务会计不能做到协调，那就彻底“分离”了，最终会形成预算会计与财务会计两个“信息孤岛”（周卫华等，2016）。政府会计信息化的关键问题就是要实现“双核”模式的协调，通过信息化方法和过程达到两套核算体系的分离、协调和融合。

（1）会计科目体系的协调

政府会计“双核”模式自然包括两套会计科目体系，即预算会计科目体系和财务会计科目体系。预算会计科目反映预算收入、预算支出和预算结余要素，财务会计科目反映资产、负债、净资产、收入和费用要素。我们在进行预算会计科目体系模拟设计时发现：如果预算会计系统只按照预算收入、预算支出和预算结余要素设计科目，实际上不便于登记记账。例如在确认预算收入时，借方仍然需要资产类科目。刘永泽（2015）认为预算会计系统仍然沿用现行预算会计的科目体系，即设置资产、负债、净资产、收入和支出五类科目。此外，预算收入、预算支出，收入、费用科目体系的设计必然也会存在部分重复。因此，预算会计科目体系和财务会计科目体系存在一定的重复，如何进行协调和统一是政府会计信息化需要解决的关键问题。

（2）会计凭证的协调

基于政府会计“双核”模式的原理，单位发生的经济事项有可能仅做预算会计核算，也可能仅做财务会计核算，也可能既要做预算会计核算，也要做财务会计核算。因此，我们把政府的交易或经济事项分为三类：仅需要做预算会计核算的交易或事项；仅需要做财务会计核算的交易或事项；同时需要做预算会计核算和财务会计核算的交易或事项。但是，无论是预算会计核算还是财务会计核算，其所依据的原始凭证同属一份，因此有必要建立预算会计凭证和财务会计凭证之间的对应关系，方便在两套会计凭证之间查阅，确保审计线索清晰可循。如何实现预算会计凭证和财务会计凭证的协调和融合是政府会计信息化需要解决的关键问题。

（3）会计报告的协调

根据财政部印发的《政府财务报告编制办法（试行）》《政府综合财务报告编制操作指南（试行）》《政府部门财务报告编制操作指南（试行）》等制度，资产负债表、收入费用表和当期盈余与预算结余差异表等属于财务会计报表。其中，当期盈余与预算结余差异表即财务会计报告和预算会计报告相协调的体现，如果不能建立预算会计和财务会计的协调融合关系，那么这张报表是很难编制正确的。只有实现预算会计报告和财务会计报告的协调，才能达到政府财务报告和决算报告互为补充和有机衔接。如何实现预算会计报告和财务会计报告的协调也是政府会计信息化需要解决的关键问题。

综上所述，政府会计信息化要解决的关键问题就是“分离与协调”，在手工环境下要实现两套核算体系的协调是非常困难的，人工工作量非常大且容易出错。为提高政府会计核算效率，确保政府会计核算准确性，有必要启动政府会计信息化的研究工作，尽快开展政府会计信息化的模拟试验，为政府会计改革的落地提供信息化保障。

5.6.2 技术路径

政府会计信息化建设是政府会计改革的重要配套措施。政府会计信息系统作为政府财政管理信息系统的核心系统，担负着政府会计“双核”的重要责任，实现政府会计科目体系、会计凭证体系和会计报告体系的分离与协调。财政部部长刘昆在“充分发挥政府会计准则委员会作用、合力推进政府会计改革”重要讲话中明确指出：要优化政府财政管理信息系统，构建覆盖政府财政管理业务全流程、统一数据标准的一体化信息系统，是政府会计实施到位的重要技术保障，也是不断提高政府财政管理效率和透明度，实现信息资源共享的有效途径。因此，我们认为政府会计信息化的技术路径就是会计流程再造和会计信息整合，最终建立覆盖政府财政全面业务的“大政府会计系统”。

（1）政府会计流程再造

政府会计流程再造是在流程再造理论和方法指导下，为适应财务会计核算流程和预算会计核算流程的相互协调和相互融合，对政府会计作业流程实施变革和重构的过程。以前的政府会计流程主要以预算执行流程为主进行会计处理，而政府会计改革之后还需要增加会计处理流程。例如，为满足权责发生制的要求，政府会计流程需要增加应收会计流程、应付会计流程和固定资产折旧流程等。

为满足政府会计“双核”模式，政府会计流程再造必须从政府经济活动出发，分析政府经济工作的主线，逐步完成政府会计流程的重构。从公共管理理论来说，政府作为公共产品或公共服务的生成部门，所投入的公共资源来自社会公众，委托政府代为管理。政府会计流程应能全面反映上述委托代理过程，即公共资源的分配、保全、消耗、评价等全部流程。根据政府组织经济活动的特点，从公共分配与执行出发，建立预算编制、预算执行、决算、收入管理、资金管理、支出管理、资产管理、账务管理、财务报告等经济事项的逻辑关系，将财务会计流程与预算会计流程整合在政府经济活动流程中，形成完整闭环的政府会计循环体系。这是政府会计流程再造的主要思路。

（2）政府会计信息整合

政府会计信息整合是指在事项会计和信息工程的理论和方法指导下，遵循“作业事项信息—经济事项信息—会计事项信息—会计报告信息”的逻辑路径，通过数据整合、结构整合、事件整合、流程整合和功能整合，提出和制定政府会计信息的数据标准、结构标准、功能标准和流程标准。数据整合和结构整合是为了满足未汇总过的、原始经济活动的可证实可追溯属性或特征集的需要。事件整合和流程整合是为了实现政府会计工作流程的一体化，确保事项数据的全面和准确。功能整合是在上述整合的基础上提出的会计信息化功能标准，以指导政府会计信息化的建设思路。

根据事项会计理论，按照政府会计准则核算所得到的预算会计信息和财务会计信息，可以理解为是政府经济事项信息的两种不同视图。相对于会计事项，经济事项是客观的、恒定的，相对稳定不变。通过经济事项信息可以将预算会计事项信息和财务会计事项信息有机地关联起来。例如，经费报销的经济事项可以同时确认为预算会计支出事项和财务会计费用事项，通过经费报销信息就可以检索查询到预算会计信息，也可以检索查询到财务会计信息。因此，政府会计“双核”模式应向前再走一步，将经济事项的确认和计量纳入，记录经济事项凭证并与会计事项建立关联，达到预算会计和财务会计协调与融合的目的。

预算会计和财务会计适度分离与协调是我国政府会计的路径选择，但是预算会计系统和财务会计系统的联动和协调需要通过经济事项来实现，而不能仅仅通过会计事项，这是传统政府会计无法逾越的技术壁垒。本书从“事项法”会计理论出发对政府会计进行了局部改进，在对政府会计对象和政府会计信息整合进行技术改进的基础上，提出并构建了政府会计的“双核”技术模型，确保政府会计“受托责任”和“决策有用”目标的统一。为配合政府会计改革和实施，建议财政部适时推出《政府会计信息化规范》，制定政府会计信息化的工作标准，明确政府会计信息化的工作思路，有助于确保政府会计改革的落地和效果。

6. 政府会计核算模式实验研究

根据《国务院关于批转财政部权责发生制政府综合财务报告制度改革方案的通知》的工作部署和实施计划，以建立权责发生制政府综合财务报告制度为目标，基于政府财务会计和政府预算会计的政府会计改革已进入攻坚阶段。财政部在加紧制定政府会计具体准则及应用指南的同时，发布《政府会计制度——行政事业单位会计科目和会计报表》。为了更好地落实政府会计基本准则及具体准则的实施，《政府会计制度》在制定会计科目体系和会计报表样式的同时，首次提出“平行记账”的会计核算模式。所谓“平行记账”是指对同一个经济活动在采用财务会计核算的同时进行预算会计核算，体现政府财务会计和政府预算会计适度分离与相互衔接的重要特征，以准确反映行政事业单位的财务信息和预算执行信息。平行记账是政府会计“双核模式”的具体体现，也必然会增大一线会计人员的工作量。那么平行记账是否具有可操作性？能否借助会计信息化相关方法和技术提升平行记账的适用性？以财政部会计司组织的模拟测试为契机，本书针对平行记账的政府会计核算模式展开实验研究，在采取实验室模拟研究的同时，也根据模拟测试单位的具体情况开展实地实验研究。

6.1 二元结构下政府会计的适度分离与协调困境分析

我国政府会计改革基于预算会计和财务会计的二元结构推进和实施，其主要创新在于采用了“政府预算会计和财务会计适度分离又相互衔接的核算模式”。政府会计改革面临的最大挑战就是实施过程中如何体现“适度分离与协调”的特征（周卫华等，2016）。从《政府会计制度》相关内容来看，政府会计实务要实现“适度分离与协调”并不容易，甚至有些“剪不断理还乱”。例如，《政府会计制度》中有关“应收账款”等科目核算范围只包括“事业单位”，而不包括“行政单位”，也就是说行政单位在税收、非税收入等经济业务上仍然只能采用收付实现制；预算会计尽管以收付实现制为核算基础，但是根据实务工作需要对于“财政应返还额度”“同级财政拨款支付的质量保证金”“从预算收入中计提的专用基金”采用权责发生制处理。也就是说，政府会计实务中预算会计与财务会计所分别采用的“权责发生制”和“收付实现制”实际上是交织在一起的。之所以出现这种情况，既有实际工作要求的需要，也有简化会计实务工作难度的需要。

因此，在全面推广实施政府会计基本准则及应用准则之前，开展二元结构下政府会计核算的模拟实验研究显得非常有必要。为了简化工作难度，《政府会计制度》试图将“平行记账”的范围限制在会计主体纳入预算管理的现金收支活动。但是，目前我国政府会计岗位主要按照业务来进行划分，比如基建会计、资产会计、工会会计、资金会计等，而不会按照预算会计和财务会计来进行划分。尤其是在不增加政府会计人员编制的情况下，“平行记账”在必然增加会计核算工作量的同时，还要求会计人员能够适应“双功能”（财务会计与预算会计）、“双基础”（权责发生制与收付实现制）、“双报告”（财务报告与决算报告）的工作复杂性。二元结构下政府会计的适度分离与协调对于会计工作的难度可想而知，在实验中选择一条更契合会计工作的核算模式，利用信息化手段提高会计核算工作效率，降低会计核算工作难度显得尤为重要。

6.2 信息化环境下政府会计核算模式的比较分析

政府会计核算模式是在政府会计准则的指导下开展会计确认、计量、记录和报告的过程。根据国际公共部门会计准则及有关国家政府财务报告制度改革的经验，国际上政府会计核算模式主要分为三种。首先，采用三套会计体系（以法国为代表），包括预算会计体系、财务会计体系和成本会计体系；

其次，采用两套会计体系（以美国、加拿大为代表），包括预算会计体系和财务会计体系；最后，采用一套会计体系（以德国、英国为代表），将预算会计和财务会计整合在一套会计体系中（宁美军，2016）。从我国政府会计改革发展来看，根据我国政府会计的现状和实际需求，采用一套会计体系比较符合我国现状。为此，《政府会计制度》希望通过统一行政事业单位会计制度、统一会计科目、统一核算内容和报表来达到这一目标。

6.2.1 “双分录”核算模式

“双分录”核算模式是指会计主体中对于一个经济事项同时进行财务会计核算和预算会计核算，分别记录财务会计分录和预算会计分录（见图 6－1）。现行行政事业单位会计制度已经实行“双分录”核算模式，如在固定资产、在建工程、存货、无形资产、公共基础设施等业务中普遍采用“双分录”的记账方法。虽然“双分录”核算模式比较直观且易于理解，但是“双分录”核算明显增加了会计核算的工作量，也比较容易出错。相对于现行行政事业单位会计制度，政府会计基本准则分别定义了预算会计要素和财务会计要素，包括三个预算会计要素和五个财务会计要素，分别制定了 28 个一级会计科目和 74 个一级会计科目，更能全面准确地反映政府的财务信息和预算执行信息。如果采取“双分录”核算模式，一线政府会计核算工作量和难度将会进一步提升。

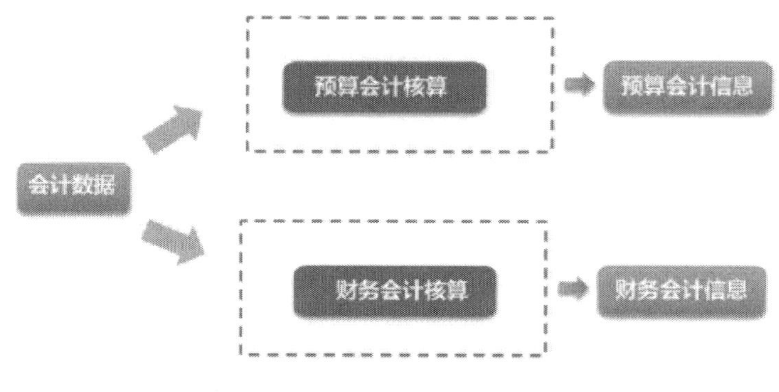

图 6－1 “双分录”核算模式

6.2.2 “主+辅”核算模式

“主+辅”核算模式是指通过“主核算+辅助核算”方式实现同时进行财务会计核算和预算会计核算的过程（见图6-2）。实际上企业目前的现金流量核算就是采用这一模式。企业会计核算以权责发生制为基础进行主核算，生成资产负债表和利润表。但是，现金流量表是基于收付实现制的，为了编制现金流量表，通过在收款记账凭证和付款记账凭证录入过程中直接指定现金流量的辅助核算方式，实现现金流量表的自动编制。“主+辅”核算模式主要是在信息化环境下通过财务软件总账模块来实现完成，即主核算采用权责发生制、辅助核算采用收付实现制。对于二元结构下政府会计核算来说，也可以借助“主+辅”核算模式，以财务会计核算为主，预算会计核算为辅，达到平行记账的目标。“主+辅”核算模式可以减轻会计核算的复杂度，减少会计核算的工作量。

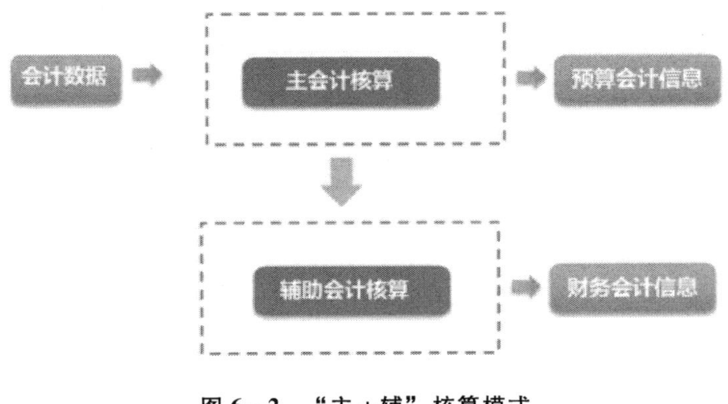

图6-2 “主+辅”核算模式

6.3 政府会计“双核”的实验室模拟实验研究

6.3.1 实验设计

实验于2016年10月27日在中国财政科学研究院会计信息化实验室进行，参与者均为中国财政科学研究院会计学专业的学术型硕士生，经过身份确认后登记并抽签完成预定的实验内容，实验完成后填写调查问卷。实验一共分为两组，每组分别为9人和11人，分别完成“双分录”核算模式实验和“主+辅”核算模式实验。实验开始前，参与实验的学生均参加我国政府会计改革和金蝶财务软件的相关培训，确保学生能够完全理解实验的内容、目的和过程，掌握两种核算模式的关键过程和异同点。

实验设计依据《政府会计制度》的相关规定，实验内容模拟某行政事业单位的会计核算，包括账套的设计、会计科目的初始化、15笔经济业务会计核算、相关报表的编制等。我们通过实验室模拟实验主要关注以下几个问题：

（1）是否能够正确理解《政府会计制度》的相关内容和要求。

（2）按照上述两种会计核算模式是否能够顺利完成实验。

（3）完成预定实验内容的平均时间为多少分钟。

（4）对实验结果进行评分，实验结果的平均分数是多少。

（5）对调查问卷的结果进行统计分析。

6.3.2 实验数据及结果分析

根据研究目的，我们要求被试学生在规定的时间内完成实验并提交数据结果，收集被试学生完成的账套数据和调查问卷，共获得20份有效数据，并对数据进行了有效分析。完成“双分录”核算模式实验学生分为A组（共9人），完成“主+辅”核算模式实验学生分为B组（共11人）。

实验数据结果如表6-1所示。

表6-1　　模拟实验结果分析

观测变量	A组	B组
正确理解《政府会计制度》样本数	9人（100%）	11人（100%）
顺利完成实验样本数	9人（100%）	11人（100%）
完成预定实验所耗平均时间	105分钟	97分钟
实验结果平均分数	93分	92分

我们从模拟实验结果可以看到，全部学生都能正确理解《政府会计制度》的相关内容和要求，也都能顺利完成实验内容。这说明无论是“双分录”核算模式还是“主+辅”核算模式，都能实现政府会计的“平行记账”要求。

从实验效率来看，“双分录”核算模式完成预定实验内容平均需要105分钟，“主+辅”核算模式完成预定实验内容平均需要97分钟，说明“主+辅”核算模式工作效率相对要高一些。从实验结果来看，“双分录”核算模式平均得分为93分，“主+辅”核算模式平均得分为92分，说明两种核算模式的操作复杂程度接近，“主+辅”核算模式可能更容易一些。

从调查问卷结果来看，分析如表6-2所示。

表6-2 愿意选择哪种核算模式

问题	“双分录”核算模式	“主+辅”核算模式
针对此案例，你更愿意选择哪种核算方案？	4人（20%）	16人（80%）

从表6-2能看出，大部分被试学生更愿意选择“主+辅”核算模式，具体原因统计分析如表6-3和表6-4所示。

表6-3 选择“主+辅”核算模式原因

问题	答案	频数
选择“主+辅”核算模式原因	操作简便	8
	工作量小、效率高	12
	逻辑清晰	9
	其他	0

表6-4 选择“双分录”核算模式原因

问题	答案	频数
选择“双分录”核算模式原因	操作简便	2
	逻辑清晰	4
	符合政策	2
	其他	0

从表6-3和表6-4能看出，选择“主+辅”核算模式主要原因是“工作量小、效率高”，选择“双分录”核算模式主要原因是“逻辑清晰”。

从调查问卷分析结果来看，被试学生更愿意采用“主+辅”核算模式；从实验数据来看，相对于“双分录”核算模式，“主+辅”核算模式耗费时间要短，工作效率要高，但核算结果正确率并不较之更高。总的来说，“双分录”核算模式和“主+辅”核算模式都是可采用的政府会计核算模式，但是也各有优缺点，需要在实践中探索既能兼顾效率，又更便于实际操作的核算模式。

6.4 政府会计“双核”的实地实验研究

为了测试《政府会计制度》的适用性和进一步完善，财政部会计司从全国选择部分典型单位开展模拟测试工作，中国某科学院作为测试单位参与了此次模拟测试工作。中国某科学院利用科学事业单位经济和业务事项的实际数据对《政府会计制度》相关模块内容进行了模拟运行。我们以中国某科学院某所为实地实验单位，对该单位模拟运行的情况进行了实地访谈、观测和调研，以期对我国政府会计制度的实际执行提供借鉴。

6.4.1 模拟测试总体情况

根据《政府会计制度》的相关要求，某所选取 2015 年 12 月的经济事项作为测试对象，为了更为全面地覆盖本单位的业务类型，其中涉及货币资金的收支业务、零余额账户用款额度的收支业务、其他应收（付）及暂付（收）业务、固定资产折旧和无形资产摊销、期末结余结转等事项。同时，选取 12 月的经济事项提高了新旧制度下财务报表数据的可比性，能够清晰直观地反映执行新制度对本单位财务状况和运行成果的影响。本次模拟测试共选取了 2 208 个样本。

6.4.2 模拟测试任务

根据统一部署，结合某所自身情况，主要完成如下测试任务：

①模拟建账，完成基础资料设置；

②模拟转账，分析和梳理新旧会计科目的对应关系，试编模拟测试的期初资产负债表；

③利用本单位经济和业务事项的实际数据，借助用友会计软件，测试

“平行记账”业务及其实现路径；

④生成相关财务报表，与原核算数据进行对比分析；

⑤总结经验教训，提出总体评价。

6.4.3 组织实施情况

本次模拟测试工作分为五个阶段，包括制度了解分析阶段、基础资料设置阶段、期初余额调整阶段、会计信息录入阶段、结果对比分析阶段，总共经历8周时间。某所成立以党委书记为组长，财务处副处长为副组长的模拟测试工作组，成员包括财务人员和软件公司支持人员10余人，分为基础资料设置组、期初余额调节组、会计信息录入组和结果对比分析组。各组主要分工和具体任务安排如下：

➢ 基础资料设置组：根据《政府会计制度》中的会计科目使用说明和主要业务账务处理说明，分析和梳理新旧制度中一级会计科目的对应关系；结合该所的经济和业务事项，在相关的一级会计科目下设置明细科目；根据会计科目类型增添辅助核算信息（项目类型、课题类型、功能科目、经济科目）；建立财务会计科目和预算会计科目之间的对照关系；调整2015年12月份的决算收支表。

➢ 期初余额调节组：由于选取的模拟测试期间是12月，需要结转2015年1—11月的收入和支出，编制2015年11月30日的资产负债表；根据2015年1—11月的余额表以及新旧科目对照表，计算整理财务会计和预算会计下相关科目的期初余额。

➢ 会计信息录入组：将2015年1—11月的余额表中的金额进行合并，涉及辅助核算的科目，按具体核算内容进行分类汇总，录入期初余额；对从系统中导出的序时账进行梳理，按照不同的财务会计科目、预算会计科目、项目名称、课题类型、功能科目、经济科目以及预算科目进行统一编号。

➢ 结果对比分析组：对比模拟测试期间的期初资产负债表和期末资产负债表；分析本期结余与本期净资产变动差异调节表；模拟测试期间的预算收支表与2015年收支表对比分析（决算收支表调整为2015年12月一个月的数据）。

6.4.4 主要工作成效

按照计划安排，各组成员进一步统一思想、细化方案，各阶段工作扎实有序开展，取得具体工作成效总结如下。

（1）财务会计新旧科目对照表

根据《政府会计制度》的“会计科目使用说明”，结合本单位已有会计科目的设置情况，发现财务会计科目做了较大调整，除了保留 10 个会计科目以外，新增会计科目 18 项。因此，有必要对财务会计科目名称或编号发生变化情况进行统计，尤其是对会计科目被拆分或合并的情况进行分析统计，形成财务会计新旧科目对照表。

（2）预算收支与财务会计收入费用之间科目设置的区别与联系

预算收支是“纳入预算管理的现金资源”的流入流出；财务会计的收入费用是“经济资源”的流入流出。财务会计的收入费用与预算会计的收入支出之间是交叉重叠的关系。一方面，预算收支中一部分属于财务收支，也有一部分不属于财务收支。例如：预算支出中的费用性支出，同时也是财务会计的费用，典型经济业务有业务活动费用中的各类支出，而预算支出中的资本性支出就不属于财务会计的费用，典型经济业务有购置固定资产的支出。另一方面，财务收支中有一部分属于预算收支，也有一部分不属于预算收支。例如：财务会计中以现金支付的费用，同时也属于预算支出，而财务会计中的固定资产折旧费用就不属于预算支出。

（3）新增明细科目及辅助核算

结合该所的业务类型以及核算规则，在已有的一级会计科目下我们新增相关明细核算科目，根据项目类型、课题类型、经济科目、功能科目等增加了辅助核算信息。

（4）财务会计五要素期初金额

利用 2015 年 11 月 30 日这一时点的余额表来调整财务会计要素中各科目的期初余额，具体数据来源如表 6 - 5 所示。

表 6-5 财务会计五要素期初金额数据来源

资产	①库存现金，来源于余额表 1001 库存现金的借方余额； ②银行存款，来源于余额表 1002 银行存款借方余额； ③零余额账户用款额度，来源于余额表 1011 零余额账户用款额度借方余额； ④其他应收款，来源于余额表 1215 其他应收款借方余额； ⑤长期股权投资，来源于 1401 长期投资借方余额； ⑥固定资产，来源于余额表 1501 固定资产借方余额； ⑦固定资产累计折旧，来源于余额表 1502 固定资产累计折旧贷方以及对 2015 年 1—11 月折旧费用的计提； ⑧基建工程，来源于余额表 1511 在建工程借方余额； ⑨无形资产，来源于余额表 1601 无形资产借方余额； ⑩累计摊销，来源于余额表 1602 累计摊销贷方余额以及对 2015 年 1—11 月摊销费用的计提
负债	①其他应缴税费，来源于余额表 2101 应缴税费贷方余额； ②应付职工薪酬，来源于余额表 2201 应付职工薪酬贷方余额； ③预收账款，余额表中 2303 预收账款贷方余额减去 5027 在研课题经费支出借方余额； ④其他应付款，来源于余额表 2305 其他应付款贷方余额
净资产	①限定性净资产，余额表中 3201 专用基金和 3301 财政补助结转之和； ②其他净资产，分为两个部分，一部分是当期余额，3001 事业基金和 3101 非流动资产基金之和，另一部分是本期结转金额，收入费用先结转到本年盈余，再转入其他净资产
收入	期末结转至净资产中的其他净资产，无余额
费用	期末结转至净资产中的其他净资产，无余额

（5）预算会计三要素期初金额

利用 2015 年 11 月 30 日这一时点的余额表来调整预算会计要素中各科目的期初余额，具体数据来源如表 6-6 所示。

表 6-6 预算会计三要素期初金额数据来源

预算收入	期初无余额
预算支出	期初无余额
预算结余	本要素中有 9 个核算科目，大致可以归为两类——资金结存科目和其他预算结余类科目。资金结存用以反映各结存类科目对应的资金形态，该科目的明细科目包括零余额账户用款额度、货币资金和财政应返还额度，确认预算收入借记“资金结存”，确认预算支出贷记“资金结存”，本科目期初为借方余额，并且资金结存类科目余额与其他结存类科目余额方向相反、金额相等。另外，我们利用预算结余与净资产变动差异调节表也得到了同样的结果。预算结余中“财政拨款结转”为贷方余额，“非财政拨款结转”为贷方余额，“非财政拨款结余”为贷方余额

（6）科目期初余额录入

关于期初科目余额的录入，很多科目涉及辅助核算，需要分项目、分课题、分功能进行核算。项目包括非财政专项、外交支出、教育支出、科学技术支出、社会保障和就业支出、节能环保支出、农林水支出、住房保障支出八大项内容，涵盖641个小项，涉及期初余额录入的项目有468项。功能包括外交支出、教育支出、科学技术支出、社会保障和就业支出、节能环保支出、农林水支出以及住房保障支出，这7个方面涵盖了20项明细支出。因此，期初余额的录入还需要利用余额表中会计科目的末级数，经过进一步整理汇总得出各明细科目的期初余额。由于涉及项目多，计算量大，给整个模拟测试工作带来很大的工作量。

（7）会计凭证录入

为了保证尽可能涵盖本单位的所有业务类型，选取12月的经济和业务事项，但12月业务类型丰富，业务数量繁多也给我们的模拟测试工作带来很大的挑战。为了攻克这项难关，模拟测试小组进行了多次尝试，最终确定了凭证录入的工作方案。将凭证录入工作分为三个阶段。第一，梳理典型业务，设置双分录，进行平行记账，对典型业务进行归类总结。第二，发现录入典型业务过程中的问题，进行小组讨论并与软件服务商沟通。第三，匹配12月序时账中的会计科目编码、项目编码、课题类型编码、功能科目编码、经济科目编码和预算科目编码，统一录入口径，全面开展录入工作。

6.4.5 模拟测试相关问题及建议

（1）通过“待处理”科目辅助完成预算会计与财务会计核算差异

在模拟测试期间，根据业务内容需要，使用“待处理”科目可以解决收支跨期的问题，还可以辅助完成“预算结余与净资产变动差异调节表”。在新旧会计科目匹配过程中广泛使用“待处理”，最初预计的是想用待处理来体现权责发生制与收付实现制的差异。但是，模拟测试期间的业务量较大，发现过渡科目需要明细核算时已经来不及重新修订录入方案，故期末没充分体现待处理科目的预计效果。已安排在后续工作中对待处理科目进行细化，以期充分分析出该过渡科目的使用效果。

（2）“净资产类”科目的设置问题及解决建议

新制度下期末将预算结余类的期末期初差额在财务会计中“其他净资产”科目中进行结转。也就是说，财务会计净资产下“限定性净资产——财政拨款结转”的余额来源于预算会计中的“财政拨款结转”。我们认为这样违背了财务会计权责发生制的原则，财务会计的“财政拨款结转”应按权责发生制来确认，预算会计的“财政拨款拨款”应按收付实现制确认，两者的差异用差异表来体现。

（3）新旧制度变化较大，对财务人员素质要求高

新旧制度衔接的一个关键就是将现行会计制度中的收入类、支出类科目归置到预算会计收支科目和财务会计收入费用类科目中。对于预算会计收支和财务会计收入费用的交叉内容，我们是否可以简化某一核算过程？新制度条件下需要双分录操作处理，期末的结转处理也比原来制度复杂得多，这不仅大大增加了财务方面的工作量，同时也对财务人员的专业能力有较高的要求。

（4）财务软件模拟测试效果不理想，会计信息化水平亟待提高

此次模拟测试是在财务软件环境下试做“平行记账”。从试用情况来看，“平行记账”展现效果不理想，在凭证处理过程中容易遗漏预算会计的核算分录，凭证审核较困难。财务会计和预算会计在资金往来核算等存在收支差异的情况时，需要通过备查账形式记录反映，工作量极大。在期末结转、财务报表编制过程中（特别是净资产变动调节表）难以直观呈现。

预算会计和财务会计适度分离与协调不仅是我国政府会计改革的路径选择，而且是实现“基于权责发生制政府综合财务报告”的必由之路。从实验室研究和实地实验研究结果来看，“双分录”核算模式和“主 + 辅”核算模式各有优缺点，我们认为在政府会计核算实务工作中可以根据实际需要来进行选择。如果要将政府会计从“双核”中彻底解放出来，可以跳出仅仅通过会计事项的固有逻辑，考虑通过经济事项来实现会计核算自动化，以事项会计理论为基础来构造政府会计核算模式，可能是彻底解放一线会计人员的技术路径。

7. 基于 XBRL 的政府综合财务报告研究

7.1 基于 XBRL 的政府综合财务报告分类标准

7.1.1 XBRL 技术特点及优势

XBRL 是一种基于 XML 的标记语言，通过对商业数据进行标准化定义和表示，可使信息使用者及时、准确、高效、经济地存储和处理这些数据。目前，XBRL 已经成为世界性的主流选择，被广泛应用于金融监督、政府监管和企业内控等众多领域。

XBRL 的技术架构包括 XBRL 技术规范、分类标准和实例文档三部分。XBRL 技术规范定义了 XBRL 的工作机制和语法规则，也是根据相关业务标准制定相应分类标准的基础。分类标准是 XBRL 技术的核心部分，是不同国家、行业或机构根据 XBRL 技术规范、会计准则、法律和监督条款等制定的，适用于本地区或本行业的会计概念和关系的集合，是 XBRL 的“业务字典”，也是生成和解读实例文档必须遵循的规范。实例文档是商业报告的数据实体，根据 XBRL 技术规范和分类标准形成，实例文档中每个事实数据都与分类标准中已定义的概念相对应。

作为一项商业报告的数据标准，XBRL 应用于财务报告领域的优势主要体现在以下三个方面：

（1）提升了财务报告的信息质量

应用 XBRL 不仅是对财务报告数据格式的一种改变，在为财务报告信息质量带来质的提升的同时，还可有效提高财务报告信息的可比性和可靠性。

通过对财务报告中的数据进行标记，XBRL 赋予财务报告中的数据唯一的、可识别的身份，使同一数据能够在不同的系统和报告中以相同的方法定义，一方面实现了数据来源的唯一性，保证了数据可比性，另一方面，由于计算机可以“读懂”经过 XBRL 处理的财务报告数据，实现了自动化处理，可大幅减少数据处理过程中的人工参与，降低数据处理的出错率，从而提高数据可靠性。同时，通过 XBRL 内嵌的验证机制，还可以随时验证信息的正确性，进一步提高信息质量。

（2）实现了财务报告数据互联互通和信息共享

通过对财务报告中的数据进行标记，XBRL 格式的财务报告数据不再依赖特定的表格和软件，保证了数据标签所代表的业务含义的单独性和完整性，从本质上实现了报表格式与数据内容的分离，使数据的提取、比较和分析不拘泥于作为载体的表格和软件，并可进一步实现数据在不同系统间的自由交换。同时，由于 XBRL 采用了 XML 格式文件来存储数据，而 XML 本身就是跨平台语言，提供了一种独立于软件和硬件的共享数据方式，可以在不同的信息系统上使用。XBRL 技术在财务报告中的应用，使财务报告数据在不同信息主体之间的互联互通和信息共享成为现实。

（3）XBRL 技术的开放性有助于信息披露标准的制定

XBRL 技术标准由 XBRL 国际组织制定，已经成为全球通用的电子格式财务报告数据标准，并在资本市场信息披露等领域开展应用。同时，XBRL 标准中的技术规范和分类标准都与平台无关，因此可以在统一技术规范下制定满足特定信息披露需求的分类标准，并指导实例文档的开发和利用。

7.1.2 政府财务报告数字化转型

财务报告数据在交换和利用的过程中缺乏统一的数据标准，这一问题长期困扰着信息使用者。XBRL 技术的应用通过确立统一数据标准，可大幅提高财务报告及相关数据加工整理和深度分析利用的准确性、可比性和统一性。将 XBRL 应用于我国政府会计领域，改变政府财务报告模式，可更好更快地推动我国政府会计信息化的发展进程。

有效的政府会计和财务报告是实现财政透明度的重要基础（李建发、张国清，2015），提升政府财务报告的透明度是实现财政透明的基础，从而更好地服务财政治理，防范风险。

（1）应用 XBRL 可有效提高政府财务报告透明度

①增强信息的公开性。XBRL 应用于账簿系统后，由于底层语言的统一性，政府会计人员在财务收支等会计核算方面减少了数据的重复输入，数据一次录入，最终形成同一个实例文档，提高了财务数据的准确性。另外，对于不同来源的政府财务报告层面的信息，XBRL 能够通过定义不同层次的分类标准对其自上而下进行追查，从而有效增强了政府会计信息可检验性。将 XBRL 置于部门预算和专项资金管理软件系统中，数据可自动汇集生成无格式的 XBRL 实例文档，通过唯一的实例文档就能生成包含不同子集数据的不同类型报告。将 XBRL 应用于单位内部数据生成阶段，即可实现从交易的起点开始，并向后延至服务器中与数据库层和展现层联结，将改变财务公开流程，并形成财务公开报告供应链。XBRL 财务报告模式可以通过利用智能搜索向公众发布更加详细和真实的政府财务报告，包含预算、决算信息，资产负债和现金流量等具体财务信息。

②增强信息的真实性。在传统的政府会计模式下，缺乏统一的数据标准，不同平台之间存在差异；而在应用 XBRL 后，一旦交易发生，系统便自动标记，相关人员很难去篡改数据，并且 XBRL 报告系统能够利用互联网将信息传递出去，减少了人为调整报表的可能性，使政府财务数据具有一定的不可操控性。

③增强信息的清晰性和可理解性。分类标准相当于为政府账簿信息和财务报告信息提供了一个可供所有利益相关者查阅的标准化“词典”，相同术语意义相同，使政府会计信息更加清晰，便于理解，避免各种歧义。

④增强信息的易获取性。对财务数据的收集、验证、分析和出版等各个环节构成了财务会计信息的完整供应链。基于 XBRL 的政府财务报告制度的应用，可进一步改进数据信息供应链，使财务信息使用者在运用信息供应链上的每一个环节时都更为便捷，保证财务信息使用者及时地获得真实数据信息。在此基础上，XBRL 可为信息使用者量身定做个性化财务报告。政府组织

作为信息的发送者，利用 XBRL 系统报告财务原始数据。信息使用者，即信息接受者，可在 XBRL 系统中获取信息，并利用 XBRL 强大的标记功能，通过不同的分类标准自行提取有利于自身决策的财务信息，充分满足了不同信息使用者个性化的需求。

（2）有利于加强政府财务管理，保障政府科学决策

政府财务管理的高效实行建立在政府机构之间的充分协调及合并财务报表的有效组织之上。在整个预算周期的财务管理工作中，运用 XBRL 能够提升年度预算工作的效率：在执行阶段，XBRL 可以使资金分配流程更加顺利；在财务检查阶段，可减少查询次数；在绩效评估阶段，XBRL 能够将组织目标和执行过程结合，成为验证数据的工具。

通过 XBRL 财务报告模式，信息使用者可以通过智能搜索查询政府会计信息，并且这些会计信息都是从财务数据库中提取的，保证了数据源的一致性，经济业务在发生的同时便通过网络传递到信息中心，使数据无法修改，保证了数据的真实性和准确性。因此，基于 XBRL 的政府财务报告能够改进政府隐性债务监管，精确预警、保障政府决策科学性、提高我国监管部门的水平和监管效率，使财务信息更加公平、公正和透明。

（3）XBRL 为财政大数据应用提供技术支撑

政府大会计将涵盖预算、资金、账簿、报表、资产、投资、收入、支出、转移支付等财政和会计数据，为财政大数据提供数据支持。这些数据数量庞大，种类和来源多样化，收集和存储在各部门分散进行，在实际执行过程中，各职能部门由于部门利益、软件接口等原因在数据共享上并不顺畅，同时存在同一经济指标在不同部门所指内容不一致的现象，信息孤岛问题依然存在，解决的办法只有数据标准化。对财政来说，数据标准化主要涵盖财政部门内部、职能部门之间的数据，不同层级财政部门之间的数据及财政部门与其他部门之间、与市场之间的数据等。

XBRL 可有效解决数据标准化问题，为财政大数据应用提供技术支持：①统一数据定义，同一经济指标具有唯一标识和含义，保证数据可比性。②统一数据格式，使用 XML 格式数据，实现跨平台、跨系统数据共享。

7.1.3 美国政府综合财务报告分类标准经验

2015 年 5 月 8 日，美国财政部和白宫管理和预算办公室（OMB）联邦财政管理局联合在白宫官方网站发表题为《更好数据，更优决策，更佳政府》（*Better data*, *Better decisions*, *Better government*）的报告，介绍美国2014 年《数字责任和透明度法》（*Digital Accountability and Transparency Act of 2014*, *DATA Act*，简称《数据法》）实施的最新进展，宣布将 XBRL 作为美国联邦政府支出信息公开披露的数据标准，XBRL 由此正式应用于美国联邦政府信息披露。XBRL 通过标签化数据来整合相关报告项目，将已有的不同报告系统有效联系起来，为信息使用者提供了一个灵活的信息平台，能够有效适应财务报告环境的复杂变化。

《数据法》在 2006 年的《联邦资金责任和透明度法》（*Federal Funding Accountability and Transparency Act of 2006*）的基础上修订而成，核心内容是建立美国联邦政府公共支出信息披露的数据标准，将所有联邦公共支出信息以公开的、标准化的数据在线公布。按照《数据法》的要求，美国财政部、管理和预算办公室应该发布数据标准指南并启动试点项目。这两个部门在推进《数据法》实施方面开展了以下工作。

（1）制定标准

按照《数据法》的要求，制定标准包括两个层面的工作：一是业务层面，需要统一联邦财政支出信息的标准，提高联邦政府支出数据的一致性和质量；二是技术层面，制定数据交换的标准（即数据以何种格式报送），该标准应是计算机可读的。

在业务标准层面，两部门已经发布了 57 个数据标准元素，其中 15 个元素已经定稿，主要涉及公共资金使用者的主体信息，如主体法定名称、标识码等；12 个元素接近完成，主要涉及资金账户信息；30 个元素公开征求意见，主要为资金性质、来源等。

在技术标准层面，两部门确定将 XBRL 作为联邦政府数据交换标准并进行了测试，结果表明 XBRL 能够较好地满足数据交换要求。相关测试结果已经公开发布。

（2）启动试点项目

白宫管理和预算办公室联合卫生和公众服务部（HHS）、联邦采购委员会（CAOC）以及联邦总务署（GSA）启动了《数据法》实施试点项目。该项目的主要目标是征集关于数据标准的建议，以消除重复报送，降低联邦资金使用者的合规成本。在试点项目中，上述参与部门将收集与财政补贴相关的业务活动中需要标准化的数据，分析是否存在需要消除的重复报送，以降低报送成本。

美国财政部将 XBRL 作为联邦政府公共支出信息披露标准，使 XBRL 的应用范围从上市公司的信息披露领域扩展到政府信息公开领域（包括使用联邦财政资金的非上市企业信息披露），预计将对 XBRL 在美国乃至全球的应用产生较大的推动作用。

7.1.4 我国政府综合财务报告分类标准构建思路

我国政府综合财务报告分类标准应是“广泛接受的、非专属的、可查询的、独立于平台的且计算机可读的标准”。标准制定包括两个层面：一是分类标准层面，根据政府会计具体准则来提取相应的数据标准元素；二是技术标准层面，需要将 XBRL 确定为政府财务信息生成与披露中的数据交换标准。据此，我国政府综合财务报告分类标准应构建如下路径。

第一，分类标准开发明确开发原则，确保分类标准质量。首先，政府组织部门使用 XBRL 技术来建立一个财务数据常用词汇表，以促进组织内不同系统进行数据转换和数据传输，并将财务数据存档。其次，每一财报元素或者“标记”都能映射到独一无二的会计概念，使复杂的政府财务报告都能标准化和具有可比性。最后，分类标准草稿完成后进行内部测试和审查。将该分类标准交于公众审查、评论，对所有意见进行评估并将其包括在分类标准及编制指南中。

第二，报送平台开发需要考虑数据存储、接收、校验、安全性等多个因素。首先，选用平台来处理和分析接收到的数据时，保证财务信息的可获取性和及时性。其次，该平台能使政府部门制定规则用于分析数据，将其他格式数据转换成自身格式数据，以及使警报规则、阈值检查和报告规则自动进行。最后，平台须将 XBRL 综合能力与功能丰富的业务流程管理结合在一起，使得创建、接收、处理、储存、管理、分析 XBRL 格式文档自动化。

第三，通过多种渠道、多种方式为相关人员提供 XBRL 报送培训。

第四，发布用户使用指南。借鉴企业财务信息披露数据标准制定中的相关经验，发布政府会计准则通用分类标准指南，帮助政府综合财务报告编制单位编制和报送符合政府会计准则和通用分类标准规定的 XBRL 格式财务报告。

第五，制定 XBRL 格式的政府财务信息披露模式的推广计划。可以借鉴美国证券交易委员会（SEC）的 XBRL 推广计划，从中央政府部门到地方政府部门，从经济发达地区到欠发达地区，分阶段分层次地推广 XBRL 的政府财务报告格式，最终形成一个全覆盖的、可共享的、高效的政府财务信息披露平台。

7.2 基于 XBRL 的政府财务报告披露研究：国际经验与启示

在我国实施经济供给侧结构性改革和积极财政政策的背景下，全面、准确地披露政府财务报告是有效实施政府信用评级、降低政府债务融资成本、提升政府财务信息透明度的必然途径。根据国务院批转财政部《权责发生制政府综合财务报告制度改革方案》，2019 年 1 月 1 日在全国推进政府会计准则和会计制度的实施工作，2020 年全面开展政府财务报告的编制和披露工作。在坚持和完善中国特色社会主义制度的背景下，政府综合财务报告既包含宏观财政经济运行数据也包含微观行政事业单位经济活动数据，具有重要的决策价值和指导意义。如何利用 XBRL 信息技术有效披露政府财务报告、促进政府财务报告信息共享和利用不仅是当前亟待关注的问题，也是推动未来数字财政发展的关键步骤。因此，我们在总结分析西班牙、美国、巴西等国家政府应用 XBRL 在政府财务报告披露方面的思路和经验基础上，提出我国未来基于 XBRL 的政府财务报告披露的启示和建议。

7.2.1 西班牙 XBRL 政府财务报告实施经验

西班牙是全球较早地将 XBRL 技术引入政府财务报告披露的国家之一。基于 XBRL 技术，西班牙政府已经建立了一套国家年度财务报告（Annual Financial Statements for the State，AFS）的分类、收集、聚合、汇总、报告和披露体系，为国家宏观经济运行数据和欧盟统计数据提供全面的支持。AFS 既包括所有公共部门（如政府机关和公共组织等）的会计信息，也包括公共企业（如国有企业、银行和基金会等）的会计信息。公共部门会计信息披露遵从公共会计准则，公共企业会计信息披露遵从私有会计准则。国家年度财务报告所披露的会计信息主要包括资产负债表、损益表、留存收益表和现金流表等。西班牙 XBRL 政府财务报告不仅在互联网上全部公开访问和下载，也作为国家审计办公室执行审计监督的重要数据来源。因此，西班牙 XBRL 政府财务报告数据已成为政府决策、国家统计甚至欧洲统计数据的重要来源。

（1）设置专门的政府财务报告披露机构

西班牙国家预算和支出秘书处下设政府审计署（Government Comptroller's Office），专门负责国家公共部门经济和财务管理以及公共会计系统监督和管理。西班牙政府还专门设立虚拟办公室（Virtual Office），专门负责通过 Internet 网站对外披露 XBRL 政府财务报告，方便外部相关方访问和使用政府财务数据。虚拟办公室的网站上不仅公开中央政府和地方政府的会计信息系统、XBRL 分类标准和各类材料，还提供 XBRL 本地浏览的相关客户端程序，为外部访问者在利用和分析 XBRL 政府财务报告数据提供了极大的便利。

（2）建立实施一系列政府财务报告分类标准

自 2009 年以来，西班牙政府制定和执行一系列政府财务报告数据标准，主要包括地方政府财务报告分类标准（CONTALOC）、公共企业财务报告分类标准（CONTAEP）、公共组织财务报告财务报告分类标准（CONTAEPA）、公共行政财务报告分类标准（CONTATGE）（见表 7-1）。

（3）构建政府财务报告披露信息系统

西班牙政府财务报告披露系统已初步建立，针对不同类型的财务报告采用不同的 XBRL 分类标准，并最终聚合成国家年度财务报告。该系统采用客户端/服务器架构收集和汇总财务数据，采用 3 层网络应用程序通过互联网披露财务报告。应用电子签名、X509 证书和 HTTP 安全连接等技术确保财务报告信息安全性。XML 和 XBRL 是该系统分享和处理财务报告数据的基本技术，针对 XML 和 XBRL 实例文档的解析程序在相关社区开源，以供开发人员参考调用。该系统还包括商务智能等数据分析工具和相关子系统（见图 7-1）。

表 7－1　　西班牙政府财务报告分类标准体系

分类标准	适用范围	目标	版本
CONTALOC	地方政府财务报告信息标准和披露	根据地方政府会计制度和模型制定 XBRL 标准格式	1.0（2010）
CONTAEP	公共企业财务报告信息标准和披露	根据 EHA／2043/2010 号命令制定 XBRL 标准格式	7.0（2018）
CONTAEPA	公共组织财务报告信息标准和披露	根据 EHA／2045/2011 号命令制定 XBRL 标准格式	8.0（2018）
CONTATGE	公共行政财务报告信息标准和披露	根据 EHA／3067/2011 号命令制定 XBRL 标准格式	7.0（2018）

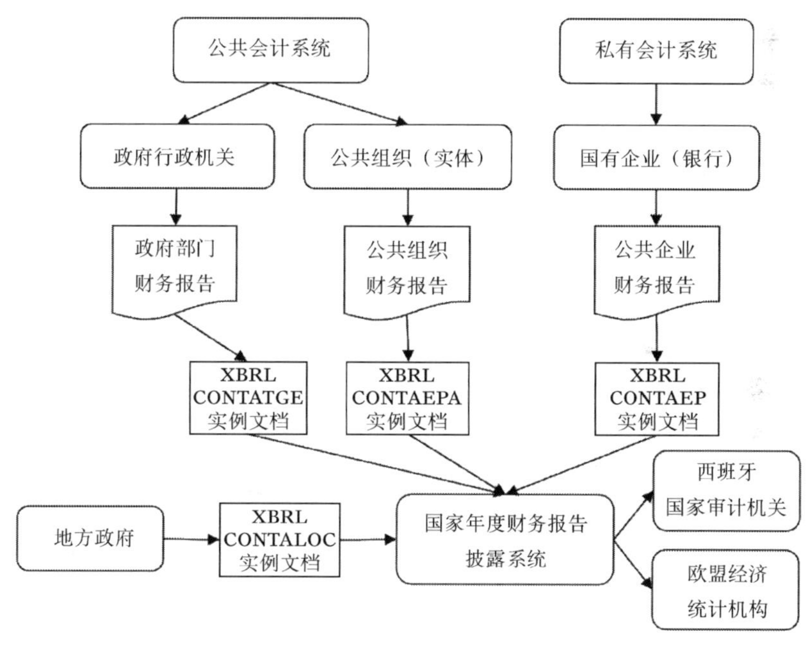

图 7－1　西班牙政府财务报告披露系统框架

7.2.2 美国 XBRL 政府财务报告实施经验

美国政府会计改革和政府财务报告披露一直走在世界前列，是较早披露政府财务报告的国家之一。XBRL 在美国上市公司财务报告披露方面应用非常广泛。尽管 SEC 在 XBRL 应用上市公司财务报告披露方面具有丰富的实践经验，但是 XBRL 在政府财务报告披露方面的应用进程并不顺利。直到 2014 年以来，XBRL 作为提升财政数据透明度和易访问性的可选技术之一，在联邦政府和地方政府真正得到推广使用。

（1）联邦政府实施 XBRL 政府财务报告

美国政府会计准则委员会（GASB）和国家审计、控制和财务协会（NASACT）早在 2000 年左右就已关注基于 XBRL 的电子财务报告。2008 年政府会计协会和普华永道启动一个合作项目研究 XBRL 在政府财务报告领域的应用。美国市政债券规章制定委员会（MSRB）制定了 XBRL 应用于地方政府财务报告披露的路线图。2014 年 5 月，时任美国总统奥巴马签署《数字责任和透明度法案》（*Digital Accountability and Transparency Act*），并通过立法确保政府财务数据的易访问性、可搜索性和高可靠性。该项法案的实施不仅能够使美国人民更方便地了解纳税人的钱是如何花的，而且可以推动政府财政支出更好地接受监督，促进政府依据财政数据进行决策，并成为政府内外创新的工具。美国财政部、联邦管理和预算办公室（OMB）是实施该项数据法案的责任部门。美国财政部已确认将 XBRL 作为推动该项法案的主要技术之一，并基于 XBRL 制定美国政府财务数据架构和数据标准。

为了更好地披露、访问和应用联邦政府会计数据，美国联邦财政部建立了一系列财政数据公开的网站和程序，如表 7－2 所示。这些网站和程序可以分为数据源层、数据标准层、数据研发层和数据应用层。政府会计和政府财务报告数据是财政数据的主要组成部分，XBRL 事实上成为上述数据语义、语法和语用的技术标准，确保数据的完整、校验和汇总。

表 7－2　美国联邦财政数据公开网站和程序

层次	数据网站及程序	网站地址或程序名称	技术应用
数据应用层	联邦财政数据公开门户网站	http：//USASpending. gov	动态网页、门户网站
数据研发层	财政数据实验室（Data Lab）	https：//datalab. usaspending. gov/index. html	数据可视化、数据互动与分析
数据标准层	财政数据法案信息模型架构（DATA Act Information Model Schema，DAIMS）	https：//fiscal. treasury. gov/data－transparency/DAIMS－current. html	XBRL 分类标准、XBRL 数据架构、XBRL 实例文件
数据源层	数据法案执行代理（Data Act Broker）	USA Spending Data Broker	数据上传、数据验证和数据认证

（2）州政府实施 XBRL 政府财务报告

美国加利福尼亚州于 2019 年 9 月以 64 票对 0 票高票通过加州参议院 598 号法案，推动政府财务报告向机器可读报告迈出重要一步。该法案要求颁布《公开财务报告法》（*Open Financial Statements Act*），要求在财政机构设立 9 名成员组成的公开财务报告委员会（Open Financial Statement Commission）。由该委员会负责建立和测试政府财务报告分类标准，并推动国家和地方政府立法实现电子财务报告向 XBRL 财务报告转变。XBRL 政府财务报告的实施和披露将有助于地方政府获得基础设置投资资金，市政债券风险定价更为合理，并帮助投资者做出更好的决策，提升政府机构财政健康状况的透明度。

美国伊利诺伊州威尔县于 2018 年开始披露基于 XBRL 的政府财务报告（见图 7－2），并融合最新的 inline－XBRL 技术，使政府财务报告数据不仅机器可读，也可以方便地在浏览器上阅读。伊利诺伊州威尔县也成为美国第一个披露 XBRL 政府财务报告的地方政府。

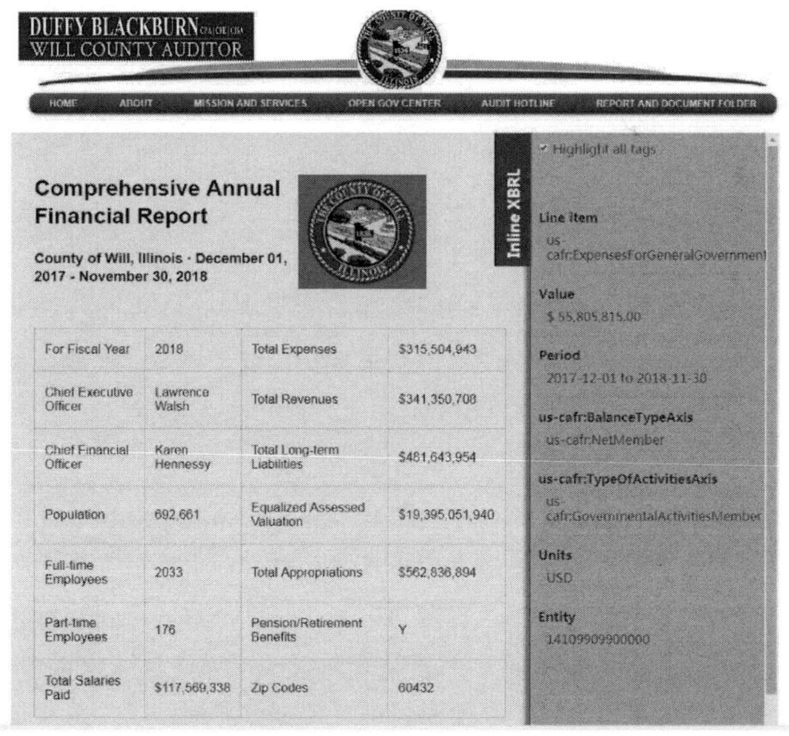

For Fiscal Year	2018	Total Expenses	$315,504,943
Chief Executive Officer	Lawrence Walsh	Total Revenues	$341,350,708
Chief Financial Officer	Karen Hennessy	Total Long-term Liabilities	$481,643,954
Population	692,661	Equalized Assessed Valuation	$19,395,051,940
Full-time Employees	2033	Total Appropriations	$562,836,894
Part-time Employees	176	Pension/Retirement Benefits	Y
Total Salaries Paid	$117,569,338	Zip Codes	60432

图 7－2　美国威尔县 2018 年度 XBRL 政府财务报告

7.2.3 巴西XBRL政府财务报告实施经验

自2000年开始，巴西政府正式颁布实施《财政责任法》（*Fiscal Responsibility Law*），其目标是推动财政政策实施，加强国家资产管理和提升公共会计透明度。《财政责任法》首次在联邦政府、州政府和各级地方政府引入强制政府会计合并。巴西国库秘书处负责各级政府会计合并和《财政责任法》的具体实施，2008年，巴西财政部颁布第184号法令，正式建立公共部门会计准则。2010年，巴西财政部开始发布政府年度报告，也被称为国家公共部门收支平衡报告（National Public Sector Balance，BSPN）。该报告包括一整套财务和预算报表，反映联邦、州和地方政府作为一个整体的经济状况。联邦政府、州政府和各级地方政府也以统一的格式提供每个会计主体的明细会计和预算数据。这样既有合并的政府财务和预算信息，也有各个会计主体的预算和财务数据，确保《财政责任法》的有效落实。

为了实现上述目标，2012年巴西国库秘书处启动公共会计和财政信息系统项目（Public Sector Accounting and Fiscal Information System Project，SICONFI）。该项目主要实现了基于XBRL分类标准来收集各级公共会计主体的会计数据。其核心目标就是实现一个现代化和有效的政府会计数据收集系统，并提升公共部门的会计数据质量。SICONFI项目于2012年11月启动，2014年4月从网页上提交并收到第一份XBRL政府财务报告。2014年11月以后，XBRL实例文档由会计平衡矩阵系统（Matrix of Accounting Balances，MSC）自动生成并提交，而不再需要人工在网页上提交，极大提升了数据上报的便利性。巴西逾5 500个地方政府以线上的格式上传符合上述分类标准的XBRL实例文档，以报告年度财务数据和预算数据。

SICONFI的主要驱动力来自不同政府之间的数据交换，在最开始的时候决策是否选择XBRL技术是经过充分考虑和测试的。由于巴西联邦政府、州政府和地方政府之间并没有上下级隶属关系，尽管法律规定州政府和地方政府有义务向联邦政府上报数据，但并没有强制一定要以某种数据格式上报。因此，SICONFI所采用的技术必须能够满足地方政府的需求，尤其是要考虑到地方政府并不一定都有足够的财力、人力和技术资源来完成此项工作。

SICONFI项目总体设计主要考虑以下三个因素：第一，政府间交换的财务数据必须符合一定的标准，方便汇总、合并和比较；第二，对用户屏蔽技术上的难点，政府财务报告应能够自动生成；第三，确保软件操作的通用性，报告数据处理简单易用，将 XBRL 技术包装成一个“黑盒”，直到最后输出才是 XBRL 格式。在经过软件原型测试和试用之后，XBRL 成为 SICONFI 项目的基础技术，已获得巴西各级政府的认可和接受。

SICONFI 项目所收集的数据主要包括会计、资金和预算，涵盖政府财政运转的所有的信息。XBRL 的应用不仅使政府财务报告数据质量得到保证，而且也降低了维护成本和提升政府数据的透明度。此外，为了使 SICONFI 收集的数据质量更为可靠和一致，巴西政府决定将 XBRL 全球账簿分类标准（XBRL GL）引入 SICONFI 的 XBRL 分类标准架构。XBRL GL 的应用使 SICONFI 项目的数据更为丰富和稳健，为统一政府会计制度的实施提供更好的支持。

7.2.4 我国政府财务报告披露的思考和建议

财政是国家治理的基础，政府会计是财政的基础，是国家治理基础中的基础。政府会计准则及制度体系实施以后必将产生大量的政府会计数据，将会计数据转变成财政决策有用信息是发挥财政国家治理作用的关键步骤。因此，政府综合财务报告的披露与应用将检验我国政府会计改革目标实现和改革效果。2010 年国家标准化管理委员会和财政部已发布 XBRL 技术规范系列国家标准和企业会计准则通用分类标准。借鉴财政部实施企业会计准则通用分类标准的基础和经验，基于 XBRL 技术制定政府会计准则通用分类标准，推动机器可读（machine - readable）的政府综合财务报告将是未来政府会计信息化改革的重要趋势。从全球相关国家应用来看，XBRL 在政府财务报告披露领域已得到广泛应用和认可，也为我国政府财务报告披露提供了一定的借鉴。根据西班牙、美国和巴西等国家应用 XBRL 披露政府财务报告的经验，我们提出如下思考和政策建议。

（1）建议成立负责政府会计管理和政府综合财务报告披露的专门机构

目前我国政府会计改革涉及会计、预算、国库等多个机构，会计机构负责政府会计准则制度制定发布，预算机构负责预算决算报告编制，国库机构负责政府综合财务报告编制。客观上我国政府会计管理和综合财务报告编制披露的负责机构并不独立和统一。建议我国能够在财政部门内部设立政府会计管理和政府综合财务报告编制的专门机构，归口负责政府会计准则制度的执行和政府综合财务报告的编制，有利于保证我国政府会计工作质量和报告编制质量。

（2）尽快启动政府会计准则通用分类标准制定和测试工作

基于 XBRL 技术制定数据标准和模型有利于政府会计数据标准化和信息化。借鉴企业会计准则通用分类标准的制定和推广经验，尽快启动政府会计准则分类标准制定和测试工作。财政部已成立全国会计信息化标准化技术委员会，并公开选聘咨询专家。建议政府会计准则通用分类标准的研究和制定工作应成为首届委员会的重要工作内容之一。

（3）研发政府财务报告披露的相应网站和程序

政府财务报告数据的披露是基础，加强应用是关键。借鉴美国财政数据披露的网站和程序应用，我国财政部在制定政府会计数据标准基础上，可以研发政府财务报告披露和应用的相关网站和程序，如 inline - XBRL 技术、数据可视化技术、商业智能技术、数据分析挖掘技术等可以考虑使用，使我国财政数据真正实现高透明度、易访问性、有利于决策支持的目标。

8. 政府大会计信息系统分析与建模

8.1 总体业务架构

总体业务架构是以实现政府会计发展战略为导向，将政府财务业务和控制相关策略和活动动态落实到政府会计关键业务功能和流程的一种体系结构式的表达。按照政府会计核心目标体系的实现，总体业务架构由环境层面、风险控制层面、财务业务层面、信息技术层面和财务控制层面有效整合和集成，以满足政府大会计信息系统的构建要求。

8.1.1 环境层面

环境层面包括政治环境和经济环境。政治环境直接影响单位事业发展的目标和方向，经济环境直接影响单位经济资源的计划安排。政府会计信息化需要提供单位的经济活动全貌，包括经济活动分析、预算执行进度、非税收入执收情况等，供判断单位业务是否按照既定目标发展。

8.1.2 风险控制层面

风险控制是为了实现单位战略发展，通过目标设定、风险分析、风险评估和战略规划形成闭环单位风险控制循环。战略规划与财务业务紧密关联，战略执行直接体现经济资源的分配，这一环节与预算管理紧密结合。预算执行过程中的进度等数据又会快捷地反馈到风险控制层面，从而战略规划的变化会动态地传导到财务业外层面，这就使单位发展战略目标自然成为财务管理的导向和组成部分。

8.1.3 财务业务层面

财务业务层面根据单位战略规划的目标，通过预算管理合理安排经济资源，以资产管理和会计核算为基础确认、计量、记录与报告预算执行的数据。非税收入是按照国家规定征收的政府性基金、行政事业性收费、罚没款项等，该收入的资金将及时解缴到财政专户。

8.1.4 信息技术层面

信息技术层面作为单位财务管理的支撑，连接着财务业务层面和财务控制层面，通过政府大会计信息系统实现财务业务的自动化处理，并内嵌财务控制逻辑和流程，实现单位财务实时控制。

8.1.5 财务控制层面

财务控制层面通过信息技术的支撑和连接，将财务业务过程与资金管理、预算管理、固定资产、存货管理、政府采购、非税收入、账务核算、财务报告等核心的业务功能整合在一起，追求整体效率和效益的提高，使单位物流、资金流和信息流高度统一，在日常的业务管理中实现战略目标和实时控制，以适应政府会计改革要求。

这种整合一方面保证财务管理控制的深度、广度和及时性；另一方面真正实现了事前计划、事中控制和事后反馈的全过程管理。

总体业务架构如图 8－1 所示。

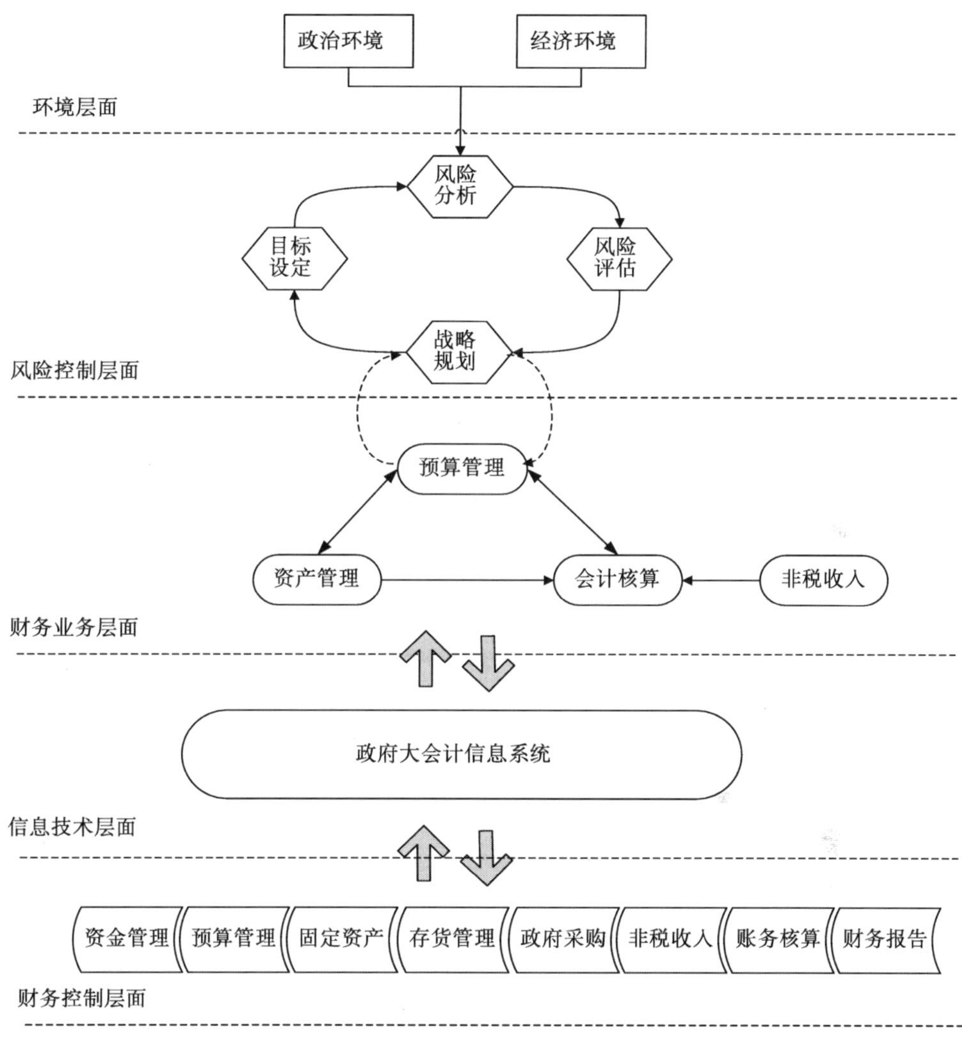

图 8－1　总体业务架构

8.2　职能域模型

我们按照“以预算管理为中心，以会计核算和资产管理为基础”的原则对政府大会计的职能域进行了划分。政府大会计的职能域主要分为财务管理公共职能域、预算管理职能域、会计核算职能域、非税收入职能域、资产管理职能域、财务报告职能域（见图 8－2）。

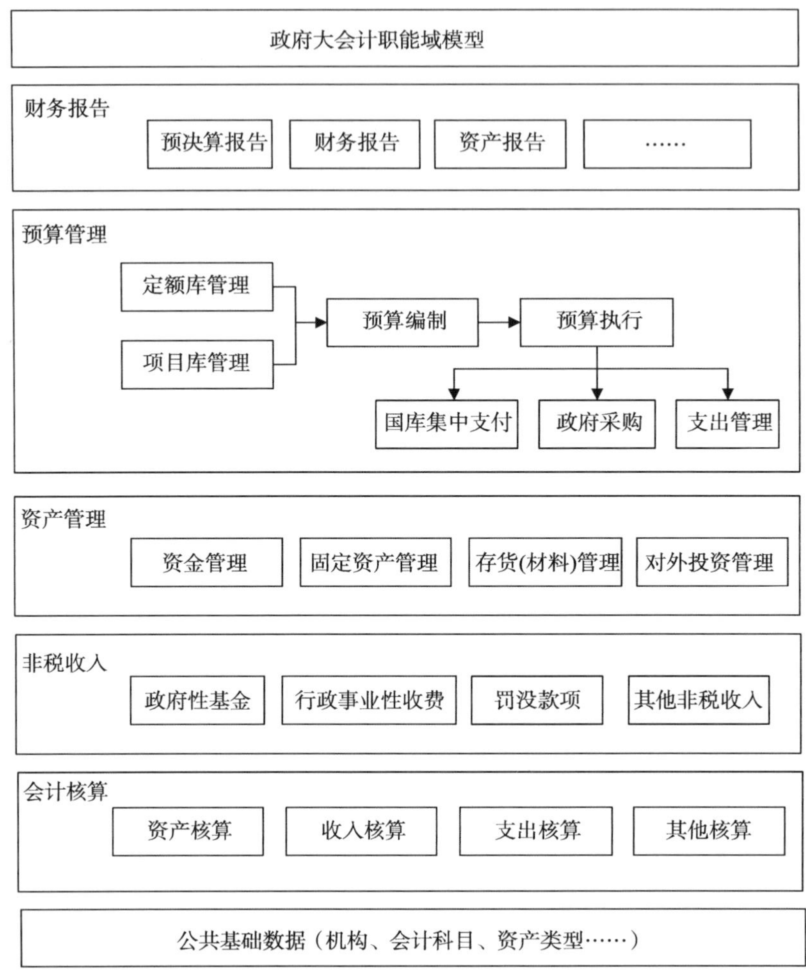

图 8－2　政府大会计职能域模型

8.3　政府大会计业务框架梳理

为了全面识别政府大会计核心业务，建立政府大会计业务框架，本书将根据政府大会计的总体架构和职能域模型，利用信息工程原理和方法对政府大会计业务进行再认识，按照“职能域—业务过程—业务活动”的层次结构对政府大会计的核心业务流程进行梳理和描述，建立描述政府大会计各职能业务之间内在关系的逻辑结构。

8.3.1 政府大会计业务框架梳理目的和过程

（1）政府大会计业务框架梳理的目的和作用

政府大会计业务框架梳理主要服务于业务流程的集成和数据模型的建立，即通过核心业务流程的梳理，找到业务流程集成的业务点，为数据流程分析的全面性、系统性和准确性奠定基础。

政府大会计业务框架梳理可为业务集成提供合理性分析。政府大会计业务框架梳理是站在政府会计主体的角度，按照行政事业单位财务管理的要求，对政府部门财务管理业务全过程的业务活动进行梳理和描述。通过全面、细致的梳理，可细分并辨清各职能域所包含的全部业务过程以及各个业务过程所包含的所有业务活动，从而找到各业务过程和各业务活动的关联度，为政府部门或单位财务管理业务集成提供合理性分析，找到政府部门或单位财务管理业务流程集成点。

政府大会计业务框架梳理可保障数据资源的系统性和合理性。合理的数据模型应能高效地满足业务处理和信息共享需要。通过政府大会计核心业务框架的梳理，可在识别出所有业务活动及其对应用户视图的基础上进一步明确政府大会计数据的共享关系。以此为基础，可通过业务活动用户视图的规范化，定义出科学的数据结构；可根据纵向、横向的业务联动和协同关系，按照集成和整合的理念定义出较为高效的数据部署模式和共享机制，从而保障数据资源的框架体系（即数据模型）的系统性和合理性。

（2）政府大会计业务框架梳理的过程

业务框架梳理是对“职能域—业务过程—业务活动”进行逐层“分解”和“聚类”的过程。

职能域，即主要业务领域，是按照信息工程的方法对组织全部业务或大部分业务（主要部分）功能划分的抽象，而不是现行机构部门名称的翻版，因此也称“逻辑职能域”。

业务过程，是对职能域功能结构的进一步细化，是对某一项具体业务功能的描述。

业务活动，是完成某一项业务功能所包含的最基本的、不可再分解的最小功能单元，每一项业务过程都包含一定数量的业务活动。业务活动具有可执行性，每一项业务活动均是一个执行单元，能够产生清晰可辨识的业务结果。其主要步骤如图 8 - 3 所示。

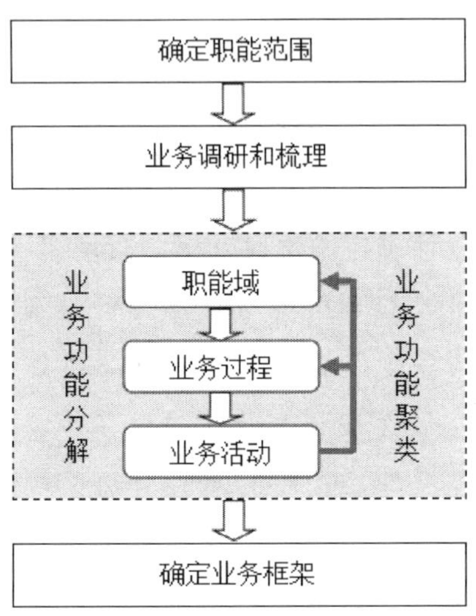

图 8 - 3 业务框架确定过程示意

8.3.2 政府大会计业务框架模型

通过对政府大会计核心目标的分析，按照政府大会计各业务的逻辑关系，确定政府大会计核心业务框架（职能域—业务过程—业务活动）如表 8 - 1 所示。

表 8 - 1 业务框架构成表

职能域		概述	业务过程（项）	业务活动（项）
代码	名称			
B01	财务报告编制管理	负责各类财务报告编制、汇总等业务功能	3	6
B02	定额库管理	负责定额库的录入、更新、维护等业务功能	2	8
B03	项目库管理	负责项目入库、审批、执行、滚动等业务功能	3	9
B04	预算编制管理	负责预算指标设置等业务功能	2	4
B05	非税收入管理	负责收据管理、收费开票、结算管理、汇缴管理、核算管理等业务功能，包括港口建设费、船舶港务费等非税收入	7	15

续表

职能域		概述	业务过程（项）	业务活动（项）
代码	名称			
B06	支出管理	负责基本支出管理和项目支出管理等业务功能	9	26
B07	政府采购管理	负责供应商管理、政府采购合同管理等业务功能	4	11
B08	国库集中支付管理	负责国库集中支付账户额度管理、支付令管理等业务功能	4	13
B09	资金管理	负责银行账户管理、资金支付管理和资金监控等业务功能	5	11
B10	固定资产管理	负责资产形成管理、资产卡片管理、资产日常管理、资产处置管理等业务功能	7	17
B11	存货管理	负责存货材料的库存管理等业务功能	5	9
B12	账务管理	负责核算管理、记账管理等业务功能	6	19
	合计		62	154

8.3.3 政府大会计业务梳理

（1）职能域：B01 财务报告编制管理

该职能域的相关业务是根据会计规则编制的要求设计的一系列报表，反应单位在未来年度的全面收支计划。财务报告编制的内容主要包括财务月度报表系列、预决算报表系列和财务报表系列。政府会计人员通过报表填报采集到单位内各部门的财务数据，将此作为编制财务报告的基础。其业务过程、业务活动如表 8－2 所示。

表 8－2　B01 财务报告编制管理

职能域	序号	业务过程	业务活动
财务报告编制管理	1	报告样式设计	
	2	报告公式设计	
	3	报告任务下发	
	4	报告数据采集	
	5	报告审核上报	
	6	报告数据汇总	

（2）职能域：B02 定额库管理

该职能域的相关业务旨在满足基本支出预算采取定员定额为主的管理方式，对基本支出的各项内容规定指标额度。定额标准依据国家有关方针、政策、财力状况、社会物价水平，以及单位的业务性质、工作量、人员、资产等数据资料制定，是测算和编制中央部门基本支出预算的重要依据。其业务过程和业务活动如表 8 – 3 所示。

表 8 – 3　　B02 定额库管理

职能域	序号	业务过程	业务活动
定额库管理	1	人员经费定额标准管理	人员经费定额标准测算
			人员经费定额标准上报
			人员经费定额标准下达
			人员经费定额标准调整
定额库管理	2	公用经费定额标准管理	公用经费定额标准测算
			公用经费定额标准上报
			公用经费定额标准下达
			公用经费定额标准调整

➢ B0201 人员经费定额标准管理

负责单位人员经费定额标准的管理过程，包括人员经费定额标准的测算、上报、下达、设置和调整过程。

- 人员经费定额标准测算

部门预算人员测算人员经费定额标准，具体定额项目包括：基本工资、津补贴及奖金、社会保障缴费、离退休费、医疗费、助学金、住房补贴和其他人员经费等。

- 人员经费定额标准上报

部门预算人员将测算的人员经费定额标准上报上级主管机构，由上级主管机构统一报财政部门。

- 人员经费定额标准下达

部门预算人员根据财政批复的人员经费定额标准向下级单位下达指标，指标一旦下达，在预算年度内不能修改。

✚ 人员经费定额标准调整

部门预算人员根据下达的人员经费定额标准调整人员经费定额库。

➢ B0202 公用经费定额标准管理

负责单位公用经费定额标准的管理过程，包括公用经费定额标准的测算、上报、下达、设置和调整过程。

✚ 公用经费定额标准测算

部门预算人员测算公用经费定额标准，具体定额项目包括：办公及印刷费、水电费、邮电费、取暖费、物业管理费、交通费、差旅费、日常维修费、会议费、专用材料费、一般购置费（包括一般办公设备购置费、一般专用设备购置费、一般交通工具购置费、一般装备购置费等）、福利费和其他公用经费等。

✚ 公用经费定额标准上报

部门预算人员将测算的公用经费定额标上报上级主管机构，由上级主管机构统一报财政部门。

✚ 公用经费定额标准下达

部门预算人员根据财政批复的公用经费定额标准向下级单位下达指标，指标一旦下达，在预算年度内不能修改。

✚ 公用经费定额标准调整

部门预算人员根据下达的公用经费定额标准调整公用经费定额库。

◇ 一级数据流图（见图 8－4）

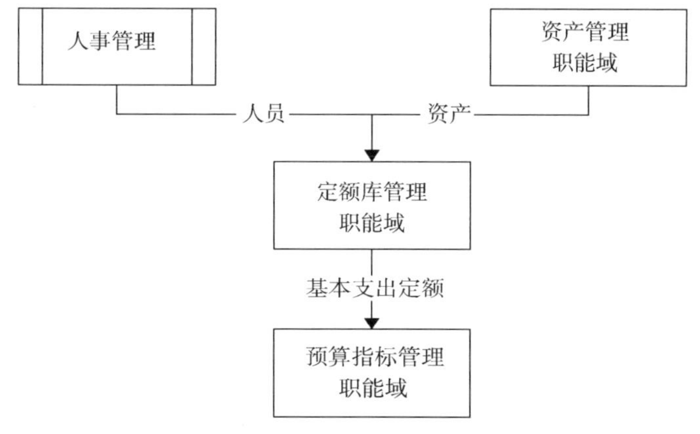

图 8－4 一级数据流图

◇ 二级数据流图（见图 8－5）

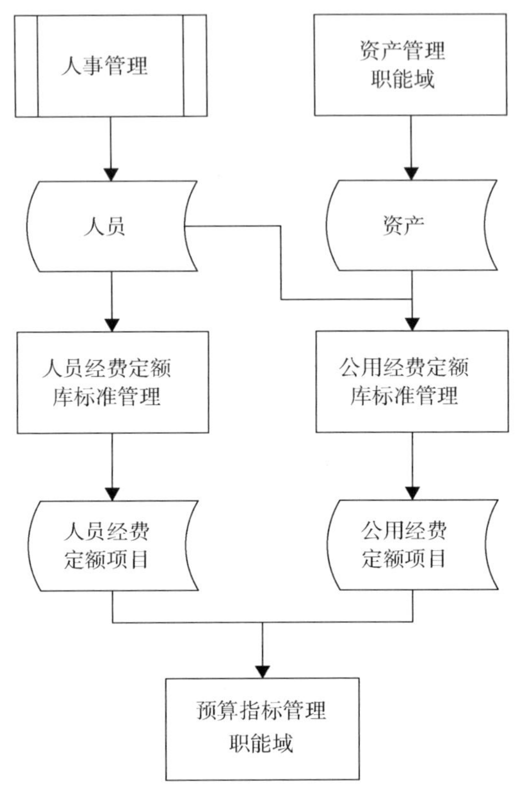

图 8－5 二级数据流图

（3）职能域：B03 项目库管理

该职能域的相关业务主要是按照“统一规划、分级管理、合理排序、滚动管理”的管理原则，对项目进行规范化、程序化管理。按照财政部的相关规定，中央部门必须设立项目库。其业务过程和业务活动如表 8－4 所示。

➢ B0301 项目申报

负责根据单位事业发展规划，合理安排新项目的立项和申报。

✚ B030101 填写项目申报文本

项目负责人按照财政部规定的格式填写项目申报书，并根据项目的性质和规模附项目可行性报告和项目评审报告。

表 8-4　　**B03 项目库管理**

职能域	序号	业务过程	业务活动
项目库管理	1	项目申报	填写项目申报文本
			项目审核
			项目排序
			项目申报
			项目储备
	2	项目批复	项目转复
			项目储备
	3	项目清理	项目清除
			项目滚动

- B030102 项目审核

项目预算负责人对申报的项目材料进行审核，包括所申报项目是否符合条件、申报材料是否符合要求、申报内容是否真实完整、项目规模是否符合规定以及资产购置项目是否已获批准等。

- B030103 项目排序

项目预算负责人按照项目的性质和类别进行排序，国务院已研究确定项目、经常性专项业务费项目、跨年度支出项目等优先排序，其他项目按照轻重缓急遴选后进行排序。

- B030104 项目申报

项目预算负责人对项目库中的项目排序后，按照预算管理级次逐级申报，由财务部门统一向上级财政主管部门申报。

- B030105 项目储备

项目预算负责人将未申报的项目纳入储备库管理，以作为下次申报的候选项目。

➢ B0302 项目批复

负责将财政部对项目支出预算的批复逐级转复给下级项目申报单位，将得到批复的项目转入储备库。

- B030201 项目转复

项目预算负责人将财政部对项目的批复逐级转复给下级项目申报单位。

- B030202 项目储备

项目预算负责人将未获得财政批复的项目转入储备库，作为下次申报的候选项目。

➢ B0303 项目清理

负责在部门批复预算后，下一年度预算编制开始前，对上年度预算批复的项目进行清理，即从上年度预算已批复项目中确定下年度预算需继续安排的延续项目。

- B030301 项目清除

项目预算负责人对一次性项目和执行年限到期的延续项目予以清除。

- B030302 项目滚动

项目预算负责人对延续项目滚动转入以后年度项目库，并与下年新增项目一并申请项目支出预算。

◇ 一级数据流图（见图8－6）

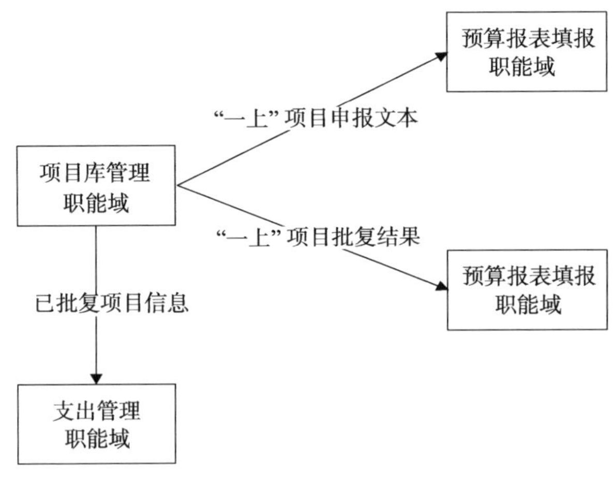

图8－6　一级数据流图

◇ 二级数据流图（见图8－7）

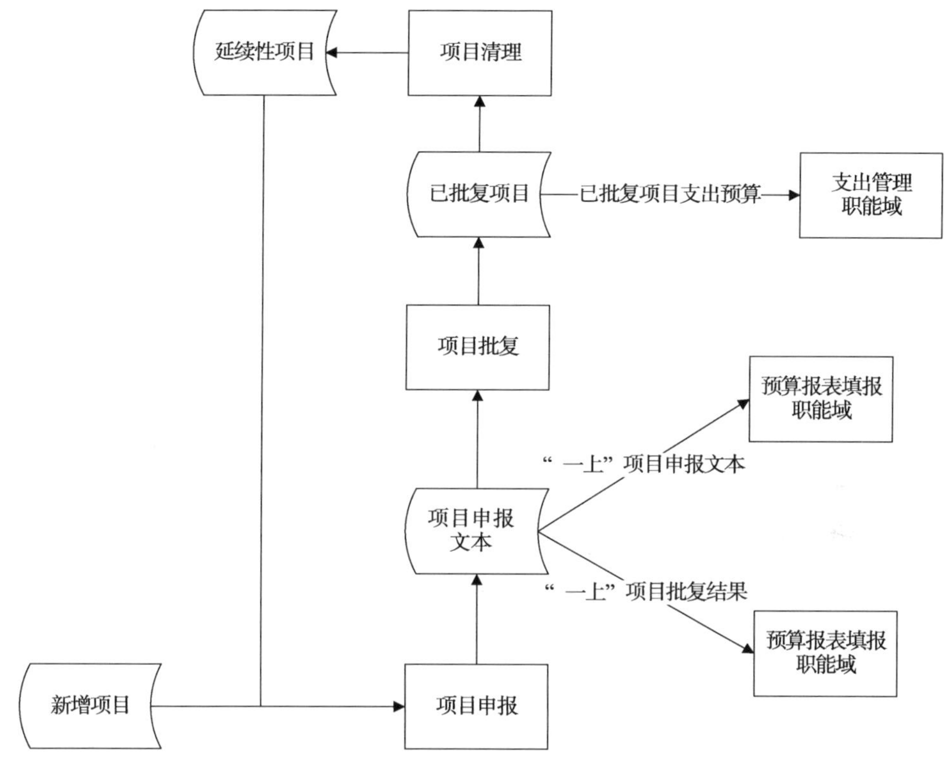

图 8－7　二级数据流图

（4）职能域：B04 预算编制管理

该职能域的相关业务是根据预算报表的结果设置预算执行指标，在指标的限额内完成预算执行，确保预算执行严格按照预算编制的计划执行。其业务过程和业务活动如表 8－5 所示。

表 8－5　B04 预算编制管理

职能域	序号	业务过程	业务活动
预算指标管理	1	预算指标管理	预算指标设置
			预算指标分解
			预算指标稽核
	2	预算指标调整	预算指标调整

➢　B0401 预算指标管理

负责根据预算编制的结果按照单位内部管理控制需要设置预算指标。

- 预算指标设置

预算人员按照预算编制的结果按照政府收支分类中的支出经济分类款级科目设置预算指标。

- 预算指标分解

预算人员根据单位内部管理控制需要，将预算指标分解到归口部门、资产或人员，对分解后的指标可采取刚性控制或弹性控制。

- 预算指标稽核

预算人员对分解后的预算指标进行稽核，确保分解后的指标的汇总结果与支出经济分类款级科目预算指标一致。

➢ B0402 预算指标调整

负责在预算允许的范围内调整预算指标。

- 预算指标调整

预算人员根据实际需要在预算允许的范围内调整预算指标，但总预算指标应与支出经济分类款级科目预算指标保持一致。

◇ 一级数据流图（见图 8－8）

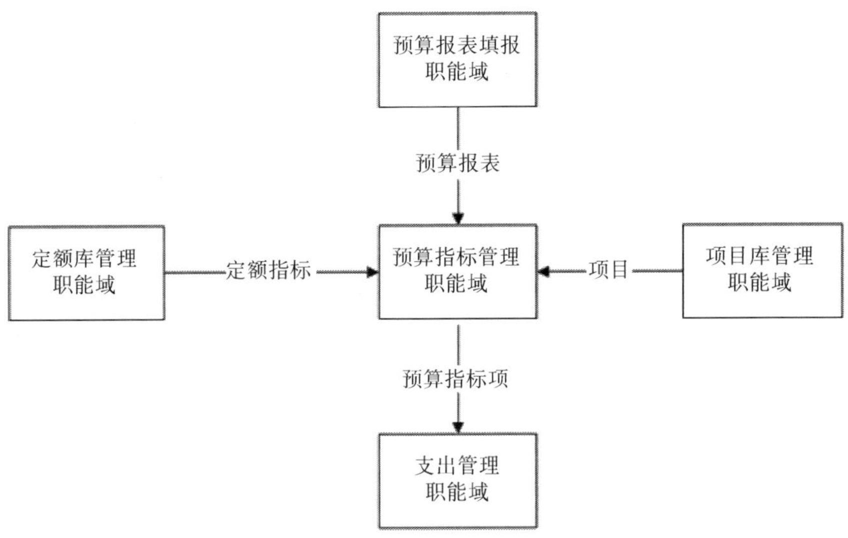

图 8－8 一级数据流图

◇ 二级数据流图（见图 8－9）

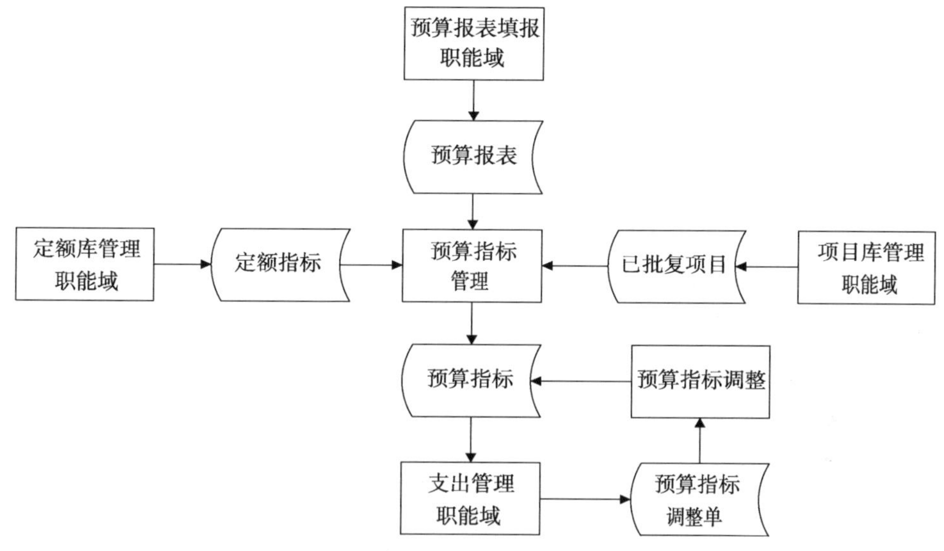

图 8－9 二级数据流图

（5）职能域：B05 非税收入管理

该职能域的相关业务主要是围绕“以票管费、应征不漏、及时解缴”的目标实施的收据管理、收入管理和资金管理，提高非税收入的征收效率，规范非税收入的征收业务，保证非税收入的及时解缴。其业务过程和业务活动如表 8－6 所示。

表 8－6　　B05 非税收入管理

职能域	序号	业务过程	业务活动
非税收入管理	1	收据领发	收据领用
			收据发放
	2	收费开票	计费
			收据开票
			收据作废
			收据冲销
	3	收据汇缴	收据汇总
			收据上缴

续表

职能域	序号	业务过程	业务活动
非税收入管理	4	收据核销	收据核销
			核销上报
	5	结算通知	登记结算通知单
			收款确认
	6	收入核算	收入核算
			登记总账
	7	银行进账	登记银行进账单

➢ B0501 收据领发

负责专用收据从上级机构领用到给下级机构发放的管理过程，同时在本级机构形成收据的库存管理。

🞦 B050101 收据领用

收据管理员从上级机构领用专用收据，并按照领用的票号段登记收据领用情况。

🞦 B050102 收据发放

收据管理员向下级机构发放专用收据，并按照发放的票号段登记收据发放情况。

➢ B0502 收费开票

负责对需要收费的业务进行计费和开票的过程，并完成与相对人的结算。

🞦 B050201 计费

收费员按照相关收费的相关规定，根据业务办理情况，进行相应的收费计算，确定向相对人征收规费。

🞦 B050202 收据开票

收费员根据计费的结果，开具专用收据，向相对人征收规费。收据第一联交给相对人，第二联作为会计核算原始凭证，第三联作为存根核销。

🞦 B050203 收据作废

收费员对开具有误的收据进行作废处理，在收据三联上都盖上作废章，然后重新开具收据。

- B050204 收据冲销

对于某些开具有误的收据，由于已经核算入账无法作废，收费员开出红字收据进行冲销，然后重新开具收据。

- B0503 收据汇缴

负责对已开收据的汇总和上缴过程，包括与收据相关的银行进账单、结算通知单等。

- B050301 收据汇总

收费员定期对开具收据的记账联进行汇总，包括与其相关的银行进账单、结算通知单等，按照费目、相对人等进行分类统计。

- B050302 收据上缴

收费员按照收据汇总的结果，形成收据汇缴汇总表，一起上缴给上级机构。

- B0504 收据核销

负责收据存根的核对和上缴管理过程，对核对无误的收据存根需定期上报给上级主管部门。

- B050401 收据核销

收据管理员定期对已开收据存根（可能也包括部分未开收据）进行核对，统计核销票号段内的收据使用情况，形成收据核销统计表。

- B050402 核销上报

收据管理员定期将收据核销统计表和收据存根一起上报给上级主管部门。

- B0505 结算通知

负责对定期结算的收据进行统计，形成结算通知单寄给相对人催款，确保应交规费款项及时到账。

- B050501 登记结算通知单

收费员定期对需结算的收据按照相对人进行分类登记和统计，形成结算通知单，打印结算通知单寄给相对人进行催款。

- B050502 收款确认

收费员在确认相对人的规费资金已到账后，进行收款确认，记录结算通知单的到账情况。

➢ B0506 收入核算

负责对已开收据进行会计核算的过程。

♣ B050601 收入核算

核算员根据已开收据和相关联的进账单等原始凭证，按照会计核算的要求进行收入核算，形成会计核算结果。

♣ B050602 登记总账

核算员根据收入核算结果制作会计凭证，登记财务总账和明细分类账。

➢ B0507 银行进账

负责征收规费资金的缴入专户过程，确保资金及时缴入财政专户。

♣ B050701 登记银行进账单

收费员将当日规费征收的资金缴入财政专户，根据银行的进账单，登记缴入专户资金相关的收据，形成进账单与收据的关联。

◇ 一级数据流图（见图 8－10）

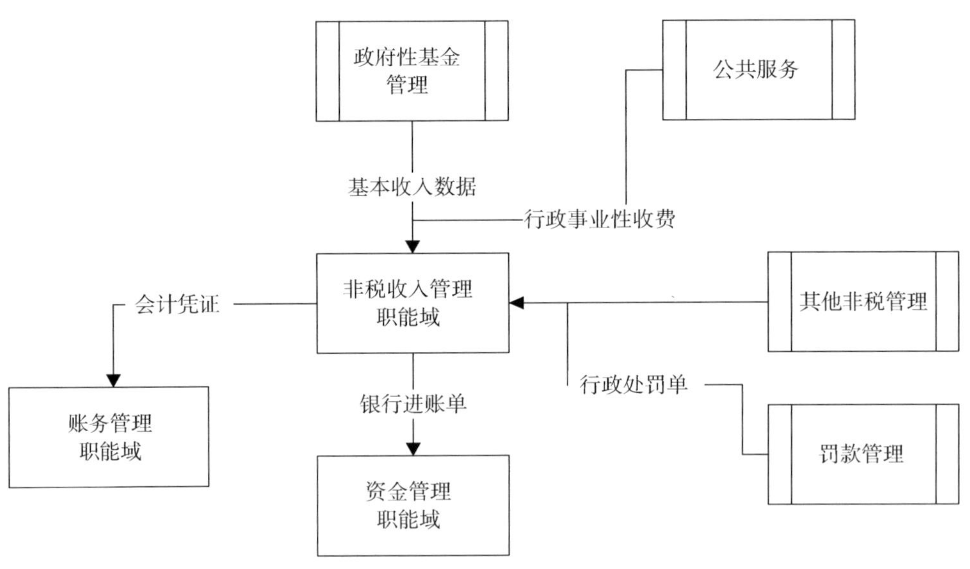

图 8－10 一级数据流图

◇ 二级数据流图（见图 8－11）

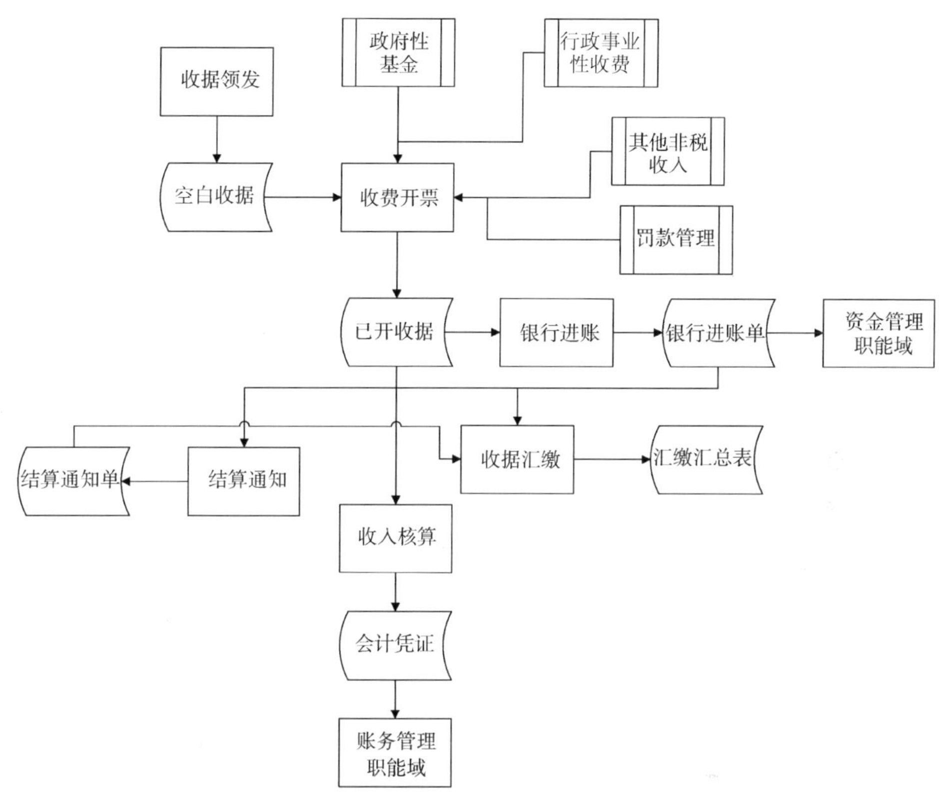

图 8－11 二级数据流图

(6) 职能域：B06 支出管理

该职能域的相关业务是对单位日常支出的管控过程，是预算执行中的关键管理过程，主要包括基本支出管理和项目支出管理，其中基本支出管理又分为人员经费支出管理、公用经费支出管理。其业务过程和业务活动如表 8－7 所示。

表 8－7 B06 支出管理

职能域	序号	业务过程	业务活动
支出管理	1	月度用款计划管理	上报月度用款计划
			核定月度用款计划
	2	签报管理	填写签报单
			签报审批

续表

职能域	序号	业务过程	业务活动
支出管理	3	人员经费支出管理	工资核算
			财务审核
			工资支付
	4	公用经费报销管理	填写报销单
			报销审批
			财务审核
			报销支付
	5	项目支出报销管理	填写报销单
			报销审批
			财务审核
			报销支付
	6	借款管理	填写借款单
			借款审批
			财务审核
			借款支付
	7	预算调整	填写预算调整单
			预算调整审核
			预算指标调整
	8	资金支付管理	国库统一支付
			实有资金支付
	9	支出核算管理	支出核算

➢ B0601 月度用款计划管理

负责单位各部门月度用款的统筹规划，确保用款资金的及时到位，保证用款按照预算有计划执行。

- B060101 上报月度用款计划

归口管理部门编制月度用款计划，并报财务部门审核。用款计划应按照基本支出用款和项目支出用款分别编报。

- B060102 核定月度用款计划

财务部门根据各归口管理部门上报的月度用款计划，结合预算资金的规划，对月度用款计划进行核定，汇总单位总体月度用款计划。

➢ B0602 签报管理

负责对需要执行签报审批的费用在支出之前必须通过签报审批，以作为费用支出报销的依据。

+ B060201 填写签报单

用款部门填写签报单，发起签报审批流程。

+ B060202 签报审批

签报单按照规定的签报流程流转，按用款部门、归口部门、财务部门、主管领导等顺序执行审批。

➢ B0603 人员经费支出管理

负责人员经费的核定和支出管理过程。

+ B060301 工资核算

财务人员根据人事部门编制的人员工资表进行核算，制作工资统一发放表。

+ B060302 财务审核

财务负责人对工资统一发放表进行审核，确认工资统一发放数据准确。

+ B060303 工资支付

出纳根据工资统一发放表，通过银行转账等方式向职工支付工资、代缴所得税等事宜。

➢ B0604 公用经费报销管理

负责公用经费的核定和支出管理过程。

+ B060401 填写报销单

用款部门在支出发生后，根据原始凭证填写报销单，发起报销审批流程。

+ B060402 报销审批

报销单按照规定的报销流程流转，按用款部门、归口部门、财务部门等顺序执行审批。

+ B060403 财务审核

财务人员审核报销单及原始凭证的准确性，确认支付的资金来源和方式。

+ B060404 报销支付

出纳根据财务审核结果向用款部门支付资金，如果已经提前借款，则冲销借款记录。

➢ B0605 项目支出报销管理

负责项目支出的核定和支出管理过程。

- B060501 填写报销单

用款部门在支出发生后，根据原始凭证填写报销单，发起报销审批流程。

- B060502 报销审批

报销单按照规定的报销流程流转，按用款部门、归口部门、财务部门等顺序执行审批。

- B060503 财务审核

财务人员审核报销单及原始凭证的准确性，确认支付的资金来源和方式。

- B060504 报销支付

出纳根据财务审核结果向用款部门支付资金，如果已经提前借款，则冲销借款记录。

➢ B0606 借款管理

负责借款的核定和支出管理过程。

- B060601 填写借款单

用款部门根据支付需要借款的，填写借款单，发起借款审批流程。

- B060602 借款审批

借款单按照规定的借款审批流程流转，按用款部门、归口部门、财务部门、主管领导等顺序执行审批。

- B060603 财务审核

财务人员对借款事项和借款金额进行审核，确认借款的资金来源和方式。

- B060604 借款支付

出纳根据财务审核结果向用款部门支付资金。

➢ B0607 预算调整

负责预算调整的审批和调整过程。

- B060701 填写预算调整单

用款部门根据支出变化需要调整预算的，填写预算调整单，发起预算调整流程。

- B060702 预算调整审批

预算调整单按照规定的审批流程流转，按用款部门、归口部门、财务部门、主管领导等顺序执行审批。

- B060703 预算指标调整

预算管理人员根据预算调整审批结果，调整预算指标。

➢ B0608 资金支付管理

负责支出审批后资金支付的过程。

- B060801 国库集中支付

出纳根据支出审批结果按照预算从零余额账户中支付资金。

- B060802 实有资金支付

出纳根据支出审批结果按照预算从实有资金账户或现金中支付资金。

➢ B0609 支出核算

负责对各项支出进行会计核算的过程。

- B060801 支出核算

核算员根据各项支出的审批结果、原始凭证按照会计核算的要求进行支出核算，制作会计凭证，登记财务总账和明细分类账。

◇ 一级数据流图（见图 8－12）

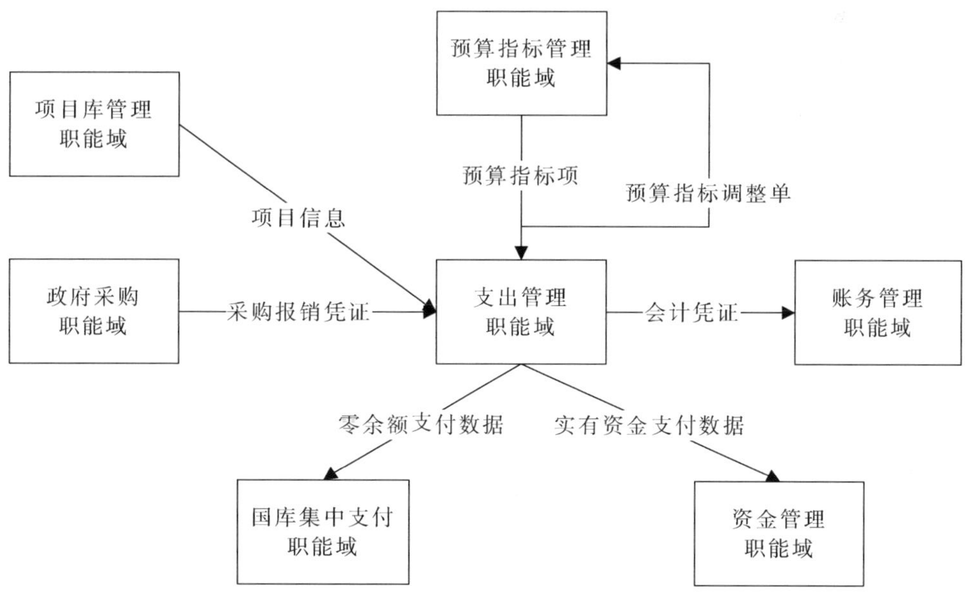

图 8－12 一级数据流图

◇ 二级数据流图（见图 8－13）

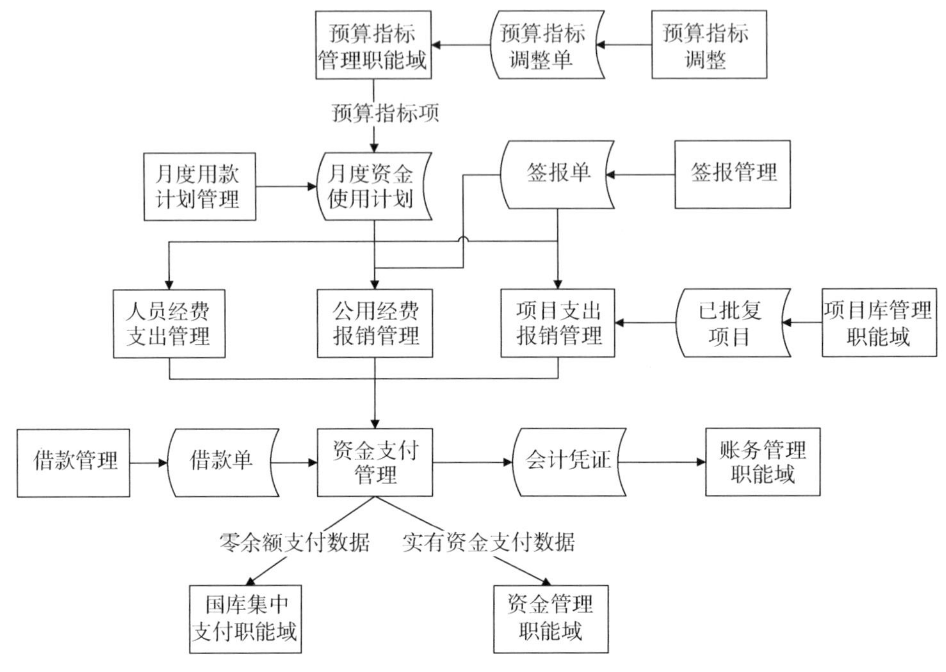

图 8－13 二级数据流图

（7）职能域：B07 政府采购管理

该职能域的相关业务是各级单位为了开展日常政务活动或为公众提供公共服务需要，在财政的监督下，以法定的方式、方法和程序，对货物、工程或服务购买的过程。其业务过程和业务活动如表 8－8 所示。

表 8－8　　B07 政府采购管理

职能域	序号	业务过程	业务活动
政府采购管理	1	政府采购计划管理	编写采购计划
			采购计划审批
	2	采购招投标管理	供应商管理
			采购招标管理
			采购合同签订

续表

职能域	序号	业务过程	业务活动
政府采购管理	3	采购合同执行	阶段性审查
			合同支付审批
			合同支付报销
	4	采购合同验收	采购货物信息管理
			合同验收报告管理
			资产验收报告管理

➢ B0701 政府采购计划管理

负责根据政府采购预算指标，编制政府采购计划，并完成计划的审批。

B070101 编报采购计划

采购管理部门根据采购预算，协商货物使用部门，编制政府采购计划，包括政府采购的标的、采购时间、采购方式、采购负责人等。

B070102 采购计划审批

采购管理部门负责人对采购计划相关的材料进行审核，包括采购程序是否符合政府采购实施规定、采购金额是否符合采购预算等，对符合要求的采购计划审批通过，作为采购执行的依据。

➢ B0702 采购招投标管理

负责政府采购的招标、投标、谈判和合同签订等。对于小额采购不需要招投标的，直接与中央政府采购指定的供应商或代理商进行采购合同的签订。

B070201 供应商管理

采购负责人对政府采购的供应商进行管理，包括供应商的资质、联系方式等。

B070202 采购招标管理

采购负责人负责完成政府采购的招标，包括公开招标、邀请招标、竞争性谈判、单一来源采购等方式。招标完成将中标结果发送给供应商。

B070203 采购合同签订

采购负责人根据中标结果与供应商签订采购合同。对于不需要执行招投标程序的采购，采购负责人与中央政府采购指定的供应商或代理商签订采购合同。

➢ B0703 采购合同执行

负责已签订采购合同的执行，包括付款、报销、阶段审查等流程。

- B070301 阶段性审查

按照采购合同的规定，采购负责人组织相关部门对合同执行的阶段性成果进行审查，督促采购合同的正常执行。

- B070302 合同支付审批

采购负责人按照采购合同付款的规定，对满足付款条件的合同，及时申请支付，通过审批后进行资金支付。

- B070303 合同支付报销

采购负责人获得发票等采购支付凭证完成报销业务。

➢ B0704 采购合同验收

负责采购合同完成后，对购买的货物、工程和服务进行验收。

- B070401 采购货物信息管理

采购负责人对采购的货物、工程和服务相关信息进行管理，包括所有的硬件、软件等逐一登记。

- B070402 验收报告管理

采购负责人组织相关专家或部门对采购的货物、工程和服务进行验收，将验收意见汇总形成报告，并由参与验收的专家或负责人签字。

- B070403 资产验收报告管理

采购负责人对采购的货物、工程和服务中符合财政相关资产管理要求的资产，将验收意见汇总形成资产验收报告，以作为登记资产卡片的依据。

◇ 一级数据流图（见图 8－14）

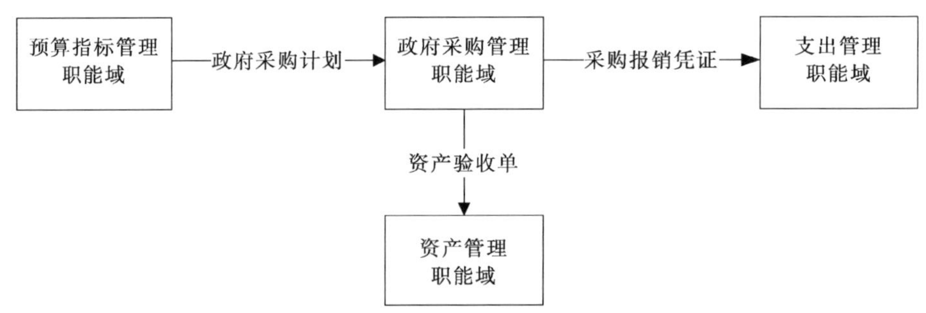

图 8－14 一级数据流图

◇ 二级数据流图（见图 8 – 15）

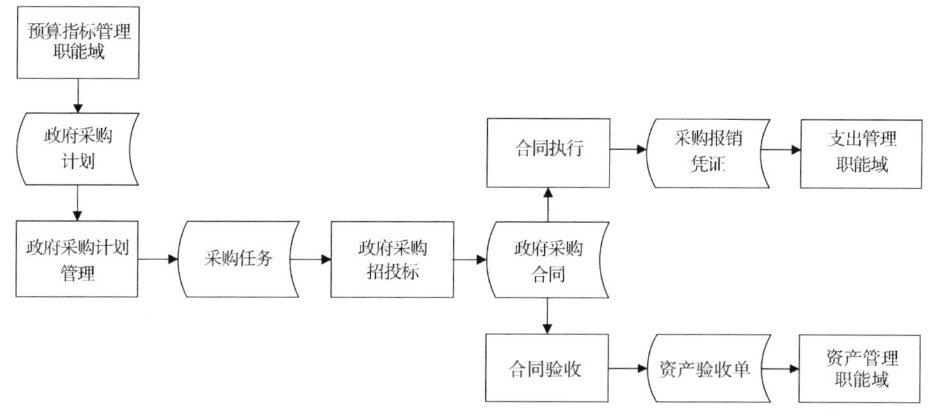

图 8 – 15　二级数据流图

（8）职能域：B08 国库集中支付管理

该职能域的相关业务主要是按照国库集中支付的政策完成财政资金支付的管理过程。目前行政事业单位全部执行财政授权支付，即采用零余额账户方式实现财政资金的支付管理。其业务过程和业务活动如表 8 – 9 所示。

表 8 – 9　　B08 国库集中支付管理

职能域	序号	业务过程	业务活动
国库集中支付管理	1	零余额账户管理	零余额账户登记
			用款计划申报
			授权额度到账管理
	2	授权支付管理	提现
			转账
			托收
			资金退回
			差错处理
	3	零余额账户对账	导入银行账户流水
			与零余额账户对账
			零余额账户调节
国库集中支付管理	4	会计核算	额度到账核算
			资金支付核算

➢ B0801 零余额账户管理

负责零余额账户的基本信息管理，包括开户行、账号、可用额度等。

✚ B080101 零余额账户登记

出纳登记零余额账户的开户行、账号、地址、联系人等信息。

✚ B080102 用款计划申报

出纳根据用款单位的用款计划，对其中由财政资金安排的款项编制分月用款计划，申请财政授权支付用款额度。

✚ B080103 授权额度到账管理

出纳根据零余额账户的额度到账情况，记录账户的可用额度。

➢ B0802 授权支付管理

负责零余额账户资金的支付以及资金退回和差错处理。

✚ B080201 提现

出纳可以通过财政授权支付方式提取现金，对已提取的现金应纳入实有资金管理，设立现金辅助账，防止串预算科目。

✚ B080202 转账

出纳根据支付请求，填写授权支付令，交代理银行完成资金支付。

✚ B080203 托收

根据实际需要，出纳可以通过零余额账户办理同城特约委托收款业务可与代理银行签订协议，授权代理银行在接到约定收款人转来的收款通知单后，即从预算单位零余额账户办理资金划转手续，并相应扣减预算单位约定科目的用款额度。

✚ B080204 资金退回

对于资金退回，出纳按支用时的预算科目，填写“财政授权支付更正（退回）通知书”，注明原支付指令代码等信息，在更正栏填写“退回”，与需要退回的现金一起送交代理银行，由代理银行恢复预算单位相应科目用款额度。

✚ B080205 差错处理

如果出现预算科目填错的情况，而代理银行已经支付到确定的收款人，出纳要按照支付时的预算科目填写“财政授权支付更正（退回）通知书”，在调整事项栏填写“更正”，在信息代码栏分别填写原支付票证的支付指令信息和需要调整的信息，通知代理银行调整科目。

➢ B0803 零余额账户对账

负责根据银行给出的零余额账户流水进行对账，调节零余额账户的额度和支付记录。

B080301 导入银行账户流水

出纳定期获取银行账户流水，将银行账户流水记录导入系统。

B080302 与零余额账户对账

出纳将零余额账户的收支情况与银行账户流水记录进行核对。

B080303 零余额账户调节

出纳根据对账结果，调节零余额账户的额度和支付记录。

➢ B0804 会计核算

负责对各项额度到账和资金支付进行会计核算的过程。

B080401 额度到账核算

核算员根据零余额账户额度到账情况，制作会计凭证登记总账和明细分类账。

B080402 支付核算

核算员根据授权支付结果，制作会计凭证登记总账和明细分类账。

◇ 一级数据流图（见图 8－16）

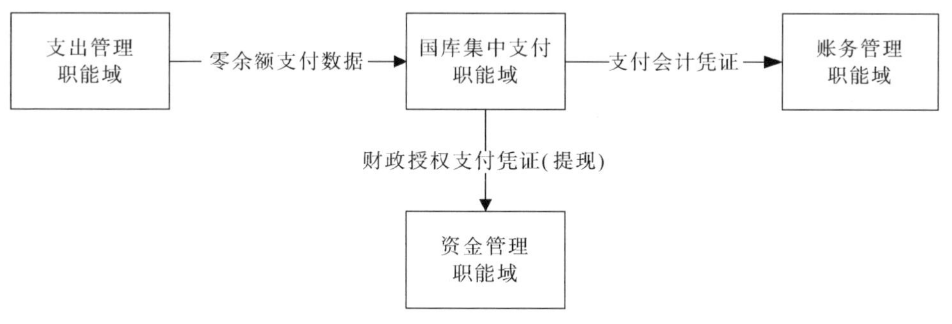

图 8－16　一级数据流图

◇ 二级数据流图（见图 8－17）

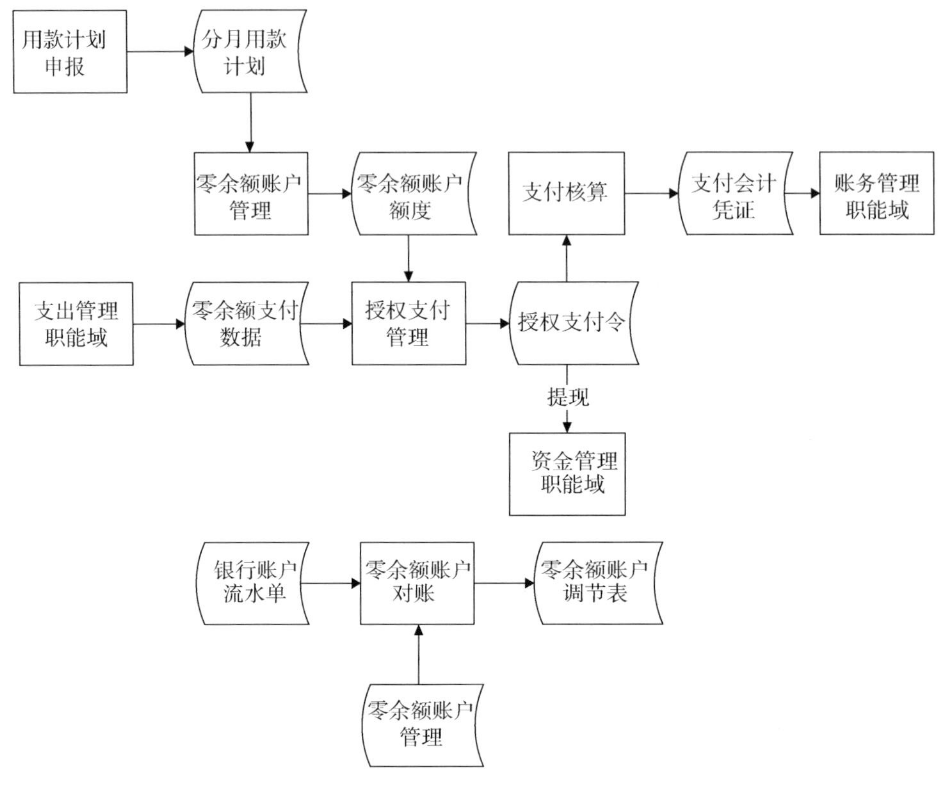

图 8－17　二级数据流图

（9）职能域：B09 资金管理

该职能域的相关业务主要是对单位实有资金的管理过程，包括银行账户管理、资金支付管理和资金监控管理。其业务过程和业务活动如表 8－10 所示。

➢　B0901 银行账户管理

负责银行账户的基本信息管理，包括开户行、账号等。

✚　B090101 银行账户登记

出纳登记银行账户的开户行、账号、地址、联系人、初始余额等信息。

➢　B0902 授权支付管理

负责银行账户资金的支付。

表 8－10 B09 资金管理

职能域	序号	业务过程	业务活动
资金管理	1	银行账户管理	银行账户登记
	2	资金支付管理	付现
			转账
			托收
			支票管理
	3	银行对账管理	导入银行账户流水
			与银行账户对账
			银行账户调节
	4	资金监控管理	资金异动报警
			资金流水查询
	5	会计核算	资金支付核算

- B090201 付现

出纳按照预借现金的审批和报销审批的数据，直接付现金给相关人员。

- B090202 转账

出纳根据支付请求，通过网上银行完成资金支付。

- B090203 托收

根据实际需要，出纳可以通过银行账户办理同城特约委托收款业务可与代理银行签订协议，授权银行在接到约定收款人转来的收款通知单后，即从预算单位银行账户办理资金划转手续。

- B090204 支票管理

出纳根据支付的数据，开出支票给相关人员。

➢ B0903 银行账户对账

负责根据银行给出的银行账户流水进行对账，调节银行账户的收支记录。

- B090301 导入银行账户流水

出纳定期获取银行账户流水，将银行账户流水记录导入系统。

- B090302 与银行账户对账

出纳将银行账户的收支情况与银行账户流水记录进行核对。

🞧 B090303 银行账户调节

出纳根据对账结果，调节银行账户的收支记录。

➢ B0904 资金监控管理

负责对银行账户的资金异动、余额、发生额等进行监控。

🞧 B090401 资金异动报警

系统根据资金的异动情况自动向有关人员报警。

🞧 B090402 资金流水查询

相关人员可查询银行账户的余额、发生额等数据。

➢ B0905 会计核算

负责对资金支付进行会计核算的过程。

🞧 B090501 支付核算

核算员根据资金支付结果，制作会计凭证登记总账和明细分类账。

◇ 一级数据流图（见图 8－18）

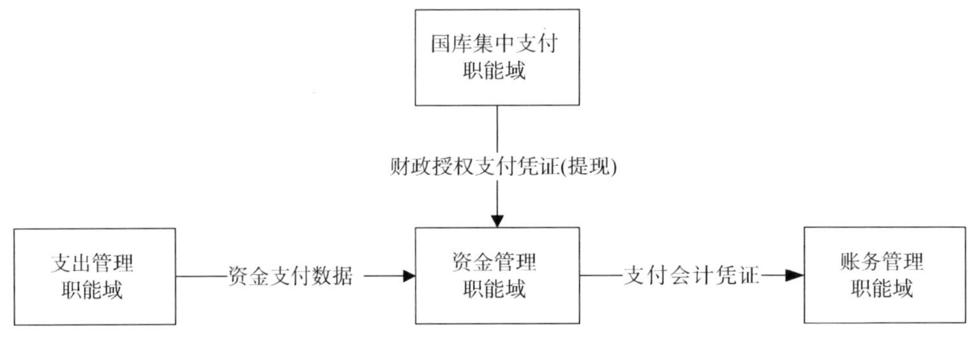

图 8－18 一级数据流图

◇ 二级数据流图（见图 8－19）

（10）职能域：B10 资产管理

资产管理职能域是指在日常行政工作或业务活动中对占用的国有资产实施不间断的管理及核算，包括从资产验收入库、建立资产卡片、资产使用、维护到资产处置、清查盘点等资产全生命周期的管理（见表 8－11）。

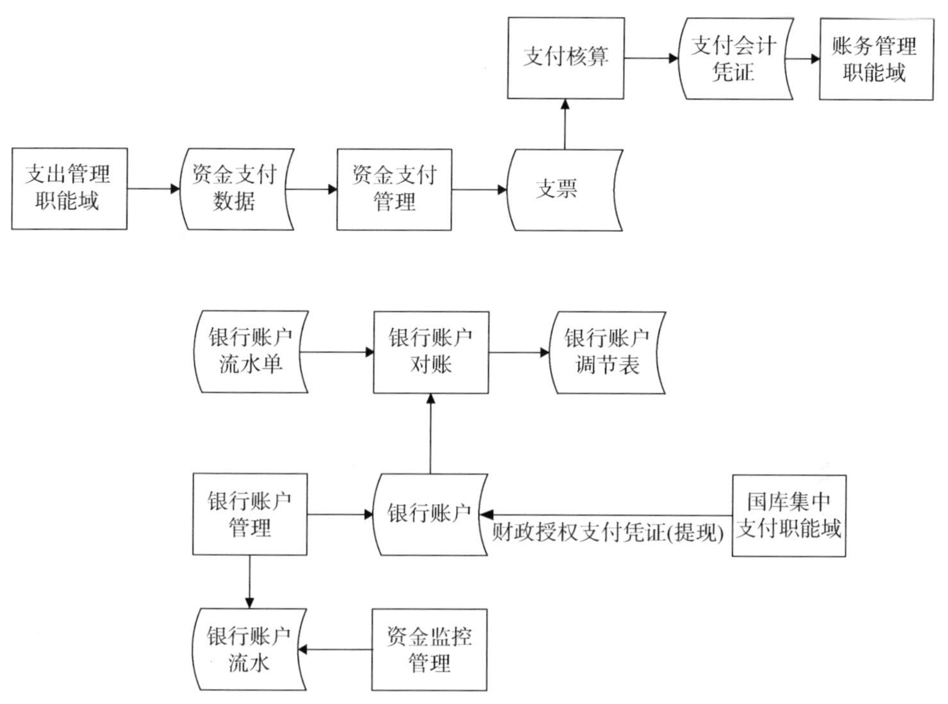

图 8－19 二级数据流图

表 8－11 B10 资产管理

职能域	序号	业务过程	业务活动
资产管理	1	固定资产形成	固定资产验收入库
			建立资产卡片
			审核资产卡片
	2	固定资产使用	固定资产使用申请
			资产使用审批
			签订使用协议
	3	固定资产维护	登记固定资产维护信息
	4	固定资产内部转移	填写固定资产转移申请单
			登记固定资产转移信息
	5	固定资产处置	固定资产处置申报
			资产处置审核
			资产处置审批

续表

职能域	序号	业务过程	业务活动
资产管理	6	固定资产清查盘点	制定盘点计划
			执行盘点
			汇总固定资产盘点结果
	7	固定资产统计报告	填写固定资产统计表
			分析固定资产统计表

➢ B1001 固定资产形成（配置、购置）

各单位根据法律法规和规章制度规定的程序，通过购入、调入、自制、自建以及接受捐赠，形成固定资产，统一进行验收并建立固定资产卡片，凭卡入账。

✚ B100101 固定资产验收

固定资产形成后，由管理部门统一验收，验收合格后，开具发票、固定资产调拨单或固定资产验收单。

✚ B100102 建立固定资产卡片

资产卡片管理人员根据调拨单或验收单，建立固定资产卡片。

✚ B100103 审核固定资产卡片

由资产管理负责人对固定资产卡片进行审核。

➢ B1002 固定资产使用

固定资产使用是指资产自用、对外投资、出租和出借等，其业务流程包括固定资产使用的申请、审批以及签订使用合同三个业务活动。

✚ B100201 固定资产使用申请

资产管理部门提出资产对外投资、出租或出借申请，并填写申请单。

✚ B100202 资产使用审批

上级主管部门对资产管理部门提出的资产使用申请进行审批，形成审批单。

✚ B100203 签订使用协议

对外投资、出租或出借的固定资产，其使用申请经上级主管部门审批合格后，资产管理部门与具体使用单位根据相关法律法规的规定，签订使用协议。

➢ B1003 固定资产维护

固定资产维护是指对固定资产进行维修和保养。

✦ B100301 登记固定资产维护信息

资产管理部门对进行维修和保养的固定资产进行登记信息，形成资产维护记录。

➢ B1004 固定资产内部转移

固定资产内部转移是指在单位内部、部门员工之间转移调拨。

✦ B100401 填写固定资产转移申请单

移出部门填写固定资产转移单。

✦ B100402 登记固定资产转移信息

资产管理部门根据资产转移单登记资产转移信息，形成资产转移书面材料送财务部，以便进行账务处理。

➢ B1005 固定资产处置

固定资产处置是指对单位占有、使用的固定资产进行产权转让及注销产权，包括资产调拨、捐赠资产、出售资产、报废资产和报损资产等。

✦ B100501 固定资产处置申报

资产管理人员向主管部门提出申请处置固定资产报告，填报固定资产处置申报表。

✦ B100502 固定资产处置审核

主管部门对提出的申报表进行审核，并将审核无误的申报表报财政部门进行审批。

✦ B100403 固定资产处置审批

财政部门对审核无误的申报表进行审批，形成固定资产处置批复文件。

➢ B1006 固定资产清查盘点

资产管理部门、财务部门和资产使用部门定期对固定资产进行清查盘点，查明固定资产的实有数与账面结存数是否相符，包括从制定盘点计划、执行盘点、形成盘点结果并汇总一系列业务活动。

- B100601 制定盘点计划

财务部门和资产管理部门制定盘点计划。

- B100602 执行盘点计划

盘点人员根据盘点计划，执行盘点工作，登记盘点结果。

- B100603 汇总固定资产盘点结果

资产管理人员整理、汇总盘点结果，给财务部门进行账面核对。

➢ B1007 固定资产统计报告

本级资产管理部门按照财政部门的要求定期做出资产统计报告，上报相应的主管部门或上级资产管理部门。

- B100701 填写固定资产统计表

资产管理部门按照规定的报表格式及内容填写固定资产统计表。

- B100702 分析固定资产统计表

资产管理部门根据资产统计表，对本单位资产占有、使用、变动、处置等情况做出分析说明。

◇ 一级数据流图（见图 8－20）

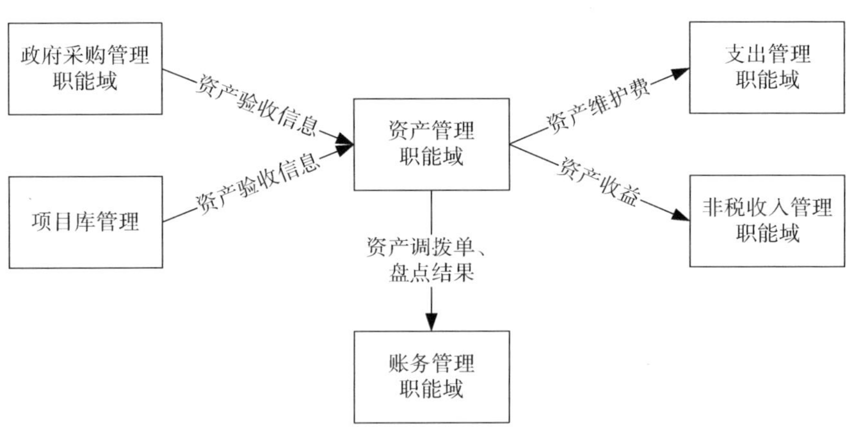

图 8－20 一级数据流图

◇ 二级数据流图（见图 8－21）

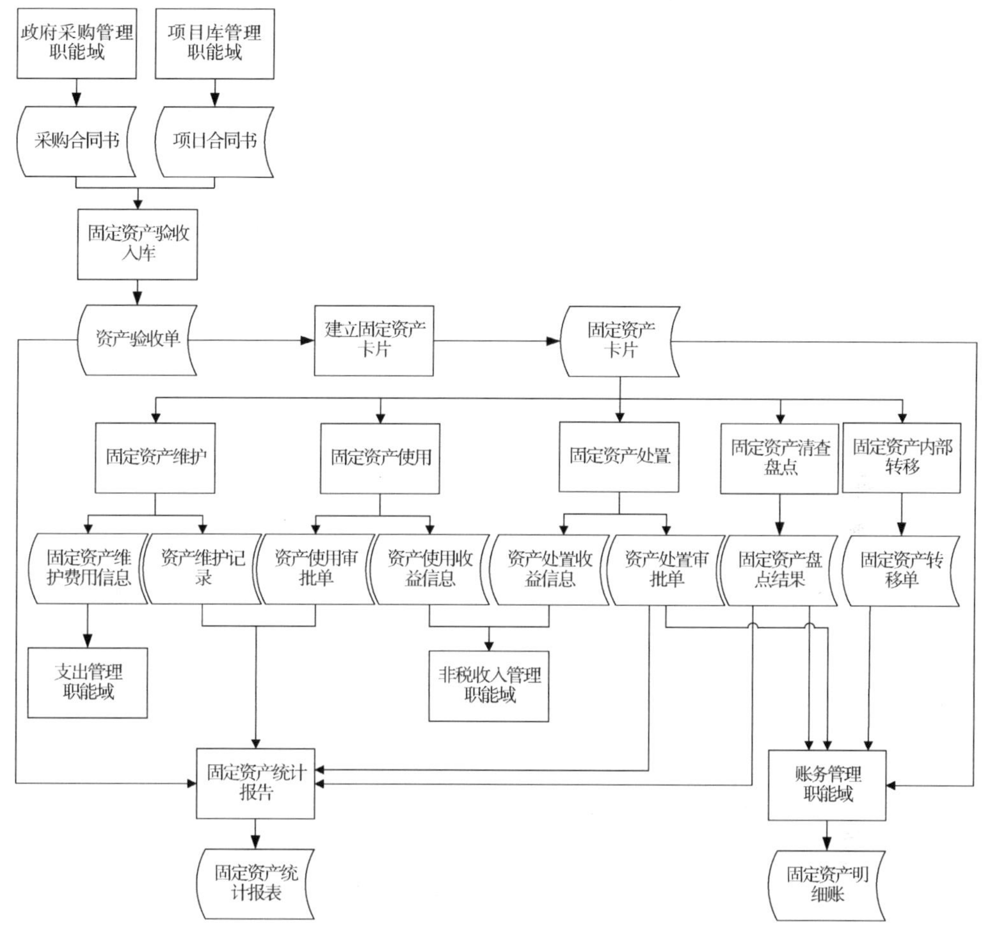

图 8－21　二级数据流图

（11）职能域：B11 存货管理

该职能域的相关业务旨在满足单位购入或调入的存货的库存管理，主要包括对办公用品、安全劳保用品、溢油设备、航标设备、常用物料、备配件等存货的库存管理。其业务过程主要包括：存货采购、存货入库、存货出库、存货返库、存货调拨（见表 8－12）。

➢　B1101 存货采购管理

部门经办人员对非定额物资进行采购申请，主管人员进行审批。采购人员根据采购审批单及相应的定额经费标准，执行采购，并在存货采购后，登记存货采购信息，形成存货采购登记单。

表 8－12　　B11 存货管理

职能域	序号	业务过程	业务活动
存货管理	1	存货采购	存货采购申请
			存货采购审批
			存货采购登记
	2	存货入库	存货入库登记
			固定资产确认
	3	存货出库	存货出库登记
	4	存货返库	存货返库登记
	5	存货调拨	调拨申请
			调拨审批

- 存货采购申请

存货采购申请指各部门经办人员对非定额物资进行采购申请、填写采购申请单。采购申请单信息包括申请部门、申请人、申请时间、审批人、审批意见及该申请单包含的存货信息（存货所属分类、名称、规格型号、计量单位、数量、用途等）。

- 存货采购审批

各部门经办人员提交采购申请单给部门主管人员审批，填写审批意见、审批人等信息，形成采购申请审批单。

- 存货采购登记

采购人员根据存货采购申请审批单和定额物资标准执行采购，并将采购的存货进行登记，形成存货采购登记单。采购登记单包括采购时间、存货分类、存货名称、规格型号、计量单位、申请数量、申请部门、采购数量、采购单价、总价、备注信息等。

➢ B1102 存货入库管理

存货入库来源有两个：一是通过采购获得的存货入库；二是通过其他部门调拨获得的存货入库。

存货采购到货后，库存管理员根据采购人员的存货采购登记单核实存货数量无误后录入存货信息，执行存货入库，并对固定资产类存货进行确认，归入固定资产管理。

存货调拨到货后，库存管理员根据调拨审批单核实存货数量无误后录入存货信息，执行存货入库，并对固定资产类存货进行确认，归入固定资产管理。

- 存货入库登记

存货采购到货后或存货调拨到货后，库存管理员根据采购人员的存货采购登记单或其他部门的调拨审批单核实存货数量无误后录入存货的入库日期、存货分类、存货名称、规格型号、计量单位、单价、金额、附件信息、经费来源等，生成存货入库单，执行存货入库。会计人员根据存货入库单进行存货增加的会计核算。

- 固定资产确认

存货按其价值的大小和使用年限的长短，分为固定资产或低值易耗品管理，库存管理员根据存货入库单对于符合固定资产条件的存货进行确认，形成固定资产明细单，执行固定资产管理流程。

➢ B1103 存货出库管理

库存管理员在存货入库后或存货调拨申请审批后，对存货执行出库，将存货出库给各部门或人员使用。存货出库信息包括出库类型、出库部门、经办人、出库日期、存货分类、存货名称、规格型号、计量单位、出库数量、采购单价、采购金额、领用部门、领用人、用途、存货附件、经费来源。

存货的出库类型包括两种，一种是对低值易耗品等使用后将被消耗掉的存货出库，这种出库方式，会计人员将根据存货出库单对存货出库进行存货的减少核算；另一种是对某些特定的存货在使用后允许重新置入库存，不进行会计核算，使用完成后执行存货返库管理。

➢ B1104 存货返库管理

对使用完成后允许重新置入库存的存货，库存管理员将根据存货的出库信息，记录存货返库信息，形成存货返库单，进行存货归库。返库单信息包含：返库日期、返库执行人、存货名称、存货分类、规格型号、计量单位、返库数量、使用人、备注等。

➢ B1105 存货调拨管理

存货调拨用于部门之间进行存货的调配。存货的调拨分为存货调拨申请和审批两个管理过程。

由使用部门对存货来源部门发起存货调拨申请，来源部门根据存货调拨申请及库存情况，进行数量、型号等审批。

- 存货调拨申请

使用部门对存货来源部门发起存货调拨申请，填写存货调拨申请单，包括调拨存货的名称、类别、规格型号、数量、用途、来源部门、申请部门等。

- 存货调拨审批

存货来源部门库存管理员收到申请部门的存货调拨申请单后，根据本部门库存情况对调拨的存货数量进行修改，并给本部门的主管领导审批，形成存货调拨审批单，审批通过后，发送存货调拨审批单给申请部门，存货开始调拨，来源部门的库存管理员根据调拨申请审批单形成相应的存货出库单存，开始调拨存货。

◇ 一级数据流图（见图 8－22）

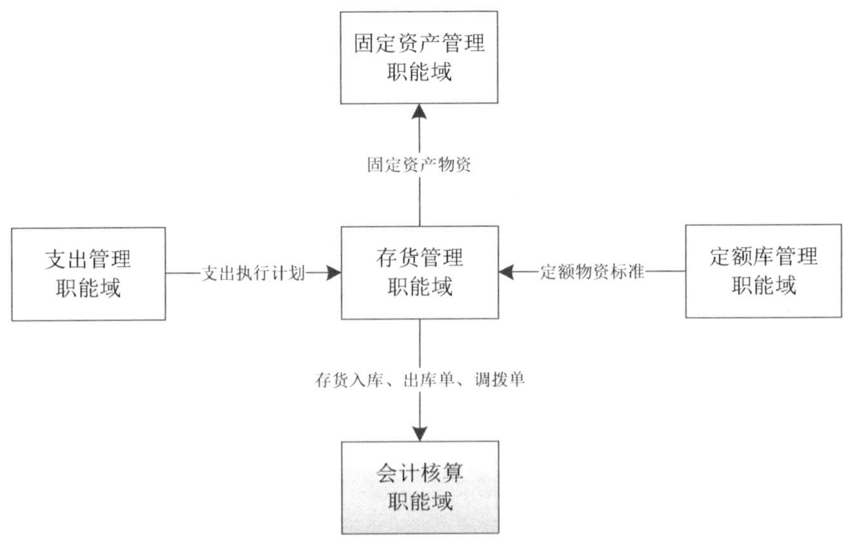

图 8－22 一级数据流图

◇ 二级数据流图（见图 8－23）

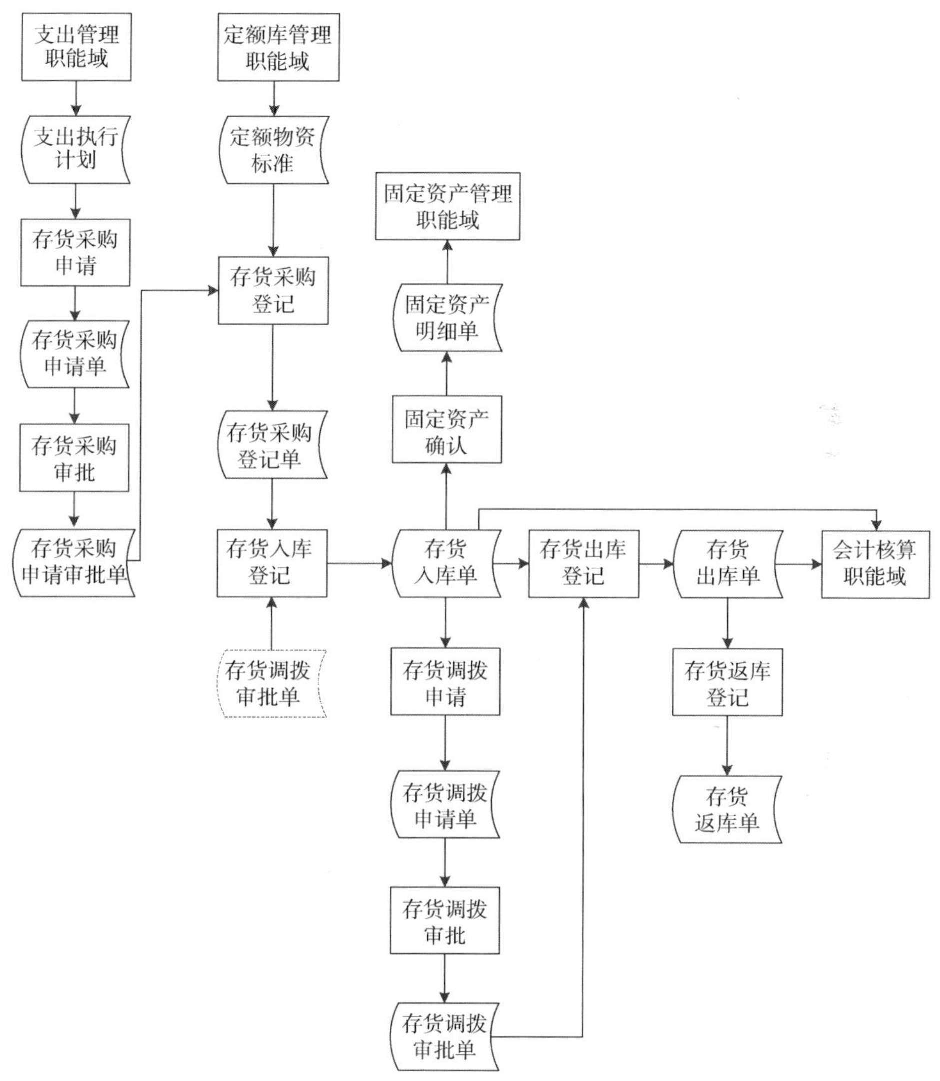

图 8－23　二级数据流图

（12）职能域：B12 账务管理

该职能域主要是通过确认、记录、计算、报告等环节，对单位的经济活动进行核算、记账、报账，为有关方面提供会计核算信息。其业务过程如表 8－13 所示。

表 8－13　　B12 账务管理

职能域	序号	业务过程	业务活动
账务管理	1	编制记账凭证	审核原始凭证
			汇总原始凭证
			填制记账凭证
	2	审核记账凭证	审核记账凭证
			作废记账凭证
			冲销记账凭证
	3	登记账簿	登记日记账
			登记总分类账
			登记明细账
	4	对账	核对账务
			账务调整
	5	结账	结算本期发生额和余额
			结转下期
	6	编制会计报表	编制试算平衡表
			填写会计报表
			审核会计报表
			上报会计报表
			汇总会计报表
			分析会计报表

➢ B1201 编制记账凭证

审核原始凭证，对审核无误的原始凭证进行归类、整理，运用账户和复式记账法，编制会计分录，形成记账凭证，作为登记账簿的直接依据。

➕ B120101 审核原始凭证

财务业务人员对经济业务事项中取得的原始凭证进行审核。

➕ B120102 汇总原始凭证

财务业务人员对审核无误的原始凭证进行归类，编制汇总原始凭证。

➕ B120103 填制记账凭证

凭证填制人员根据各种审核无误的原始凭证或汇总原始凭证，填制各类记账凭证。

➢ B1202 审核记账凭证

财务主管人员或其他指定人员对填制完成的记账凭证进行审核。在审核过程中若发现记账凭证填制有误，或者不符合要求，则需由填制人员重新填制，或按规定的方法进行更正。

➕ B120201 审核记账凭证

财务主管人员或其他指定人员对填制完成的记账凭证进行审核。

➕ B120202 作废记账凭证

财务人员发现未登记账簿的记账凭证有误，将原记账凭证作废，重新编制正确的记账凭证。

➕ B120203 冲销记账凭证

财务人员发现已经登记账簿的记账凭证有误，用红字冲正法冲销原记账凭证，同时再重新填制一张正确的记账凭证。

➢ B1203 登记账簿

财务人员根据审核无误的原始凭证及记账凭证，按照国家统一会计制度规定的会计科目，运用复式记账法对经济业务序时地、分类地登记到账簿中去。

➕ B120301 登记日记账

出纳人员根据办理完毕的收款凭证、付款凭证，逐日逐笔登记现金日记账和银行存款日记账，结出余额，并标记已登记入账的凭证。

- B120302 登记总分类账

账簿登记人员根据审核无误的记账凭证、科目汇总表登记总分类账，并标记已登记入账的凭证。

- B120303 登记明细账

账簿登记人员根据审核无误的原始凭证、汇总原始凭证和记账凭证平行登记所属总分类账的各类明细账，并标记已登记入账的凭证。

➢ B1204 对账

为保证账簿记录正确可靠，在记账之后、结账之前对账簿中的有关数据进行检查和核对。

- B120401 核对账务

定期将会计账簿记录的有关数字与财产物资、货币资金、有价证券、往来款项等进行相互核对，保证账证相符、账账相符、账实相符。

- B120402 账务调整

对账出来的各种由于会计技术性差错因素造成的错账，财务人员根据有关会计差错调整的规定进行账务调整。

➢ B1205 结账

在对账后，财务人员定期进行会计结账，结出本期发生额和期末余额，并将余额结转下期或新的账簿。

- B120501 结算本期发生额和余额

财务人员在本期全部经济业务登记入账，并且核对无误的基础上，结算出所有账户的本期发生额和期末的余额。

- B120502 结转下期

财务人员将结算的本期期末余额转入下期期初余额。

➢ B1206 编制会计报表

财务人员根据登记完整、核对无误的账簿记录和其他有关资料定期编制会计报表（月报、季报、年报），并审核、汇总、上报、分析会计报表。

- B120601 编制试算平衡表

财务人员根据总分类账中所有账户及其余额，编制试算平衡表，检查账户借贷是否平衡。

B120602 填写会计报表

财务人员根据正确结账后的账簿，计算并填列会计报表的各项目金额。

B120603 审核会计报表

财务主管人员和机构负责人对填写的会计报表进行审核签章，并加盖公章。

B120604 上报会计报表

财务人员对审核后的会计报表逐级报送。

B120605 汇总会计报表

主管会计单位的财务人员根据本级会计报表和经审核过的所属单位会计报表，编制汇总会计报表。

B120606 分析会计报表

财务人员在编制会计报表时，还要对会计报表进行分析，形成报表说明书。

◇ 一级数据流图（见图 8－24）

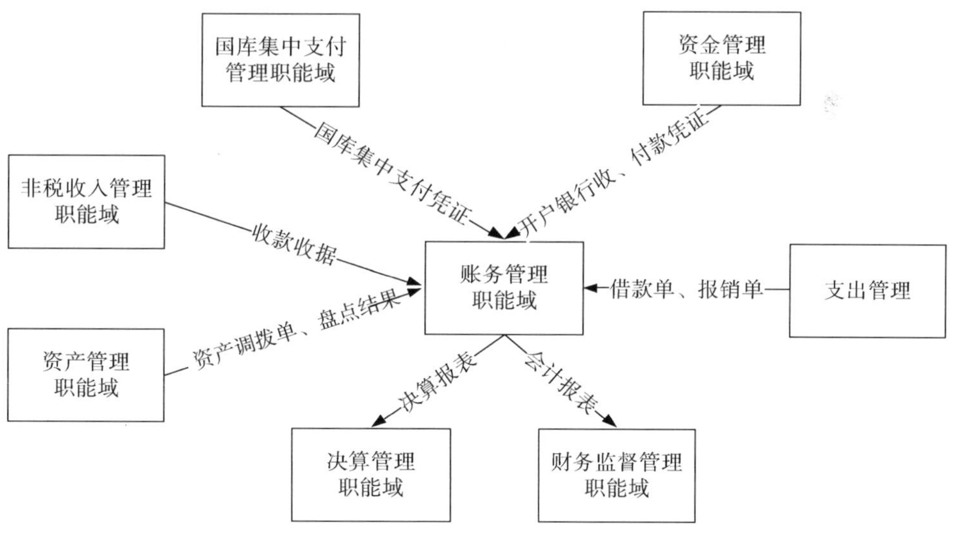

图 8－24 一级数据流图

◇ 二级数据流图（见图 8－25）

编制
记账凭证
记账凭证
审核记账
凭证
经审核的
记账凭证
登记账簿
原始凭证
非税收入
管理职能域
资产管理
职能域
资产清查
盘点报告
总分类
账簿
明细账簿
日记账簿
资金管理
职能域
银行
对账单
核对账务
支出管理
职能域
国库集中支付
管理职能域
正确无误
的账簿
结账
期末
余额表
编制会计
报表
资产
负债表
收入支出
总表
支出
明细表
附表
报表
说明书

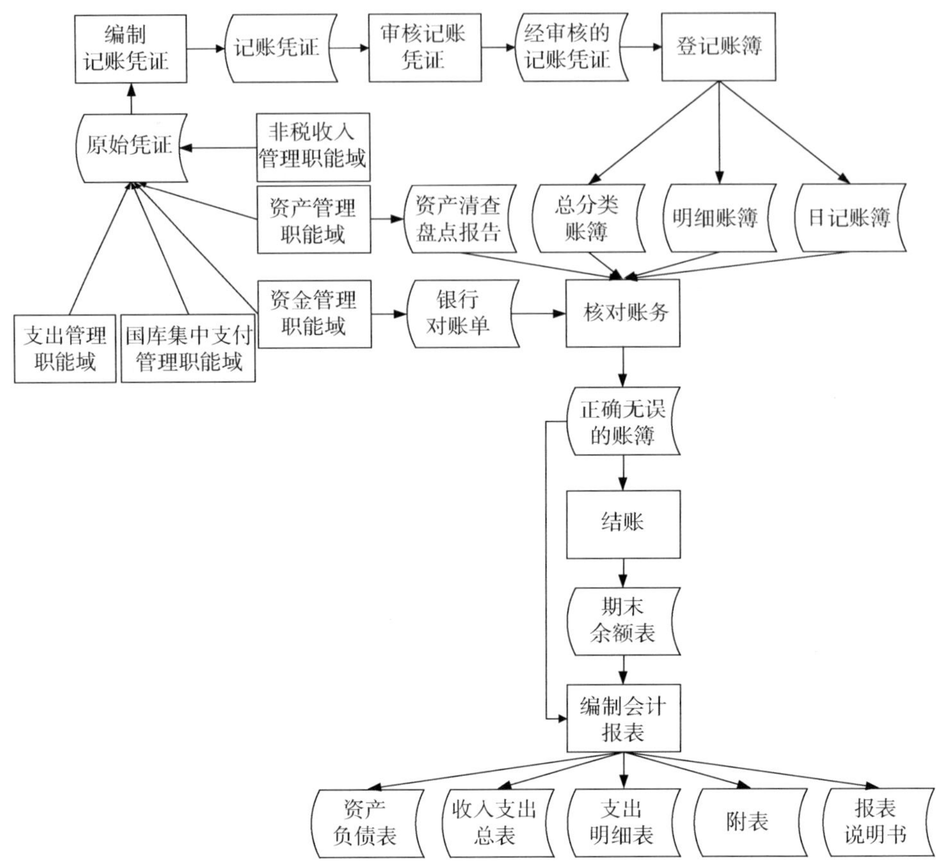

图 8－25　二级数据流图

9. 政府大会计信息系统总体规划

通过对业务、数据、技术的分析，从整体上对政府大会计信息系统进行了设想和构造，下一步如何在当前信息化基础上沿着政府大会计信息系统的构想规划、设计和实施是我们必须面对的问题。我们认为应该在现有信息系统的基础上，通过整合来实现数据资源、系统流程、技术架构等一体化建设，以达到政府大会计信息系统的最终构建完成。

政府大会计信息系统规划和建设的总体思路是：将已形成的系统或未形成系统的各部分通过综合、融合、集成联合成整体，实施业务流程整合、数据资源整合、技术架构整合等对系统相互联系的各要素的整顿、协调和重新组合，以提高系统的完整性和组织性水平；同时联成整体的各部分可以具有不同的自主程度，几个部分之间相互联系和相互作用的量和强度在系统中加大，以提高系统整体管理水平。

9.1 业务整合规划

政府大会计信息系统业务整合的目标是：建立以预算管理为核心，整合预算会计、财务会计和管理会计的业务活动，通过信息化贯穿各项业务活动的衔接，以达到互融互通，实现政府大会计全面一体化管理（见图 9－1）。

政府大会计业务整合主要包括以下几个环节：

（1）预算编制、预算执行、决算一体化整合

预算编制、预算执行和决算是预算管理的主要内容，编制是计划，执行是落实，决算是结果。目前编制、执行和决算并没有完全关联起来，编制的

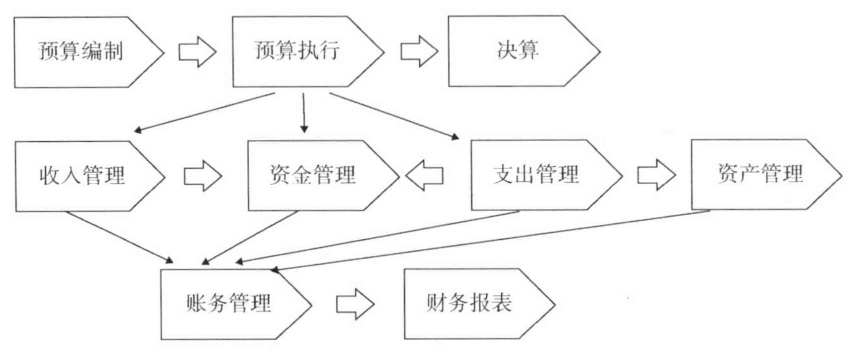

图9-1 政府大会计业务整合流程

结果在执行中不能及时准确地反映，执行的过程与编制的结果也经常脱节，导致决算不能准确如实地反映执行的结果。

整合预算编制、预算执行和决算是大会计业务整合的重要内容，通过信息的互联互通，将预算编制、预算执行和决算关联起来，预算编制的结果作为预算执行的依据，要在预算执行中准确及时地反映，预算执行中按照预算编制的科目执行并增加控制点，保证预算执行按照预算编制的计划和安排进行，预算执行的数据传递给决算自动生成决算报表。

（2）预算执行与收入管理、支出管理、资金管理一体化整合

预算执行是预算计划的实现过程，根据上一章业务分析，预算执行可以细分为预算收入执行、基本支出预算执行、项目支出预算执行、政府性基金收入预算执行、政府性基金支出预算执行、预算外资金预算执行、预算内行政事业性收费收入预算执行等。可以看出预算执行实际上就是预算资金收入的到账执行、非税收入征收实现的执行、基本支出和项目支出的执行。因此，预算执行与收入管理、支出管理、资金管理业务有紧密的联系，收入管理、支出管理和资金管理的结果应直接反映到预算执行中。

整合预算执行与收入管理、支出管理、资金管理是预算执行管控的关键，目前对于收入管理、支出管理和资金管理正在建设或已经建设相应的专项管理系统，这些专项管理系统主要是规范了收入管理、支出管理和资金管理业务流程，提升了专项业务管理水平，但还没有与预算执行建立联系，预算执行情况还需要到各专项业务管理系统中手工查询统计。通过业务流程整合，将收入管理、支出管理、资金管理的数据转化为预算执行数据传入预算执行，

自动记录和反映预算执行的过程，可有效提高预算执行的管控效率。

预算执行和收入管理的整合业务点：收入管理按照政府性基金、纳入预算行政事业性收费、预算外资金等分别上缴国库、财政专户或上级资金专户的金额，根据预算编制的类、款、项确认收入预算执行。

预算执行和支出管理的整合业务点：支出管理按照基本支出和项目支出实际支付的金额，按照预算编制的类、款、项确认预算支出执行。

预算执行和资金管理的整合业务点：资金管理根据实际到账资金，按照预算编制的类、款、项确认预算收入执行，并定期与预算执行进行收入执行和支出执行对账。

（3）账务管理与收入管理、支出管理、资金管理、资产管理一体化整合

账务管理与收入管理、支出管理、资金管理、资产管理等整合主要体现在自动核算上，收入、支出和资金将相应数据传入账务管理，由账务管理按照会计制度进行核算和确认，自动生成会计凭证。各项业务的核算规则可定制，提高核算的自动性和准确性。

账务管理与收入管理的整合业务点：收入确认时，收入管理传递数据给账务管理，自动核算生成收入会计凭证；收入资金解缴时，收入管理传递数据给账务管理，自动核算生成资金转账会计凭证；如果是权责发生制，在收款确认后，收入管理传递数据给账务管理，自动核算转账会计凭证。

账务管理与支出管理的整合业务点：支出确认时，支出管理传递数据给账务管理，自动核算生成支出会计凭证；如果是权责发生制，在支付资金后，支出管理传递数据给账务管理，自动核算转账会计凭证。

账务管理与资金管理的整合业务点：资金实际收到或支付时，资金管理传递数据给账务管理，自动核算生成转账会计凭证。

（4）支出管理与资产管理一体化整合

在基本支出和项目支出的实际过程中，有很多支出属于物品和服务的购买。如果购买的物品和服务符合会计制度确认资产的条件，支出管理应将物品或服务相关数据传递给资产管理，以方便确认为资产。支出管理和资产管理业务整合能够有效防止国有资产的流失，及时将支出产生的资产登记在册，以加强对国有资产的管理。

支出管理与资产管理整合业务点：支出采购物品或服务符合会计制度确认资产的条件时，支出管理传递数据给资产管理，资产管理进行资产卡片登记。

（5）对内服务的一体化整合

对内服务的整合是将与各平行部门进行数据交换的服务整理合并成一套完整的服务体系，为内部各平行部门提供一致的网络服务程序，提高对内服务的一致性、安全性、稳定性和可靠性，确保系统对内服务的质量。

（6）对外服务的一体化整合

对外服务的整合是将为行政相对人提供电子政务服务整理合并成一套完整的服务体系，一方面要保证对外服务提供政策、数据等的及时性和准确性，另一方面要保证对外服务的一致性、安全性、稳定性和可靠性，以统一的形象为行政相对人提供电子信息化服务。

9.2 数据资源整合规划

建设政府大会计信息系统的主要目标就是要整合这些数据资源，包括两方面工作：一方面从业务整合的基础上构建规范、共享的数据资源框架，另一方面要最大限度地整合历史数据资源，最终构筑一个统一的数据支撑平台。

9.2.1 数据资源规划内容

数据资源规划的目标是规范和统一政府会计管理信息资源，实现政府会计管理业务之间信息高度共享和应用高度集成，避免各子系统之间数据重复存储、数据不统一、信息无法共享带来的问题，实现信息一体化，以灵活和健康地适应未来发展。数据资源规划的内容包括：

一是建立基础数据资源标准体系，在全国范围统一财务管理基础数据标准，确保财务管理基础数据的一致性。根据数据资源分析，基础数据资源主要包括23个数据单元。

二是在业务分析和整合的基础上，规划各政府会计管理业务之间数据共享资源，建立各政府会计管理业务数据标准。根据业务数据资源分析，政府会计管理业务数据资源主要包括60个数据单元，业务数据共享资源主要包括

19 个数据单元。

三是规划上下级单位之间的数据交换资源。上下级两级数据中心通过数据交换平台实现数据上传和下发，上下级单位之间的数据交换资源主要包括基础数据资源和业务数据资源的上下同步。

9.2.2 数据资源概念模型

政府大会计模型是依据业务架构、职能域、功能架构及其业务流程，抽象概念和逻辑数据实体及关系，形成政府大会计的概念数据模型。如图 9－2 所示，政府大会计概念数据模型初步可分为经济资源、基本支出、项目支出、资产、材料、项目、机构、非税收入、会计核算、财务报告等数据域。

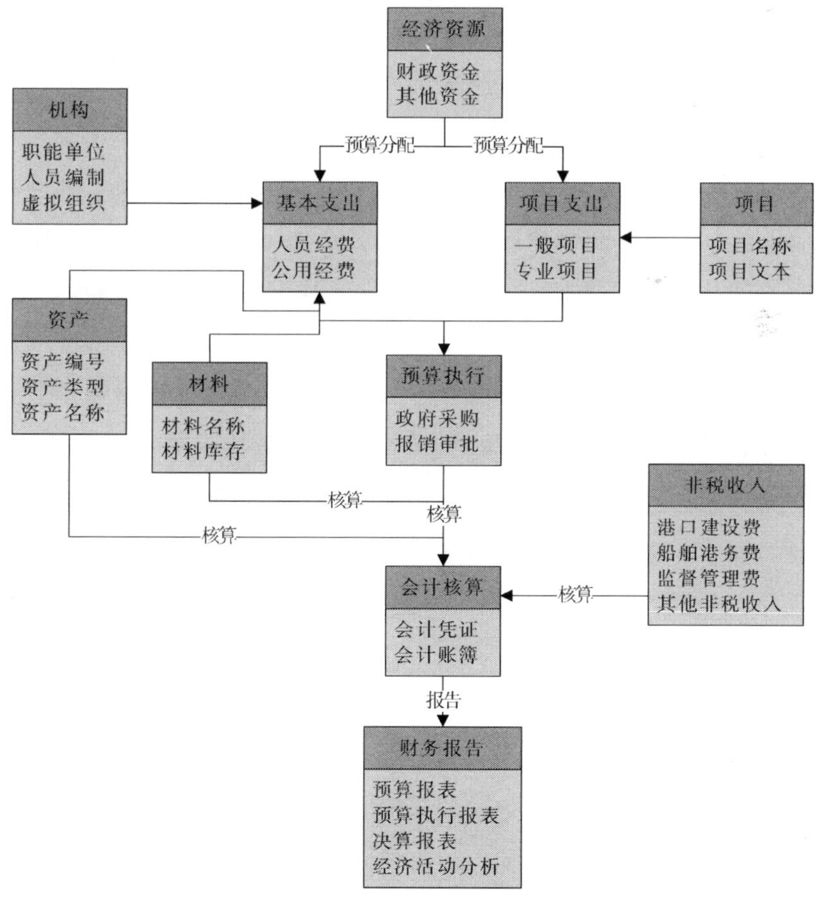

图 9－2 政府大会计概念数据模型

根据政府大会计概念数据模型，结合国家会计数据和财政数据相关标准，我们构建了政府大会计信息资源标准体系。政府大会计信息资源标准体系旨在规范和统一政府大会计信息资源，实现政府会计管理业务之间信息高度共享和应用高度集成，构筑统一的政府大会计数据支撑平台数据标准体系。

9.3 功能规划

根据我国财政改革和政府会计改革进程，政府大会计信息系统处于加快建设现代财政制度的关键时期。2017 年 11 月发布的《政府会计制度——行政事业单位会计科目和报表》明确：单位应当重视并不断推进会计信息化的应用。单位开展会计信息化工作，应当符合财政部制定的相关会计信息化工作规范和标准，确保利用现代信息技术手段开展会计核算及生成的会计信息符合政府会计准则和政府会计制度的规定。

因此，政府大会计信息系统建设应在上述政策要求的框架下推进会计信息化建设，目标是向智能化政府部门财务信息化发展，并最终实现基于财政业务一体化的政府部门财务信息系统。首先，基于政府会计双核模型的原理，要实现预算会计和财务会计的平行记账，必须从经济事项出发，进而由系统自动确认为预算会计事项和财务会计事项。其次，围绕事项会计和平行记账的自动化，资产管理、全面预算等经济事项对于会计核算的支撑尤为重要。如果不能做到记账凭证的自动化，那么会计核算的复杂度和工作量将较大幅增加。最后，基于权责发生制的政府部门财务报告的编制也依赖于会计核算的质量，能够实现从账上取数并自动生成报表，提升财务报告的数据质量。

9.3.1 会计核算

会计核算是指通过确认、记录、计算、报告等环节，对单位的经济活动进行核算、记账、报账，为有关方面提供会计核算信息。其主要业务过程如表 9 -1 所示。

表 9-1　　会计核算业务过程一览

职能域	序号	业务过程	业务活动
会计核算	1	基础数据	预算会计科目管理
			财务会计科目管理
			各类编码表管理
	2	编制预算会计记账凭证	审核原始凭证
			汇总原始凭证
			填制记账凭证
	3	编制财务会计记账凭证	审核原始凭证
			汇总原始凭证
			填制记账凭证
	4	智能平行记账	自动生成预算会计凭证
			自动生成财务会计凭证
会计核算	5	审核预算会计记账凭证	审核记账凭证
			作废记账凭证
			冲销记账凭证
	6	审核财务会计记账凭证	审核记账凭证
			作废记账凭证
			冲销记账凭证
	7	登记账簿	登记日记账
			登记总分类账
			登记明细账
	8	对账	核对账务
			账务调整
	9	结账	结算本期发生额和余额
			结转下期期初余额

➢ 基础数据管理

基础数据主要包括预算会计科目、财务会计科目、部门、客户、供应商、人员、自定义码表等各类基础数据。

✚ 预算会计科目管理

财务业务人员对预算会计科目增加、修改和删除。

- 财务会计科目管理

财务业务人员对财务会计科目增加、修改和删除。

- 各类业务码表管理

财务业务人员对于部门、客户、供应商、人员等各类编码进行维护，也可以自定义相应的码表数据。

- 编制预算会计记账凭证

审核原始凭证，对审核无误的原始凭证进行归类、整理，运用账户和复式记账法，编制会计分录，形成预算会计记账凭证，作为登记账簿的直接依据。

- 审核原始凭证

财务业务人员对经济业务事项中取得的原始凭证进行审核。

- 汇总原始凭证

财务业务人员对审核无误的原始凭证进行归类，编制汇总原始凭证。

- 填制预算会计记账凭证

凭证填制人员根据各种审核无误的原始凭证或汇总原始凭证，填制预算会计记账凭证。

- 编制财务会计记账凭证

审核原始凭证，对审核无误的原始凭证进行归类、整理，运用账户和复式记账法，编制会计分录，形成财务会计记账凭证，作为登记账簿的直接依据。

- 审核原始凭证

财务业务人员对经济业务事项中取得的原始凭证进行审核。

- 汇总原始凭证

财务业务人员对审核无误的原始凭证进行归类，编制汇总原始凭证。

- 填制财务会计记账凭证

凭证填制人员根据各种审核无误的原始凭证或汇总原始凭证，填制财务会计记账凭证。

- 智能平行记账

用户只需选择当前所发生的业务场景，系统自动提供与场景匹配的财务会计及预算会计凭证，提高用户编制凭证的效率和质量。

- 自动生成预算会计记账凭证

单位对纳入部门预算管理的现金收支业务，在采用财务会计核算的同时应当进行预算会计核算。会计核算自动采集预算执行的相关数据，自动生成预算会计凭证。

- 自动生成财务会计记账凭证

单位对纳入部门预算管理的现金收支业务，在采用财务会计核算的同时应当进行预算会计核算。对于其他业务，仅需进行财务会计核算。会计核算自动采集预算执行的相关数据，自动生成财务会计凭证。对于其他经济业务，会计核算自动采集经费收支、资产管理的相关数据，自动生成财务会计凭证。

➢ 审核预算会计记账凭证

财务主管人员或其他指定人员对填制完成的预算会计记账凭证进行审核。在审核过程中若发现记账凭证填制有误，或者不符合要求，则需由填制人员重新填制，或按规定的方法进行更正。

- 审核预算会计记账凭证

财务主管人员或其他指定人员对填制完成的记账凭证进行审核。

- 作废预算会计记账凭证

财务人员发现未登记账簿的记账凭证有误，将原记账凭证作废，重新编制正确的记账凭证。同时还要提示自动作废财务会计凭证，以保证平行记账的准确性。

- 冲销预算会计记账凭证

财务人员发现已经登记账簿的记账凭证有误，用红字冲正法冲销原记账凭证，同时再重新填制一张正确的记账凭证。同时还要提示自动冲销财务会计凭证，以保证平行记账的准确性。

➢ 审核财务会计记账凭证

财务主管人员或其他指定人员对填制完成的财务会计记账凭证进行审核。在审核过程中若发现记账凭证填制有误，或者不符合要求，则需由填制人员重新填制，或按规定的方法进行更正。

- 审核财务会计记账凭证

财务主管人员或其他指定人员对填制完成的记账凭证进行审核。

- 作废财务会计记账凭证

财务人员发现未登记账簿的记账凭证有误，将原记账凭证作废，重新编制正确的记账凭证。如有平行记账的情况，同时还要提示自动作废预算会计凭证，以保证平行记账的准确性。

- 冲销财务会计记账凭证

财务人员发现已经登记账簿的记账凭证有误，用红字冲正法冲销原记账凭证，同时再重新填制一张正确的记账凭证。如有平行记账的情况，同时还要提示自动冲销预算会计凭证，以保证平行记账的准确性。

➢ 登记账簿

财务人员根据审核无误的原始凭证及记账凭证，按照国家统一会计制度规定的会计科目，运用复式记账法对经济业务序时地、分类地登记到账簿中去。

- 登记日记账

出纳人员根据办理完毕的收款凭证、付款凭证，逐日逐笔登记现金日记账和银行存款日记账，结出余额，并标记已登记入账的凭证。

- 登记总分类账

账簿登记人员根据审核无误的记账凭证、科目汇总表登记总分类账，并标记已登记入账的凭证。

- 登记明细账

账簿登记人员根据审核无误的原始凭证、汇总原始凭证和记账凭证平行登记所属总分类账的各类明细账，并标记已登记入账的凭证。

➢ 对账

为保证账簿记录正确可靠，在记账之后、结账之前对账簿中的有关数据进行检查和核对。

- 核对账务

定期将会计账簿记录的有关数字与财产物资、货币资金、有价证券、往来款项等进行相互核对，保证账证相符、账账相符、账实相符。

➕ 账务调整

对账出来的各种由于会计技术性差错因素造成的错账，财务人员根据有关会计差错调整的规定进行账务调整。

➢ 结账

在对账后，财务人员定期进行会计结账，结出本期发生额和期末余额，并将余额结转下期或新的账簿。

➕ 结算本期发生额和余额

财务人员在本期全部经济业务登记入账，并且核对无误的基础上，结算出所有账户的本期发生额和期末的余额。

➕ 结转下期

财务人员将结算的本期期末余额转入下期期初余额。

9.3.2 资产管理

资产管理是指在日常行政工作或业务活动中对占用的国有资产实施不间断的管理及核算，包括从资产验收入库、建立资产卡片、资产使用、维护，到资产处置、清查盘点等资产全生命周期的管理（见表9－2）。

表9－2　　资产管理业务过程一览

业务模块	序号	业务过程	业务活动
资产管理	1	资产形成	资产验收入库
			建立资产卡片
			无形资产登记
			审核资产卡片
	2	资产使用	资产使用申请
			资产使用审批
			签订使用协议
	3	资产维护	登记资产维护信息
	4	资产折旧/摊销	提取固定资产折旧/无形资产摊销
	5	资产内部转移	填写资产转移申请单
			登记资产转移信息

续表

业务模块	序号	业务过程	业务活动
资产管理	6	资产处置	资产处置申报
			资产处置审核
			资产处置审批
	7	资产清查盘点	制定盘点计划
			执行盘点
			汇总资产盘点结果
	8	资产统计报告	填写资产统计表
			分析资产统计表
	9	自动凭证	自动生成会计凭证
	10	对账	定期对账，保证账账相符

➢ 资产形成（配置、购置）

各单位根据法律法规和规章制度规定的程序，通过购入、调入、自制、自建以及接受捐赠，形成固定资产或无形资产，统一进行验收并建立资产卡片。

- 资产验收

资产形成后，由管理部门统一验收，验收合格后，开具发票、资产调拨单或资产验收单。

- 建立资产卡片

资产卡片管理人员根据调拨单或验收单，建立资产卡片。

- 无形资产登记

资产管理人员填写无形资产登记表，并附上相关文件、证件及资料。

- 审核资产卡片

由资产管理负责人对资产卡片进行审核。

➢ 资产使用

资产使用是指资产自用、对外投资、出租和出借等，其业务流程包括固定资产使用的申请、审批以及签订使用合同三个业务活动。

- 资产使用申请

资产管理部门提出资产对外投资、出租或出借申请，并填写申请单。

- 资产使用审批

上级主管部门对资产管理部门提出的资产使用申请进行审批，形成审批单。

- 签订使用协议

对于对外投资、出租或出借的资产，其使用申请经上级主管部门审批合格后，资产管理部门与具体使用单位根据相关法律法规的规定，签订使用协议。

➢ 资产维护

资产维护是指对固定资产进行维修和保养。

- 登记资产维护信息

资产管理部门对进行维修和保养的资产进行登记信息，形成资产维护记录。

➢ 资产折旧/摊销

资产折旧/摊销是指按照指定的折旧方法对固定资产计提折旧或者按照指定摊销方法对无形资产计提摊销。

- 固定资产折旧

资产价值管理部门按照年限折旧法、加速折旧法等资产折旧方法对固定资产净值计提折旧。

- 无形资产摊销

资产价值管理部门按照年限法对无形资产净值计提摊销。

➢ 资产内部转移

资产内部转移是指在单位内部、部门员工之间转移调拨。

- 填写资产转移申请单

移出部门填写固定资产转移单。

- 登记资产转移信息

资产管理部门根据资产转移单登记资产转移信息，形成资产转移书面材料送财务部，以便进行账务处理。

➢ 资产处置

资产处置是指对单位占有、使用的资产进行产权转让及注销产权，包括资产调拨，捐赠资产，出售资产，报废资产和报损资产等。

- 资产处置申报

资产管理人员向主管部门提出申请处置资产报告，填报资产处置申报表。

- 资产处置审核

主管部门对提出的申报表进行审核，并将审核无误的申报表报财政部门进行审批。

- 资产处置审批

财政部门对审核无误的申报表进行审批，形成资产处置批复文件。

➢ 资产清查盘点

资产管理部门、财务部门和资产使用部门定期对资产进行清查盘点，查明固定资产的实有数与账面结存数是否相符，包括从制定盘点计划、执行盘点、形成盘点结果并汇总一系列业务活动。

- 制定盘点计划

财务部门和资产管理部门制定盘点计划。

- 执行盘点计划

盘点人员根据盘点计划，执行盘点工作，登记盘点结果。

- 汇总资产盘点结果

资产管理人员整理、汇总盘点结果，给财务部门进行账面核对。

➢ 资产统计报告

本级资产管理部门按照财政部门的要求定期做出资产统计报告，上报相应的主管部门或上级资产管理部门。

- 填写资产统计表

资产管理部门按照规定的报表格式及内容填写固定资产统计表。

- 分析资产统计表

资产管理部门根据资产统计表，对本单位资产占有、使用、变动、处置等情况做出分析说明。

➢ 自动凭证

根据资产业务自动生成相应的会计凭证，包括预算会计凭证和财务会计凭证。

➢ 对账

财务人员定期将固定资产账和总账进行核对，确保账实相符、账账相符。

9.3.3 全面预算

全面预算主要包括事前规划、事中控制、事后记录三个阶段的全部功能。其中：事前规划阶段包括预算编制、审核、汇总等环节；事中控制阶段包括预算批复（含追加调整）、执行申请、借款报销、支付审核、经费报销等阶段，匹配发布、预算追加调整、政府采购、资金支付等环节；事后记录阶段包括出纳受理、会计核算和决算等环节。通过全面预算要实现部单位经济事项流程的全打通，实现财政业务一体化，确保预算管控的效率和效果。由于事后记录分别由出纳业务、会计核算业务和决算报表业务来独立描述，本书的全面预算主要包括预算编审与批复业务和预算执行业务（见表9－3）。

表9－3　　全面预算业务过程一览

业务模块	序号	业务过程	业务活动
预算编审与批复	1	预算编制	填报基本预算和项目预算
	2	预算审核	审核预算报表信息
	3	预算汇总	预算编报数据汇总
	4	预算下达	财政预算批复
			财政预算调整
			上级预算批复
	5	内部分解	内部预算批复
			内部预算调整
	6	预算指标匹配	财政预算与内部预算匹配
	7	预算指标发布	预算指标发布供各部门使用
预算执行管理	1	执行申请	预算执行申请
			预算执行审批
			执行申请结项
	2	借款申请	执行申请借款
			借款台账

续表

业务模块	序号	业务过程	业务活动
预算执行管理	3	报销申请	直接报销
			借款报销
			执行申请报销
			合同支付报销
	4	支付审核	财务审核
	5	出纳受理	借款受理
			报销受理
	6	自动核算	自动凭证

➢ 预算编审与批复

预算编审主旨是建立以单位自身业务特点为基础的科学合理的预算形成过程的管理体系。预算批复是依据财政预算批复所确定的单位年度预算额度和支出方向，将具体工作分解落实于单位内部各部门，同时根据各自所承担的工作职责匹配相应的资金额度的过程。

- 预算编制

单位内部进行预算测算，各自填报预算，并提交预算依据。项目类预算可以从项目库中选择，项目名称不允许调整。

- 预算审核

审核各部门预算编制数据，审核通过后方可进入下一步。

- 预算汇总

对各部门编报的预算数据进行汇总，形成部门预算报表。

- 预算下达

录入财政预算批复的数据，录入时需按财政预算事项进行分类，不同来源的资金不能重复录入，并指定功能科目。

- 内部分解

依据财政预算批复所确定的单位年度内部预算额度和支出方向，将具体工作落实于单位内部各部门，同时根据各自承担的工作职责匹配相应的资金额度。

- 预算指标匹配

对单位收到的预算资金来源，与内部批复指标的匹配，实现所有资金来源都有效安排。

- 预算指标发布

对确定的内批预算指标，进行发布，以供下级各部门使用。

- 预算执行管理

预算执行管理是对资金的执行过程进行管理，严格根据资金预算批复结果所确定的开支范围和指标额度进行资金支付，实时反映资金支付进度。

- 预算执行申请

对于要求申请执行的经济活动，由使用单位填写预算执行申请，明确使用事由。通过预算执行申请，在各项规范要求的基础上，将年度预算所安排的事项进一步明确和落实，形成具体工作计划和资金需求。

预算执行申请单提交后，根据管控事项执行审批流程。执行申请审批提供查询待审批列表；填写审批意见；提交任务；审批通过转入流程下一阶段；允许退回上一流程。

当申请执行的经济活动完成，进行结项处理。

- 借款申请

在按计划开展工作和执行预算过程中，需要使用现金时可办理借款。对于有严格标准或保障机构基本运行的经费支出（如人员经费、水电费、通讯费等），使用直接借款。

在按计划开展工作和执行预算过程中，需要使用现金时可办理借款。对于已执行预算执行申请流程的，使用执行申请借款。

- 报销申请

在按计划开展工作和执行预算过程中，资金使用部门可以拿发票进行报销。对于有严格标准或保障机构基本运行的经费支出（如人员经费、水电费、通讯费等），使用直接报销。对于有借款单的报销，使用借款报销。对于已执行预算执行申请流程的，使用执行申请报销。对于已签署合同的支出，使用合同支付报销。

- 支付审核

在按计划开展工作和执行预算过程中，会计岗需要确认借款报销单中具体指标和支出账户的资金。

- 出纳受理

出纳对使用部门提交的资金支付申请进行审核，对合规的资金申请予以支付。对于借款行为进行借款受理。对于报销行为进行报销受理。

- 自动核算

为进行会计凭证记账，提供对支付记录（借款记录、报销记录）进行会计数据处理的功能。

9.3.4 财务报告

根据财政部《政府财务报告编制办法（试行）》《政府综合财务报告编制操作指南》《政府部门财务报告编制操作指南（试行）》，政府及政府组成部门需要独立编制政府部门财务报告。《政府会计制度——行政事业单位会计科目和报表》中定义了财务报表和预算会计报表内容和格式，其中财务报表包括资产负债表、收入费用表、净资产变动表、现金流量表和附注等，预算会计报表包括预算收入支出表、预算结转结余变动表、财政拨款预算收入支出表等。因此，政府综合财务报告系统不仅要满足财政部对于部门综合财务报告的编制要求，还要满足单位内部相关会计报表编制要求。

综合财务报告编报流程如图 9-3 所示。

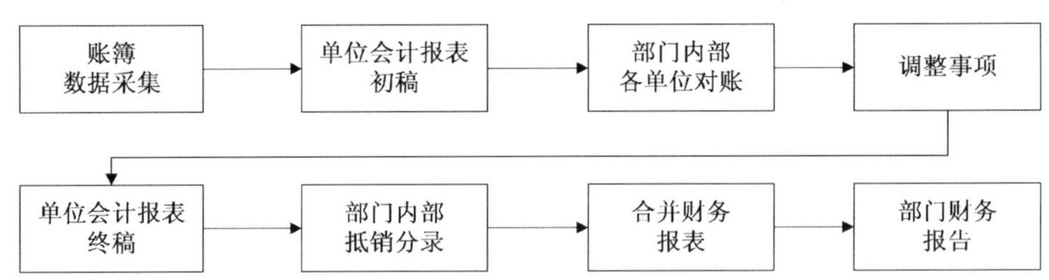

图 9-3 政府综合财务报告编报流程

综合财务报告系统实现关键功能点：

（1）基于账簿提取原始数据。通过公式可以直接提取到账簿源数据，确保证账表的一致性。

（2）基于 GB2010 标准采集账簿数据，以适配不同厂商的会计核算系统。

（3）定义精准的账簿自动取数公式，保证按照指南的口径要求填报。

（4）定义调整分录模板，规范借贷方及金额。扫描出调整事项后，可查看背后的账簿凭证，既保证调整分录的正确性，同时也调整相关主附表。

（5）定义调整识别规则，扫描账簿分录，保证调整分录的完备性。

（6）定义抵销分录模板，规范借贷方及金额。支持在线交流，协商确定“建议抵销金额”。确保抵销分录的正确性。

（7）扫描往来明细表，自动识别待抵销事项。部分抵销分录可由各基层单位协商确认，部分抵销分录可由主管单位汇总抵销。

（8）支持预算分析图表和灵活设置，自动提取报表和图形。

（9）分设审核权限，定义审核公式（校验规则），提高审核效率。

（10）支持报表 Word 版综合财务报告格式的生成。

9.3.5 资金监控系统

根据财政部有关行政事业单位内部控制建设的相关文件，资金风险是行政事业单位需要关注的重要风险。资金监控是单位实施风险控制的重要手段。由于财政零余额账户已由国库统一监控，单位拟对所有实有资金纳入统一监控。通过搭建数据集中的资金监控平台，应用账户监管、资金监控、授权查询、统计报表等功能模块。

➢ 账户监管

梳理所有机构的实有资金账户，登记和管理所有银行账户，涉及各类商业银行（但不宜过多，建议主合作银行不超过 7 家），涵盖活期、定期、协定、通知和大额存款以及虚拟账户、子账户等，实现多维度、全方位的银行账户、资金的信息统计。

➢ 资金监控

开展动态监控，实时反馈监控结果，实时预警、实时控制，实现资金动态监控管理体系。监控类型包括余额监控、交易监控和支付监控。监控规则设置灵活，颗粒度可精确到账户、户名、接收方户名、交易金额、交易性质、用途摘要等诸多维度，支持单笔数据监控及汇总数据监控。

➢ 授权查询

遵循向下管理的业务支持模式，各级单位仅能管理和查询自身向下管理范畴内的各级下属单位的资金数据。涉及核心关键资金数据，只能在授权的范围内开展查询与统计。

➢ 统计报表

利用先进的大数据技术，提供强大、丰富的统计报表功能，为财务风险防控、财务管理提供决策支持。

9.3.6 数据交换与共享

根据金财工程的相关要求，政府大会计信息系统需要定期向财政部上传相关账务数据。技术上必须按照接口规范将数据放入财政部政府会计大数据的中间数据库。

数据交换与共享系统实现的关键功能点包括如下：

一是定期采集所有核算单位的账务数据，形成政府大会计数据仓库。

二是按照规范和标准数据接口，向财政部政府会计大数据的中间数据库增量上传账务数据。

三是接收财政部的下达和反馈数据，包括财政政策数据下达、财政指标数据下达、数据上传下达交换状态等。

10. 政府会计数字化转型案例研究

10.1　会计数字化转型总体目标

10.1.1　财务管理的工作目标

某单位财务管理是中央部门财政预算管理的组成部分，对外要贯彻执行国家经济和财政政策，受中央财政委托管理公共经济资源，对内要为单位事业发展服务，提供财务保障支持。

核心目标分为外部目标和内部目标。

外部目标是：贯彻执行国家财政政策，适应公共财政管理改革，受托管理公共资金和公共资产，为财政部门、上级主管部门等外部信息需求者提供真实、完整的财政经济数据。

内部目标是：以预算管理为中心，依法组织收入，科学安排支出，健全内部控制机制，防范各类风险，加强国有资产管理，规范会计基础工作，实现资源配置和使用的经济效益最大化。

如图 10－1 所示，该单位基于财政财务管理核心目标体系不断完善和推进，最终提升单位财政治理体系和治理能力现代化水平。

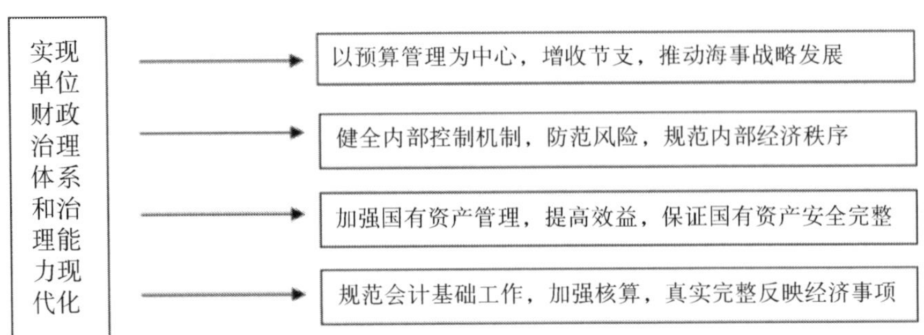

图 10－1　单位财务管理核心目标体系

10. 1. 2　单位会计数字化改革的具体目标

党的十九大报告提出：加快建立现代财政制度，建立全面规范透明、标准科学、约束有力的预算制度。在财政部全面推动预算管理一体化的背景下，单位急需推动财务数字化转型，满足上级部门和单位领导的各项管理要求。站在现代财政制度建设高度，以新《预算法》及实施条例、政府会计准则及行政事业单位政府会计制度体系为指导，准确把握单位管理的特点和要求，在全面摸清单位财务信息化需求基础上，结合财政预算一体化改革思路和智能财务数字化的最新趋势，提出单位财务数字化改革的具体目标。

（1）创新驱动，智慧引领

当前国家经济和各行各业正在面临数字化转型的关键时期，政府财务信息化下一步目标就是数字化转型，并以企业财务数字化转型为参考，加快向国内顶尖财务数字化改革前沿迈进。创新是财务数字化改革的重要驱动力，创新体现在要全面拥抱大数据、人工智能、移动互联、云计算、物联网、区块链等新技术，目标是在财务工作中广泛应用上述数字化技术，体现为理念创新、管理创新、业务创新、流程创新、数据创新、平台创新等各方面。沿着智能财务数字化改革的重要引导方向，智能财务、财务共享等理念以及财务机器人等自动化工具全面引入，不仅要提升财务工作的自动化智能化程度，真正全面解放财务人员，而且要实现扩展单位财政财务数据的全部信息功能，体现为智能感知、智能处理、智能存储、智能决策、智能行为（控制）等全信息循环。

(2) 中台鼎力，财务共享

中台的概念源于阿里2015年提出的“大中台、小前台”战略。从技术来说，中台是一套结合互联网技术和行业特性，将企业核心能力以共享服务形式沉淀，形成“大中台、小前台”的组织和业务机制，供企业快速低成本地进行业务创新的企业架构。从前期调研来看，各级预算单位财务信息化水平“发展不平衡不充分”矛盾十分突出，根本原因在于预算单位财务信息化工作相对独立分散，各自为政，既缺乏业务共享，也缺乏技术协同，无法形成数字化合力。中台理念是上述问题的解决方案，即借鉴“大中台、小前台”的战略路径，摒弃传统研发、试点、复制、推广的实施模式，建立强大的业务中台和数据中台，为全系统提供全面财务共享服务，确保各预算单位财务数字化转型得到全面支撑，着力解决不平衡不充分的矛盾。

(3) 业财融合，价值创造

在当前财政紧平衡的背景下，预算单位资金保障形势依然严峻，推动财政资金支出提质增效，确保有限的资金真正花在刀刃上是高质量发展的基石和重要支柱。基于公共价值的预算绩效管理是未来财政财务改革的重要思路。创造公共价值、提升预算绩效离不开业财融合。无论是预算绩效评价还是预算底线测算，都是推动业务和财务深度融合的重要方式。只有财务工作真正理解了业务工作，才能实现财务对业务工作的支撑；也只有业务工作真正融入财务因素，才能使业务工作更好地服务单位战略的实现。

(4) 预算财务一体化，实现单位一本账

预算财务一体化是本书提出的单位财政财务管理工作的核心理念。首先，预算是财政工作的核心，体现一级政府的收入和支出计划。政府预算由部门预算、单位预算共同组成。从行政事业单位来说，在微观会计主体上有两个“预算”，一个是满足财政管理工作的预算（称为外部预算），一个是满足内部管理需要的预算（称为内部预算）。在预算单位财务管理活动中，外部预算与内部预算经常出现“两张皮”现象。从财政预算管理一体化的角度，推动政府预算、部门预算、单位预算的有效衔接和管理贯通是一体化的精髓所在。因此，预算财务一体化首先要实现的是外部预算与内部预算的一体化，即预算管理一体化。其次，预算单位作为独立会计主体，以大会计视角建立资金管理、资产管理、负债管理、会计核算、规费征稽的有效贯通，即会计管理一体化。最后，将预算管理与财务管理有效衔接和管理贯通是预算财务一体化的核心理念，即实现预算编制与资产管理、负债管理一体化，预算执行与资金管理、资产管理、会计核算一体化，决算财报与资产管理、会计核算一体化等。

从政府会计改革来看，在传统预算会计时代，预算会计是财务的核心工作。基于权责发生制政府综合财务报告改革以来，以预算会计和财务会计构成的政府会计是新时代社会主义政府会计的主要特色。“适度分离、相互协调”是政府会计改革的核心路径。从目前改革进程来看，建立权责发生制的政府综合财务报告制度，全面、准确反映各级政府整体财务状况、运行情况和财政中长期可持续性的目标尚未达到。根本原因在于预算会计仍然占主导地位，财务会计功能尚未全面发挥，预算会计与财务会计“适度分离、相互协调”难度太大，如没有先进的数字化技术支持，政府会计人员很难完成上述任务，导致政府综合财务报告数据质量不高。

应依托会计数字化改革进程，基于会计管理活动论思想，加快构建以预算管理循环和财务管理循环、预算财务一体化的双循环体系。在此基础上，加快财务数据标准、财务主数据体系、合并报表体系等数据治理体系建设，实现预算单位“一本账”，全面提升单位财务数据质量。

10.2 财政财务职能架构分析

财务部门作为单位经济活动的归口管理机构，全面管理和反映单位各项经济活动。基于财政管理、财务管理和会计管理的基本理论，我们将单位财务职能分为预算管理和财务管理两部分内容。预算管理主要围绕财政预算管理一体化为主线进行职能建模，财务管理主要依托行政事业单位财务通则、行政事业单位内部控制规范、政府会计制度等涉及的财务活动与会计活动进行职能建模。政府会计的本质是微观财政治理活动（周卫华，2020）。行政事业单位的预算管理并不是管理会计中的全面预算，而是基于《预算法》及其实施条例的预算管理活动，可以认为是微观单位的财政预算管理活动，这与财政系统正在实施的“预算管理一体化”中的“预算”是相同的概念。因此，我们在分析构建单位财政财务职能架构模型时，将“预算管理”对应于单位财政职能，将“财务管理”对应于单位财务管理职能。从大财务或大会计视角，预算管理与财务管理如何协调并实现预算财务管理一体化是单位会计工作的核心内容，从而全面反映单位会计管理活动。预算管理职能包括预算编制、预算执行、决算财报与预算绩效4个模块，财务管理职能包括内部控制、资金管理、资产管理、负债管理、采购管理、非税征缴6个模块。

我们在职能架构中又按照执行层、控制层、决策层进行划分，体现出会计管理工作贯穿执行、控制和决策，以支持决策、服务决策、执行决策为核心目标。决策层体现预算财务一体化对各级机关和各级单位领导进行决策支持的职能，控制层体现预算财务一体化对财务主管在内部监管、过程控制和质量审核的支持职能，执行层体现预算财务一体化对财务业务人员业务执行、事务处理和会计核算的支持职能（见图10－2）。

	预算管理				财务管理					
	预算编制	预算执行	决算财报	预算绩效	内部控制	资金	资产	负债	采购	非税征缴
决策层	战略目标 党组审议 预算上报	执行进度 执行排名 预算调整	综合报告 党组审议 决算财报上报	绩效目标 绩效进度 绩效问责	内控组织 职责分工 风险评估	银行账户 资金统筹 资金配置	资产配置 资产地图 资产报告	负债政策 隐性债务 债务报告	采购政策 采购预算 采购报告	放管服改革 非税预算 非税报告
控制层	预算控制数 预算审核 底线标准	预算指标 支出审核 动态监控	决算审查 财报审核 报表审核	绩效监控 绩效评价 整改反馈	预算控制 收支控制 资产控制 合同控制	账户监控 资金监控 支付审批	实物管理 价值管理 账实相符	负债分析 负债审批 往来审批	采购公开 采购审核 采购监督	收据管理 集中汇缴 银行对账
执行层	基础信息 项目库 收入预算 支出预算	收入预算执行 支出预算执行 会计核算	报表任务 报表编制 报表汇总 报表合并	实施方案 支撑材料 自我评价 绩效整改	内控目标 内控评价 内控报告 缺陷整改	资金收入 资金支出 资金对账 资金日记账	资产登记 资产使用 资产调配 资产处置	定期上缴 暂存清理 往来清理 往来对账	采购招标 采购合同 采购付款 采购验收	电子收据 电子缴款书 二维码缴款 定期结算

图10－2 单位财政财务职能架构

10.3 预算财务一体化总体思路

（1）以垂直管理为主线加强全系统内部控制和财会监督

某单位实行垂直管理体制，通过财务数字化改革推动全国财务管理一盘棋，会计核算一本账，实现财会监督“一竿子捅到底”，重点建立健全各单位资金监控、预算绩效监控和财务风险预警。以统筹思维和底线思维加强财政财务管理力度，夯实财政财务管理基础，提升财政财务资源使用效益，全面推动财政资金支出提质增效。

（2）以预算项目为主线的事前、事中、事后一体化平台

预算项目是预算管理一体化的核心对象，未来预算管理将打破传统基本支出和项目支出的逻辑框架，建立人员类项目、运转类项目和特定目标类项目的项目预算体系。通过财务数字化改革建立事前规划、事中控制、事后记录的一体化平台，“一体化”理念在于全部更新、去系统化、流程贯通。事前规划阶段，包括预算编制、审核、汇总等环节；事中控制阶段，包括预算批复（含追加调整）、执行申请、借款报销、支付审核、经费报销等阶段，匹配发布、预算追加调整、政府采购、资金支付等环节；事后记录阶段，包括出纳受理、会计核算和决算等环节。通过事前、事中、事后一体化平台实现单位经济事项流程的全打通，实现财政财务业务一体化，确保预算管控的效率和效果。

（3）以“业务中台 + 数据中台”推动“大中台”战略

某单位进行财务信息化建设以来，由于缺乏平台性质的规划或者各单位财务信息化各自为政，上下系统之间、横向系统之间的交叉逻辑非常多，造成大量的系统重复开发、重复部署，导致复用性低、效率低、用户体验不统一。借助互联网企业的“中台”理念，打造“业务中台 + 数据中台”，推动“大中台”战略，旨在提供强有力的中台支持计划，推动全系统财务数字化转型，提升全系统财务数字化应用水平。

（4）以人为本实现“人、服务、资产”的互联互通

会计的本质是管理活动，目标是价值管理，途径是财务服务，以做好服务的姿态推动财务工作和业务工作的充分融合。做好服务首先是要以人为本，

财务服务就是为单位每一个职工开展业务工作提供资金资源保障。因此，以人为本是财务服务的出发点，无论是预算管理、日常报销、工资发放、合同付款，还是资产管理，都是为人服务。以人为本实现“人、服务、资产”的互联互通能够使财务工作的开展更为顺畅，围绕人和财产做好服务工作将更有利于财务管理，从而全面提升单位财务工作水平。

（5）以“大智移云物区”创新数字技术应用模式

财务数字化改革要推动“大智移云物区”数字技术创新应用，如大数据应用于风险预警和决策支持，人工智能应用于自动识别、语音记账和智能问答，移动互联应用于手机交互和移动办公，云计算应用于财务集中处理和虚拟共享服务，物联网应用于 RFID 智联资产，区块链应用于电子缴费和电子票据等。

10.4 预算财务一体化系统功能架构

预算财务一体化系统（以下简称预算财务系统）主要功能架构如图 10 - 3 所示。

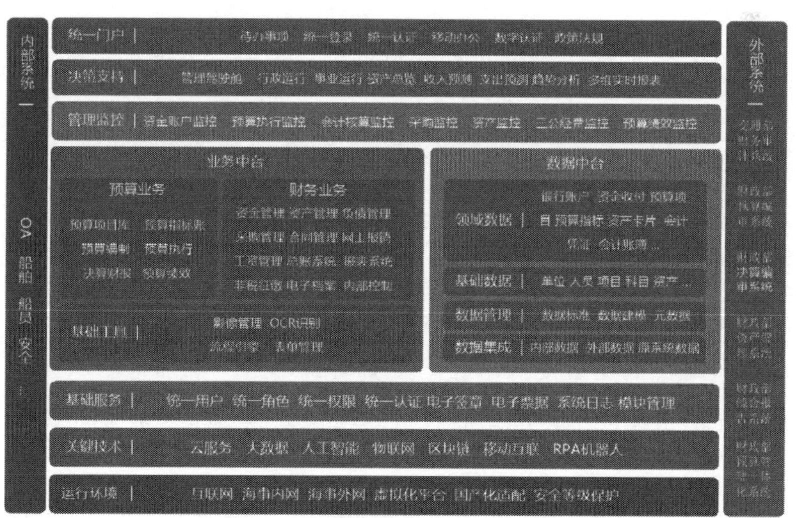

图 10 - 3 预算财务一体化系统功能架构

预算财务系统分为运行环境层、基础服务层、基础数据层、中台层、监控层、决策支持层、统一门户，每一层包含若干模块，同时会与外部系统和上级系统进行数据交换。当前层会调用下一层的功能，同时为上一层提供服务，同时同一层中的模块也会互相调用，从而使整个系统够成为一个有机整体对外提供服务，同时内部降低复杂度、实现弹性与可扩展性。同时，统一门户提供统一的访问入口。

10.4.1 运行环境

本层主要描述了预算财务系统运行的硬件资源、网络资源和互联系统等软件资源。该平台是预算财务系统运行的软硬件基础。该平台的详细部署方案见“技术架构”部分。

在运行环境层的建设当中，需要把握以下原则：

充分保障系统安全。系统建设必须建立在成熟稳定的硬件环境和应用软件基础上，通过严密的权限操作机制、完善的安全控制机制、可靠的备份恢复策略、有效的监控管理手段和快速的故障处理措施来保障系统安全稳定地运行。利用防火墙、堡垒机等通信技术手段保证内外网数据传输安全。

充分融合不同业务。充分融合行政业务与预算财务，即实现业财融合。在底层系统部署上使用统一的架构、统一硬件、统一资源，为上层实现财务预算相互衔接奠定运行环境基础。注重与传感器、外部数据等的对接，使预算与财务信息能够自动回传到一体化系统中。使用统一的对内和对外接口，使数据内外流转畅通无阻。

充分实现弹性扩展。软件体系结构要有前瞻性，采用微服务与虚拟化技术，允许不同模块相互衔接，在运行环境上满足用户添加与删除新模块，允许针对资源使用状况进行弹性扩展和负载均衡，满足未来对业务和需求变化发展的需要。

充分发挥自主知识产权。在运行平台部署上充分考虑国产化软硬件支持，充分适应主流国产硬件、国产操作系统，为使用国产数据库、国产应用平台做好各项适配调试工作，保证核心技术可靠安全、关键数据不存在泄露风险，关键应用不存在“卡脖子”风险。

充分利用先进技术。充分采用大数据、云计算、物联网、人工智能、区块链、机器人等新的技术手段进行管理创新，采用符合信息技术发展趋势的先进技术，支持财务预算部门从传统记录报告到感知、运行、监控、决策一体的智能化系统的应用。

预算财务系统建设中重点使用下列数字技术：

大数据：基于数据治理和数据仓库形成海事预算财务大数据，在传统的财务维度和指标管理的基础上，充分利用机器学习、人工智能等技术实现复杂业务的监控与预测，提高智能化管理水平。

物联网：通过预留与物联网设备的接口，使预算财务系统能够充分利用扫描仪、高拍仪、扫码枪、RFID、NFC 等设备所传输的信息，实现数据的采集、处理的高度自动化。

RPA（机器人流程自动化）：RPA 是一种能够自动执行复杂但是机械操作的程序。通过模拟人工操作进行自动流程执行处理。它可以将办公人员从每日的重复工作中解放出来，提高办公效率。通过事先编好的操作流程步骤，RPA 能自动操作整个业务流程，同时保证了精确性和速度。

移动互联：充分利用移动互联网技术，在保证安全的前提下使用个人移动设备进行报销、审批、入账等操作，使得随时随地可以处理业务，提高业务效率。同时，充分考虑与公务之家等商旅平台、电子发票管理平台等对接，确保预算财务系统能够与外部系统互动互联。

10.4.2 基础服务层

本层主要用来承载与预算财务系统的基础服务。具体包括以下模块：

（1）系统管理

该模块主要管理系统设置，如显示设置、用户习惯设置、外部设备连接设置、外部系统连接配置、本地网络端口、数据库连接参数等系统运行必要的设置。

（2）用户管理

该模块主要为各单位职工指定用户名、登录赋权等功能，做到统一登录、统一认证，提高安全性。可考虑与海事现有信息平台对接，满足用户信息统一管理、统一认证需求。

主要功能（包括但不限于）：新建用户、创建修改密码、用户信息维护等。

（3）权限管理

本模块主要负责人员权限的管理，通过指定不同用户的权限做到权责清晰、安全有效；同时，使用基于角色的权限设计方案，将常用的一系列权限打包成角色，满足权限与岗位职能的对应。

主要功能（包括但不限于）：创建删除修改权限、为用户指定权限、角色总览、创建删除角色、为角色赋予权限、为用户赋予角色等。

（4）系统日志

本模块主要监控、记录系统各个组件模块的运行状态，生成实时运行报告，并记录系统状态日志；同时，当出现意外状况，如宕机、过高负载、资源紧张、硬件告警等问题时及时反馈给系统管理员。

主要功能（包括但不限于）：系统日志、意外告警、运行状态报告等。

（5）模块管理

预算财务系统服务于直属系统各级预算单位，各单位需求可能存在部分差异，需要满足不同单位对于模块应用的不同需求，因此本模块能够记录所有的可用模块及相关数据。

本模块负责注册、存储所有模块自身的属性数据，包括模块介绍、模块名称、物理位置、数据库的产品名称、数据库连接的 URL、驱动版本等。这些数据在各模块初始化时进行定义并存储在此处，并由上层系统调用。同时，在模块注册时，本模块还需要负责存储各模块的交换信息格式等方面的规范，用于建立对内部外部数据的传输 API（应用程序编程接口）的语法语义规范，为数据的交换与共享创造基础条件。

主要功能（包括但不限于）：模块注册，模块解绑，模块元数据存储，API 基础语法定义，各模块 API 存储更新等。

（6）定时任务

本模块负责定义、记录、触发、报告定时任务机器运行状况。在预算财务系统实际运行当中，有许多任务需要定期运行，如每月末需要生成报表，每半个月要检查资金支付状况等。本模块负责处理此类定时任务，允许自定义计划任务、监控计划任务实施情况并及时通知负责人，以满足办公自动化要求，提高工作效率。

主要功能（包括但不限于）：任务建立、任务执行、任务撤销、任务监控。

10.4.3 基础数据层

本层主要处理预算财务系统在初始化时必须配置的单位、人员等基础信息。这些数据一旦录入，通常不需要修改，同时这些数据需要统一集中管理，安全性需求较高。为了保证所有系统数出一源，基础数据实现应从预算财务系统进行统一定义与维护，各预算单位直接选择使用。同时，根据内部管理需要，各预算单位可以扩展创建自身基础数据，但需要纳入系统统一管理。目前单位一体化信息系统已经建设，其中涉及用户部分有统一认证平台，预算财务系统应与单位统一认证平台进行用户、单位、权限、角色等对接，确保各类基础数据与预算管理一体化、单位信息管理一体化的融合贯通。

（1）单位信息管理

单位信息是指纳入预算管理的各单位基本信息，具体包括单位代码、单位名称、统一社会信用代码、单位类型、单位经费保障方式、人员编制数、实有人数、实有在编人数、单位负责人、单位所在地区、单位邮编地址等相关信息。单位信息实行统一登记和维护，应与人事部门登记的相关信息一致。

单位信息管理包括单位的新增、变更、撤销和信息维护。

①单位新增。单位新增应当根据组织、编制、人事等部门的批复文件完整规范填报单位相关信息，新增单位应与预算管理一体化系统有效衔接，向上级部门和财政部门提出申请，由上级部门和财政部门审核确认。

②单位变更。单位变更应当根据组织、编制、人事等部门的批复文件完整规范更新单位相关信息，单位变更应与预算管理一体化系统有效衔接，向上级部门和财政部门提出申请，由上级部门和财政部门审核确认。

③单位撤销。单位撤销应当根据组织、编制、人事等部门的批复文件完

整规范撤销单位相关信息，单位撤销应与预算管理一体化系统有效衔接，向上级部门和财政部门提出申请，由上级部门和财政部门审核确认。

④信息维护。如不涉及组织、编制、人事等部门批复的其他单位信息，由系统维护人员定期对这些单位信息进行及时更新和维护。

⑤信息查询。系统能够对所有的单位进行查询，单位以树状结构进行展示，按照行政单位、事业单位、企业单位、其他单位等单位类型进行分别展示。

（2）人员信息

人员信息指单位在职、离休、退休等各类人员的具体信息，主要包括姓名、身份证号、人员状态、工龄、职务、职级、工资级别、工资卡卡号、公务卡卡号等各类信息。人员信息应保证与人事系统的信息完全一致，可定期与人事系统进行数据交换和同步。人员信息实行统一登记和维护，应与人事系统所登记相关信息一致。

人员信息管理包括人员信息的新增、更新、禁用、导入、同步等功能。

①人员信息新增。人员信息新增应当根据组织、人事等部门的相关文件材料填写人员相关信息，新增人员信息应与预算管理一体化系统有效衔接。一般情况下不需要手工新增人员信息，但是特殊情况下需要进行手工维护，可以手工录入人员信息。

②人员信息更新。人员信息更新应当根据组织、人事等部门的相关文件材料更新人员相关信息，更新人员信息应与预算管理一体化系统有效衔接。一般情况下不需要手工更新人员信息，但是特殊情况下需要进行手工维护，可以手工更新人员信息。

③人员信息禁用。人员信息禁用应当根据组织、人事等部门的相关文件材料禁用人员相关信息，禁用人员信息应与预算管理一体化系统有效衔接。一般情况下，系统不提供删除人员信息功能，只提供禁用人员信息，以确保人员信息不会被误删。如在特殊情况下，系统管理员可以手工删除人员信息。

④人员信息导入。人员信息导入应实现与组织人事系统或一体化信息系统的有效衔接，在初始化阶段能够通过组织人事系统自动导入，以确保人员信息与组织人事系统的信息保持一致。

⑤人员信息同步。人员信息同步应实现与组织人事系统或一体化信息系统的有效衔接，定期或不定期通过系统同步确保人员信息与组织人事系统的信息保持一致。

（3）会计科目管理

会计科目是按照政府会计准则和政府会计制度的相关要求，按照经济业务的内容和经济管理的要求，对会计要素对象的具体内容进行分类核算的类目，包括预算会计科目和财务会计科目。会计科目具体信息包括科目编码、科目名称、科目类别、余额方向、预算指标账会计科目等。

会计科目管理包括会计科目信息的新增、更新、禁用、导入、同步等功能。

①会计科目新增。会计科目新增应当根据政府会计制度、预算管理一体化规范、单位财务管理规范等相关制度文件新增会计科目相关信息，新增会计科目信息应与预算管理一体化系统有效衔接，符合国家、财政、主管部委及单位系统管理规范。原则上上级规定的一级和二级科目不能随意新增，只能根据单位管理需要扩展增加会计科目，注意科目编码方式要一致无误。

②会计科目更新。会计科目更新应当根据上级相关政策制度文件和单位管理需要更新科目信息，更新科目信息应与预算管理一体化系统有效衔接。

③会计科目删除。会计科目删除应当根据上级相关政策制度文件和单位管理需要删除科目信息，删除科目信息应与预算管理一体化系统有效衔接。如果会计科目已投入使用，原则上不能删除，只能禁用，确保会计科目信息完整。

④会计科目禁用。会计科目禁用应当根据上级相关政策制度文件和单位管理需要禁用科目信息，禁用科目信息应与预算管理一体化系统有效衔接。

⑤会计科目导入。会计科目导入应实现从行政单位会计科目模板、事业单位会计科目模板或企业单位会计科目模板全部或部分导入，在初始化阶段导入会计科目可以提高科目信息维护效率，能够实现主要科目信息自动置入。

⑥会计科目同步。会计科目同步应实现与预算管理一体化系统的有效衔接，定期或不定期通过系统同步确保会计科目信息与预算一体化系统的信息保持一致。

⑦会计科目查询。系统能够对直属系统所有的会计科目进行查询，会计科目以树状结构进行展示，按照预算会计科目、财务会计科目、企业会计科目等类型进行分别展示。

（4）收支分类科目管理

政府收支分类科目是部门预算改革实施的预算分类体系，包括功能分类科目和经济分类科目。收支分类科目具体信息包括科目编码、科目名称、科目类别等。

收支分类科目管理包括科目信息的导入、同步、维护、查询等功能。

①收支分类科目导入。收支分类科目导入应实现与预算管理一体化系统有效衔接，定期导入全部收支分类科目信息。收支分类科目信息应与财政部每年公布的政府收支分类科目体系完全一致。

②收支分类科目同步。收支分类科目同步应实现与预算管理一体化系统有效衔接，定期或不定期通过系统同步确保科目信息与预算管理一体化系统保持一致。

③收支分类科目维护。收支分类科目维护应按照财政部政府收支分类科目标准体系进行信息维护，原则上不需要手工进行维护，特殊情况下（如系统不通）可通过手工进行收支分类科目维护。

④收支分类科目查询。系统能够对政府收支分类科目进行查询，收支分类科目以树状结构进行展示，按照功能分类、经济分类等类型进行分别展示。

（5）账户信息

账户信息是各单位在银行开设的资金账户，具体包括账号、户名、开户单位、开户行、账户类型、账户状态等。

账户信息管理包括账户信息的新增、变更、撤销、禁用、查询等功能。

①账户信息新增。账户信息新增应当根据财政部门和上级部门的批复文件完整规范填报单位账户相关信息，新增账户应与预算管理一体化系统有效衔接，向上级部门和财政部门提出申请，由上级部门和财政部门审核确认。

②账户信息变更。账户信息变更应当根据财政部门和上级部门的批复文件完整规范更新单位账户相关信息，账户变更应与预算管理一体化系统有效衔接，向上级部门和财政部门提出申请，由上级部门和财政部门审核确认。

③账户信息撤销。账户撤销应当根据财政部门和上级部门的批复文件完整规范撤销单位账户相关信息，单位账户撤销应与预算管理一体化系统有效衔接，向上级部门和财政部门提出申请，由上级部门和财政部门审核确认。

④账户信息禁用。账户禁用应根据财政部门和上级部门的批复文件或银行账户冻结状态，对账户信息进行禁用。

⑤账户信息查询。系统能够对直属系统所有单位开设的银行账户进行查询，账户信息以树状结构进行展示，按照基本存款账户、零余额账户、专用存款账户、一般存款账户等类型进行分别展示。

10.4.4 中台层

中台是一种组件平台，能够提供一些公共的能力，通过复用这些能力，直属系统不同单位可以共享和复用系统能力，不仅能够实现功能复用，而且能够实现财务共享，推动各单位预算财务管理水平均衡发展。预算财务系统提供业务中台和数据中台，分别从管理、流程、数据、标准等维度提供能力共享。

（1）业务中台

业务中台是预算财务系统的核心部分。通过在业务中台内部的各模块可以完成日常业务的操作。具体而言，业务中台包含以下几个子层：

①基础工具子层。本子层内部的各模块处理上层模块所公用的功能，通过将这些功能抽象成专用模块来降低复杂度，提高软件效率。该子层包含的模块包括：

A. 电子文档管理。本模块主要负责电子文档（电子发票、电子回单、电子合同等）的管理和保管，建立电子文档与其纸质档案保存位置的关联关系，建立电子文档的全生命周期管理，做到电子文档清晰、可控、可追踪。

主要功能（包括但不限于）：电子文档导入、电子文档属性管理、电子文档归档、文档查阅、电子文档销毁等功能。

B. 影像管理。为满足会计资料信息化需求，纸质文件可扫描并以影像形式管理。通过本模块，可对纸质材料进行扫描、归档，关联电子影像和纸质文件的保存位置，做到电子影像与纸质文件清晰、可控、可追踪。

主要功能（包括但不限于）：手机端、扫描仪等外部设备连接，单张、批量扫描与上传；条码、二维码识别；文字识别、模版匹配校验、修订；影像归档、关联电子影像和纸质文件的保存位置；影像文件属性管理。

C. 流程引擎。本模块负责处理所有的业务流程。在进行具体业务操作时，通常需要遵循一定的业务流程。例如报销管理时，在提出报销请求之后需要先由发票平台进行验真验重，然后需要财务进行审核，如果报销超过一定金额，还需进行财务主管审核等。此类业务流程视各单位情况有所差别。本模块允许有权限的人员对业务流程进行可视化地设计和编辑，以符合本单位实际情况。流程参与者以用户在单位组织机构中的权限和角色为基础，保证电子化的工作流程流转与实际工作操作相一致。

在实际业务执行中，本模块可以根据已定义好的流程把当前业务定向到具体功能和负责人员。同时，可以进行标准流程的临时流程变动，以提供一定的弹性。

在具体的业务操作中，提供对流程定义、流程实例、活动实例和工作项的可视化监控和管理功能，可即时查看流程当前所在节点、节点操作者、即将触发的节点等关键信息。

主要功能（包括但不限于）：流程编辑、流程设计、流程执行、流程监控等。

D. 表单管理。本功能负责对表单的管理。日常业务中使用大量的表单，如报销时使用报销单等。这些表单的界面、视觉效果等视各单位要求各异。本模块可以实现对业务单据的界面设计、字段关联、字段间逻辑关系设置等功能。上层具体业务模块中可以直接调用定义好的表单，只有完成单据定义的业务单据才能进行相关业务操作。

主要功能（包括但不限于）：表单总览、表单设计、表单修改、表单删除等。

②预算业务子层。本子层负责处理有关预算的业务。预算业务是单位财政工作的核心业务。以财政预算管理为主线，贯穿单位全面预算业务流程，纵向实现财政预算管理一体化信息的上传下达，横向实现单位内部全面预算生命周期流程。该子层包含的模块包括：

A. 项目库。根据国家预算改革的要求，项目作为部门和单位预算管理的基本单元，预算支出全部以项目形式纳入预算项目库，实施项目全生命周期管理，未纳入预算项目库的项目一律不得安排预算。在预算财务系统中，将全部预算支出以预算项目的方式纳入项目库。项目分为人员类项目、运转类项目、特定目标类项目。一个项目跨多年的，项目中可以包含多个年度预算项目。人员类项目主要管理对单位有关人员的工资福利支出、对个人和家庭的补助等支出。每个预算期期初，该模块会根据人员经费模块中记录的人员数量和支出标准自动测算需要的经费金额，生成人员类项目的本年预算，并推送至预算编制模块。人员类项目期限理论上与单位存续期一致。人员类项目的支出由人员支出模块处理。运转类项目主要管理为保障单位正常运行产生的公用经费、大型设备和信息系统维护而产生的预算支出。每个预算期期初，该模块会根据人员经费、单位运转、资产管理模块的相关信息自动测算需要的经费金额，生成运转类项目的本年预算，并推送至预算编制模块。公用经费项目存续期与单位存续期一致。大型设备和信息系统维护等支出项目存续期与设备或系统的使用期一致。运转类项目的支出如有采购合同则由采购管理模块处理，否则分别由资产管理和公用经费模块处理。特定目标类项目主要管理为完成特定工作任务而产生的支出，即除上述两类项目以外的全部支出项目。

项目库管理总体上可以划分为项目储备、项目申报、项目实施和项目完结 4 个环节，通过 4 个环节对项目在不同阶段、不同状态的资金流转情况进行全过程监控和综合分析，实现项目全生命周期管理。

a. 项目储备。项目储备是对接中央战略决策部署、行业发展规划和细分战略发展规划等政策文件，提前发布项目申报清单和指南，加强项目申报指引，推动预算项目跨年度滚动安排，形成科学的项目储备机制，为预算项目管理提供支撑。

➢ 项目要素。系统应明确发布各类项目管理要素和申报规则，要求各类项目信息填报规范、完整、准确，才可录入项目库储备。

➢ 评审论证。项目入库前应开展项目评审论证和事前预算绩效评估，包括项目的必要性、科学性、可行性、经济性等，针对基建项目、信息化项目等有专门立项程序的，要先完成立项程序，要反映业务主管部门和财政部门审核的全过程，论证和审核不通过的不得纳入项目储备。

➢ 项目排序。系统应明确项目排序规则，按照轻重缓急对项目进行排序，为后续项目安排预算提供依据。

b. 项目申报。各单位根据单位发展规划，收集项目相关资料，并在系统中填写项目申报书并提交保存。上级主管单位可对项目申报数据进行审核，如审核不通过可驳回项目，待基层单位修改完善后重新上报。

➢ 项目录入。项目录入主要完成项目申报书编制，目标完成项目申报书的数据收集。项目录入信息包括项目基本信息（项目名称、项目类别、项目属性等）、项目申报书（填报项目申请理由及主要内容、项目总体目标及分阶段实施计划、项目组实施条件、项目采购方式、项目绩效考评情况等相关信息）、项目支出预算明细表（填报项目的总投资及当年预算安排支出明细等信息）、项目可行性报告（填报项目的基本情况、项目必要性与可行性、项目实施条件、项目进度与计划安排、项目主要结论等相关信息）、项目评审报告（填报项目基本情况、项目可行性评审信息、项目预算评审信息、项目风险与不确定因素、项目评审总体结论）、项目绩效目标信息、附件信息（支持上传项目申报的各类材料）。

➢ 项目上报。项目上报主要用于项目信息的报送，项目申报信息填写完成的项目可通过项目上报将项目信息报送至上级单位进行审核。

➢ 项目同步。项目同步主要用于与上级财务审计系统、财政部预算管理一体化系统之间进行数据交换，确保项目信息与上级主管部门的信息一致。

c. 项目审核。项目审核是上级单位对下级单位上报的项目基本信息、项目申报信息、项目预算信息的完整性和规范性进行审核，结合发展规划、政策要求、规章制度、经济发展等需要，按照项目的合理性进行综合性审批。项目完成立项审批的可通过审核进入项目初选库，项目完成可行性研究的可通过审核进入项目正式库，已经下达项目预算的可通过审核进入项目预算下达库，开始建设的项目可通过审核进入项目预算执行库。

项目审核具体包括分类筛选、查看、审核、退回、查询、打印等功能。

d. 项目实施。项目实施管理对项目库中优质项目开展预算编制、预算批复、项目调整调剂和执行过程，追踪项目全流程的信息变化和动态调整，强化预算项目监管，为预算执行规范高效和预算监督有力提供支撑。

➢ 项目跟踪。以项目为主线，能够跟踪项目预算编制、预算批复、预算指标、预算绩效，全面展现项目实施过程中的资金支出、绩效完成等各类信息。

➢ 项目质询。对于项目跟踪中发现的问题，上级单位可直接对项目承担单位和项目负责人进行质询，承担单位和项目负责人进行必要的回复，否则上级单位有权利终止项目的后续实施。

➢ 项目调整。预算调整和调剂要依托项目库按照规定的程序进行，由项目单位发出申请，上级单位审核报批，并同步更新项目库中项目信息，不得脱离项目库单独对预算指标进行变动，项目历史信息应能够追溯。

e. 项目完成。项目完成时，项目库管理区分项目年度预算结束、项目完成和终止实施等不同情形，对按计划完成、不再实施的项目标记“终止”。对跨年度项目和经常性项目的某个年度预算完成标记“结束”，对跨年度项目全部完成和经常性项目不再实施标记“终止”，为动态清理项目和盘活预算结余资金提供支撑。

B. 预算编制。预算编制是单位根据发展目标和计划编制的年度财务收支计划，是部门预算的组成部分，反映单位的全部收入和支出计划的安排和执行情况。预算编制包括收入预算和支出预算两大部分。从预算内容上分为收入预算编制、人员类项目预算编制、运转类项目预算编制和特定目标类项目预算编制。从预算编制流程上分为“一上”“一下”“二上”“二下”。

借鉴企业全面预算的管理控制模式，全面预算的特点体现在“三全”：全方位、全过程、全员参与编制与实施的预算管理模式。全方位是指全部经济活动均纳入预算体系。全过程是指各项经济活动的事前、事中、事后均要纳入预算管理过程。全员参与是指各部门、各单位、各岗位、各级人员共同参与预算编制和实施。根据全面预算的工作原理，采用项目归口部门的思路，首先从项目库中确定符合条件、高质量的预算项目，由项目归口部门负责细化编制项目具体额度，统一报财务部门审核后，汇总形成本单位预算草案，并报请党委会决议，党委通过后报上级部门，完成“一上”预算编制。其次，根据财政部门下达控制数，财务部门进行分解并下达控制数，由项目归口部门根据控制数对项目相关信息进行调整完善，确保单位支出预算不能大于收入预算，同时确保所有项目预算支出中安排的财政拨款支出预算与下达的控制数一致，所有项目预算支出安排的单位资金的支出预算不超过收入预算规模。最后，财务部门根据调整后的收入和支出，汇总形成本单位预算草案，并报请党委会决议，党委通过后报上级部门，完成“二上”预算编制。

➢ 项目归口部门设置。根据不同类型预算项目设置不同业务主管部门，即为项目归口部门，主要负责项目预算的编制。

➢ 预算控制数下达。财务部门负责发布预算编制通知并下达预算控制数，在预算编制有效时间段内由归口部门开始预算编制活动。

➢ 项目预算编制。归口部门负责细化编制项目预算额度表，按照项目涉及经济分类编制分项预算，汇总形成项目预算并报财务部门。

➢ 项目预算审核。财务部门根据归口部门上报的项目预算额度表，审核预算编报的合理性、规范性、准确性。

➢ 项目预算汇总。财务部门负责将所有归口部门上报的所有项目预算额度表汇总后，形成预算草案报党委会审议。

➢ 预算上报。财务部门负责将党委会批准的预算草案上报上级部门审核。

➢ 预算同步。系统能与财政预算编审系统有效衔接，将预算结果导出并同步到财政预算编审系统或预算管理一体化系统中。

C. 预算指标。预算指标作为预算管理的核心工具之一，上承预算编制、下接预算执行。预算指标必须来源于预算，而预算编制最终必须形成指标，预算指标最终为支付服务。预算指标分为临时指标和正式指标。

➢ 预算指标导入。根据预算批复生成的收入和支出预算指标，应与预算管理一体化系统有效衔接，支持预算指标导入系统。

➢ 预算指标管理。根据预算编制的计划，将导入的预算指标进行分解和下达到项目归口部门，归口部门按照下达的预算指标进行预算执行。

➢ 预算指标结转。对于跨年执行项目，能够将上年期末预算指标结转到今年期初，可供项目归口部门今年继续使用。

➢ 预算指标账。预算指标账是以预算管理业务或事项为核算主线，遵循会计复式记账法有借必有贷、借贷必相等原则，实现预算管理业务或事项有效衔接、相互制衡机制。预算指标账应由系统根据相应活动自动完成记账。

D. 预算调整（调剂）。预算调整是预算变更的一种形式，主要针对预算总支出的变化。预算调剂是指在不引起预算总支出变化的情况下，根据经济社会形势的变化，可以在预算科目、预算级次或预算项目之间进行资金调剂。由于预算调整需要各级人民代表大会批准，一般情况下主要满足预算调剂需求。本项目中所指预算调整一般是指预算调剂，不再区分。

➢ 预算调整申请。在一个预算年度周期内，根据经济社会和单位事业发展实际，项目归口部门可以对项目预算资金提出预算调整申请，包括科目调剂、项目调剂、追加项目、结转结余资金调剂等预算调整申请。

➢ 预算调整审核。财务部门根据相关管理规定对项目归口部门的预算调整申请进行审核，明确预算调整确实符合实际情况和相关需求，审核通过后报单位党委会审议。

➢ 预算调整完成。经单位党委会审议通过并经财务部门审核确认后，系统根据预算调整数据将自动完成预算指标的调整，以确保后续预算执行。

E. 预算执行。预算执行是各单位核算支出数据对比对应的预算数据，并与预算指标对接，能按照综合报表、分口径查询、灵活查询三种模式展现统计分析预算执行进度，配合动态预警实现管理部门对下属单位预算执行进度实时监督。系统将实际发生的费用与预算目标进行对比分析，从而对预算执行计划做出调整，并为下期的预算编制提供依据。预算执行是实现预算财务一体化的重要模块，需要整合资金、资产、采购、核算等各类财务系统，并实时展示预算项目基本信息、预算执行进度、预算执行所关联的合同、资金等信息、跟踪项目收入支出状态，通过多种方式展现上述信息，实现对预算执行情况的全面把握。

➢ 收入预算执行。收入预算执行是单位管理各类资金的重要依据。按照财政拨款、财政拨款结转、财政拨款结余、事业收入、事业单位经营收入、上级补助收入、附属单位上缴收入、其他收入、单位资金结转结余等各类预算收入分类显示收入执行进度，全面反映各项预算收入指标的完成情况。

➢ 支出预算执行。支出预算执行是单位预算资金使用的过程。按照单位整体预算支出显示预算执行进度，同时按照具体预算项目展示项目支出预算执行进度，也能够按照收入预算指标和支出预算指标比较来反映支出预算执行情况等。根据结转结余资金情况，系统自动计算财政资金结转结余表、单位资金结转结余表，以确保结转结余资金使用符合上级部门和财政部门相关要求。

➢ 预算执行动态监控。预算执行动态监控是海事各级财务部门根据财政财务管理规定，动态监控各级预算单位各类资金支付清算信息，对发现违规问题及时纠正处理，以规范预算执行、防范单位资金支付使用风险的管理活动。动态监控基本要素包括付款人名称、付款人账号、支付时间、付款金额、结算方式、用途、预算科目、支付方式、支付类型、项目名称、收款人名称、收款人账号及银行账户等相关信息。

➢ 预算执行排名。预算执行排名是将海事各级预算单位的执行情况进行总体排名，按照月度、季度等时间段在一定范围内进行排名公开，以督促各级预算单位合理安排预算执行进度，确保预算执行有效。

F. 决算财报。政府财政报告是政府对一定时期内各项财政管理活动和经济活动所进行的系统全面的总结和报告，以满足内部和外部使用者对特定信息的需求。政府财政报告包括决算报告、政府财务报告和行政事业性国有资产报告。对于各单位来说，决算报告、财务报告和资产报告构成预算财务系统的主要报告，并将成为政府财政报告的重要组成部分。决算报告提供与单位预算执行情况有关的信息，综合反映单位预算收支的年度执行结果。财务报告提供单位的财务状况、运行情况和现金流量等有关信息。资产报告提供单位资产负债总量、资产配置、使用、处置和效益等情况。

决算财报集工作组织、报表设计、编制审核、汇总报送、上级批复、信息公开、分析利用、数据质量监督检查、数据资料管理、考核评价等为一体，实现了决算财报业务全过程管理。可与总账系统、资产系统等相关系统对接与数据集成，从源头上确保数据治理，提高决算财报的编报质量。

决算财报是非常专业的报表数据处理模块，要求基于报表表样、报表公式、报表稽核、报表计算、报表汇总等专业报表技术基础，操作完全符合

Excel等office办公操作模式，是财务人员日常使用和数据处理的核心模块之一。

a. 决算报告。决算报告数据来源要一体化和自动化，支持灵活数据公式和数据运算，能够自动从基础数据、资金管理、会计账簿等模块获取相关数据，实现决算报表数据自动生成，减少人工录入数据和人工干预报表生成，确保决算报告数据与账簿数据完全一致。

➢ 决算报表设计。决算报表任务设计应根据财政部发布的报表样式进行可视化设计，支持 Excel 报表样式导入。决算报表设计主要包括表样设计和公式设计两部分。表样设计操作支持符合一般电子表格操作，同时可以定义取数公式计算公式、舍位平衡公式等。取数公式主要负责采集数据，计算公式主要负责表内计算、稽核报表等，其中采集数据的公式在制表时计算，表内计算的公式在填表时计算，稽核公式在稽核报表时计算。

➢ 决算报表制表。决算报表制表是基于决算报表样式实现决算报表任务填入数据的过程，一般为自动生成报表，个别数据可能需要手工填制。决算报表制表包括自动填表、手工填表、自动稽核、报表审核、自动汇总、报表检索等功能；支持跨机构制表，可以制作本机构的报表，可以代下级机构制作报表；支持固定表和动态表，可以制作格式固定的表（如预算基础资料表），也可以制作向下或者向右有限可变的表（如预算执行明细表）。可以对报表进行计量转换，计量转换时可以按照已定义的舍位平衡公式进行舍位平衡运算。

➢ 决算报表汇总。决算报表汇总是根据各预算单位编制生成的报表，自动按照机构级次进行汇总生成决算报表。报表汇总也是报表计算的过程，基于已生成的报表再计算的过程，需要按照报表样式和报表数据自动匹配加总。报表汇总可以通过汇总产生格式没有变化的表，也可以产生增加合计行列的明细分析表，也可以产生过录分析表。

➢ 决算报告生成。决算报告既包括决算报表，也包括文字说明，决算报告是在决算报表基础上增加文字解释部分，属于非结构化数据。系统可根据大数据和文本处理技术，根据决算报表数据历史变化情况，自动生成决算报告初稿，再由人工修改完善，最终形成决算报告。

➢ 决算报告导出。系统支持决算报告导出成 office、wps、pdf 等格式，支持导出到财政部决算报表系统。

b. 财务报告。财务报告数据来源要一体化和自动化，支持灵活数据公式和数据运算，能够自动从基础数据、资产管理、负债管理、会计账簿等模块获取相关数据，实现财务报表数据自动生成，减少人工录入数据和人工干预报表生成，确保财务报告数据与账簿数据完全一致。

➢ 财务报表设计。财务报表应根据财政部发布的综合财务报表样式进行可视化设计，支持Excel报表样式导入。财务报表设计主要包括表样设计和公式设计两部分。表样设计操作支持符合一般电子表格操作，同时可以定义取数公式计算公式、舍位平衡公式等。取数公式主要负责采集数据，计算公式主要负责表内计算、稽核报表等，其中采集数据的公式在制表时计算，表内计算的公式在填表时计算，稽核公式在稽核报表时计算。

➢ 财务报表制表。财务报表制表是基于财务报表样式实现决算报表任务填入数据的过程，一般为自动生成报表，个别数据可能需要手工分析填列。财务报表制表包括自动填表、手工填表、自动稽核、报表审核、自动汇总、报表检索等功能。支持跨机构制表，可以制作本机构的报表，可以代下级机构制作报表。支持固定表和动态表，可以制作格式固定的表（如资产负债表），也可以制作向下或者向右有限可变的表（如收入费用明细表）。可以对报表进行计量转换，计量转换时可以按照已定义的舍位平衡公式进行舍位平衡运算。

➢ 财务报表合并。财务报表合并包括报表汇总和内部抵消两部分内容。财务报表汇总是根据各预算单位编制生成的报表，自动按照机构级次进行汇总生成财务报表。报表汇总也是报表计算的过程，基于已生成的报表再计算的过程，需要按照报表样式和报表数据自动匹配加总。报表汇总可以通过汇总产生格式没有变化的表，也可以产生增加合计行列的明细分析表。内部抵消是根据各预算单位内部交易来进行抵消，系统支持从会计账簿中自动调出内部交易账，生成内部交易抵消分录，支持内部抵消自动化，也支持手工录入调整抵消分录，确保抵消分录完整准确。

➢ 财务报告生成。财务报告既包括财务报表，也包括文字说明。财务报告是在财务报表基础上增加文字解释部分，属于非结构化数据。系统可根据大数据和文本处理技术，根据财务报表数据历史变化情况，自动生成财务报告初稿，再由人工修改完善，最终形成财务报告。

➢ 财务报告导出。系统支持财务报告导出成 office、wps、pdf 等格式，支持导出到财政部综合财务报告系统。

c. 资产报告。资产报告数据来源要一体化和自动化，支持灵活数据公式和数据运算，能够自动从基础数据、资产管理、负债管理、会计账簿等模块获取相关数据，实现资产报表数据自动生成，减少人工录入数据和人工干预报表生成，确保资产报告数据与账簿数据完全一致。

➢ 资产报表设计。资产报表任务设计应根据财政部和国管局发布的资产报表样式进行可视化设计，支持 Excel 报表样式导入。资产报表设计主要包括表样设计和公式设计两部分。表样设计操作支持符合一般电子表格操作，同时可以定义取数公式计算公式、舍位平衡公式等。取数公式主要负责采集数据，计算公式主要负责表内计算、稽核报表等，其中采集数据的公式在制表时计算，表内计算的公式在填表时计算，稽核公式在稽核报表时计算。

➢ 资产报表制表。资产报表制表是基于资产报表样式实现决算报表任务填入数据的过程，一般为自动生成报表，个别数据可能需要手工分析填列。资产报表制表包括自动填表、手工填表、自动稽核、报表审核、自动汇总、报表检索等功能。支持跨机构制表，可以制作本机构的报表，可以代下级机构制作报表。支持固定表和动态表，可以制作格式固定的表（如资产负债表），也可以制作向下或者向右有限可变的表（如资产折旧明细表）。可以对报表进行计量转换，计量转换时可以按照已定义的舍位平衡公式进行舍位平衡运算。

➢ 资产报表汇总。资产报表汇总是根据各预算单位编制生成的报表，自动按照机构级次进行汇总生成资产报表。报表汇总也是报表计算的过程，基于已生成的报表再计算的过程，需要按照报表样式和报表数据自动匹配加总。报表汇总可以通过汇总产生格式没有变化的表，还可以产生增加合计行列的明细分析表，也可以产生过录分析表。资产报表可能也存在部分内部资产负债抵消的需要。

➢ 资产报告生成。资产报告既包括资产报表，也包括文字说明。资产报告是在财务报表基础上增加文字解释部分，属于非结构化数据。系统可根据大数据和文本处理技术，根据资产报表数据历史变化情况，自动生成资产报告初稿，再由人工修改完善，最终形成资产报告。

➢ 资产报告导出。系统支持资产报告导出成 office、wps、pdf 等格式，支持导出到财政部资产报告系统和国管局资产报告系统。

G. 预算绩效。预算绩效是财政资金支出提质增效的重点方向，全面预算绩效管理是财政预算改革的主要内容，从数量、质量、时效、成本、效益等方面，综合衡量政策和项目预算资金使用效果。绩效目标不仅要包括产出、成本，还要包括经济效益、社会效益、生态效益、可持续影响和服务对象满意度等绩效指标。预算绩效应贯穿预算项目整个生命周期管理，是推动实现业财融合的关键方面。

➢ 绩效目标管理。绩效目标管理是合理设置项目绩效目标的工作流程。基于财政部项目绩效评价相关办法，结合行业领域情况，按照每个预算项目定义绩效指标体系。系统应结合项目库支持项目绩效目标填报、绩效目标审核、绩效目标批复等。可适时建立绩效目标（指标）库，实现预算编制中设定绩效目标时，可调用上年绩效目标完成情况及评价结果数据。

➢ 绩效过程监控。绩效过程监控是项目执行过程中针对绩效目标完成情况的监督控制。绩效目标实现过程需要针对目标来设定采集的数据文件，既包括结构化数据，也包括非结构化数据，既包括财务数据，也包括非财务数据。绩效过程监控可实现财务数据的自动采集、非财务数据的手工采集等，最终形成完整的绩效过程数据，以供上级部门和财务部门实时掌握绩效完成过程。

➢ 绩效自我评价。绩效自我评价是项目归口部门根据预算绩效的完成情况进行自主评价的工作流程。绩效自我评价应包括工作布置、自评数据填报、自评报告生成、自评报告审核等功能。为确保各预算单位自我评价报告质量均衡与格式规范统一，系统应利用大数据与文本处理技术支持自动生成自我评价报告初稿，再由人工修改完善，最终形成自我评价报告。

➢ 重点项目绩效评价。重点项目绩效评价是从项目库中挑选预算金额大、预算重要性高、重点关注的预算项目，由第三方机构组织实施的绩效评价过程。重点项目绩效评价包括重点项目选择、评价工作方案、项目绩效数据资料采集、项目评价工作会议组织、项目绩效工作汇报、第三方专家质询、第三方专家评分、绩效评价结果填报、绩效评价结果审核、绩效评价结果应用等工作流程。重点项目绩效评价是由系统财务部门与外部第三方单位联合协同工作的过程，整个绩效评价的工作过程应全部在信息系统内完成，全面提升绩效评价工作水平和质量。

③财务业务子层。本层模块主要处理财务与会计处理相关内容。财务业务是以单位财务会计工作为主线，涉及资金、资产、报销、采购、核算等日常财务工作，覆盖单位全部财务相关工作，目标是单位经济活动合法合规、资产安全和使用有效、财务信息真实完整、支持实现单位发展战略。该子层包含的模块包括：

A. 资金管理。资金管理是负责管理单位的资金收入、资金支出、资金账户等。本模块实现与银行的互联互通，实时获取纳入预算管理的各类银行账户（包括实有资金账户、零余额账户等）的资金变动、交易明细、账户余额。自动完成资金支付、审核和对账工作，能自动与集中核算系统中的“银行存款”或“零余额用款额度”科目的明细发生数据按照既定的比对规则自动匹配。

➢ 银行账户管理。将单位所有的银行账户进行分类登记管理，包括基本户、财政专户、零余额账户、其他资金账户等。

➢ 资金到账。在银行账户收到资金或额度到账时，对资金收入的来源进行审核，并完成资金收入信息推送，自动进行预算指标和会计核算以记录执行情况。

➢ 资金上缴。根据非税收入征缴资金情况，定期将收到的非税收入资金上缴到国库账户，并将信息推送到会计核算以记录执行情况。

➢ 用款计划。根据预算执行用款需求，定期编制月度用款计划并上报审批，申请财政部门下达的用款额度。

➢ 资金支付。根据报销审批流程推送的资金支付请求，在审核满足预算执行要求后，向银行账户或预算管理一体化发出支付令，在付款完成后将资金支付信息推送给会计核算模块进行账务处理，同时推送到预算执行模块以记录预算执行情况。

➢ 自动对账。在银企互联技术应用下，支持定期导入银行电子对账单，实现自动银行对账，生成余额调节表，确保资金安全。

B. 资产管理。资产管理负责基础设施、固定资产、无形资产等登记、折旧与摊销、维修、报废、处置等相关业务操作，构建集资产登记管理、日常使用管理、资产盘点管理、专用备件管理、综合查询为一体的高效管理系统，加强对资产的全生命周期管理。实现与财政部资产管理系统、主管部委财审系统衔接，形成完整的资产数据链条，实现卡片、报表数据同步。固定资产分类应满足国家固定资产分类标准。固定资产应支持 RFID 射频技术，实现智能物联网管理。资产管理以价值管理为主，同时涉及实物管理部门和使用管理部门。

➢ 资产卡片登记。根据政府会计准则相关要求，资产分为基础设施、固定资产和无形资产三大类。系统需要针对上述三大类资产完成资产卡片登记。资产卡片登记应与资产采购、资产验收有效衔接，确保预算执行过程中如形成资产应及时完成资产登记。

➢ 大型资产管理。系统常见的大型资产类别包括建筑物、船舶、灯塔、航标、导航设备、通信信息设备等。针对上述大型资产管理应加强精细化管理，采用资产组合方式实现资产主体和核心部件管理，将价值较高的核心部件全部纳入资产管理，确保资产价值管理准确无误。大型资产卡片能够显示资产动态数据，如船舶卡片能反映资产年度维修情况、燃油消耗情况等。

➢ 资产使用与调配。针对资产日常使用中涉及资产租借、资产调剂、资产调拨、资产变动等情况，应及时完成资产卡片信息更新。由于上述资产管理活动可能不涉及价值变化，只需要完成资产卡片信息更新，不涉及会计核算。

➢ 资产折旧与摊销。按照权责发生制要求，根据不同资产生命周期和折旧摊销方法，定期对资产价值进行折旧计提和价值摊销，并自动生成记账凭证。

➢ 资产维修保养。资产维修保养应将资产卡片信息与预算信息有效衔接，必须在已有资产卡片和预算项目的前提下才能实施维修保养。对于日常一般资产维修保养，资金支出直接作为行政支出和业务费用处理。对于大型资产维修保养，资金支出应作为资产价值增值来处理，确保资产价值同步变化。

➢ 资产盘点。利用手机移动 App 技术（只在内网运行，不需上互联网），定期对资产进行盘点，如以使用 RFID 射频条码，可实现远程资产自动盘点。每年年末可在系统中布置资产盘点任务，实现资产盘点数据采集、汇总、审核和结果上报。资产盘点应实现账实相符、账账相符。

➢ 资产处置。根据《中央行政事业单位国有资产处置管理办法》，资产处置资产处置方式包括无偿划转、对外捐赠、转让、置换、报废、损失核销等，资产处置必须符合公开、公正、公平和竞争择优的原则，并需要履行一定审批手续。资产处置收入应纳入非税收入管理及时上缴国库。

➢ 资产地图。资产登记应将资产地理位置信息纳入管理，可实现在地图上显示各类资产具体位置，如在地图上显示附近或几公里以内的所有资产。

C. 存货管理。部门经办人员对非定额物资进行采购申请，主管人员进行审批。采购人员根据采购审批单及相应的定额经费标准，执行采购，并在存货采购后，登记存货采购信息，形成存货采购登记单。

➢ 存货入库。存货入库来源有两个，一是通过采购获得的存货入库，二是通过其他部门调拨获得的存货入库。存货采购到货后，管理员根据采购人员的存货采购登记单核实存货数量无误后录入存货信息，执行存货入库，存货调拨到货后，库存管理员根据调拨审批单核实存货数量无误后录入存货信息，执行存货入库。

➢ 存货出库。在存货入库后或存货调拨申请审批后，对存货执行出库，将存货出库给各部门或人员使用。存货出库信息包括出库类型、出库部门、经办人、出库日期、存货分类、存货名称、规格型号、计量单位、出库数量、采购单价、采购金额、领用部门、领用人、用途、存货附件、经费来源。存货的出库类型包括两种：一种是对低值易耗品等使用后将被消耗掉的存货出库，这种出库方式，会计人员将根据存货出库单对存货出库进行存货的减少核算；另一种是对某些特定的存货在使用后允许重新置入库存中，不进行会计核算，使用完成后执行存货返库管理。

➢ 存货返库。对使用完成后允许重新置入库存的存货，库存管理员将根据存货的出库信息，记录存货返库信息，形成存货返库单，进行存货归库。返库单信息包含：返库日期、返库执行人、存货名称、存货分类、规格型号、计量单位、返库数量、使用人、备注等。

➢ 存货调拨。存货调拨用于部门之间进行存货调配。存货的调拨分为存货调拨申请和审批两个管理过程。使用部门对存货来源部门发起存货调拨申请，来源部门根据存货调拨申请及库存情况，进行数量、型号等审批。

D. 负债管理。负债管理是加强单位银行借款、应付账款、其他应付款、保证金、信用担保等负债业务的管理，确保单位负债的合法合规性，确保单位经济运行的可持续性，兜底单位经济运行的风险，确保不发生系统性金融风险。

➢ 负债台账。按照银行借款、应付账款、其他应付款、保证金、信用担保等负债业务建立台账，显示单位所有的负债信息，尤其是关注应付账款、其他应付款、保证金的债务情况，信用担保可能存在隐形负债也应及时进行登记和反映。

➢ 负债清理。定期对银行借款、应付账款、其他应付款、保证金、信用担保等各类负债进行核对和清理工作，尤其关注长期挂账的负债业务，确保不出现违规行为。

➢ 负债查询。按照负债类型、往来对象、往来期间、账龄等条件查询负债信息。

E. 收入管理。直属系统各单位的主要收入包括财政拨款收入、事业收入、事业经营收入、其他收入。单位应将全口径收入纳入信息化范畴，加强单位各类收入的管理，事业收入和经营收入应纳入应收管理，并与预算收入指标有效衔接，确保预算收入按照预期完成。

➢ 财政拨款收入管理。财政拨款收入包括中央财政拨款收入和地方财政拨款收入，财务拨款额度和资金到账后，应在系统内登记确认，并记入预算收入指标账。

➢ 事业收入管理。事业收入主要包括科研任务收入、技术性收入及产品试制收入等。事业收入管理涉及财政票据开具、应收管理、收款确认等功能，以权责发生制为基础将事业收入纳入应收管理，在收款确认后记录预算收入指标账。

➢ 经营收入管理。经营收入主要包括事业单位开展经营活动产生的资金流入。事业收入管理涉及增值税发票开具、应收管理、收款确认等功能，以权责发生制为基础将经营收入纳入应收管理，在收款确认后记录预算收入指标账。

➢ 其他收入管理。其他收入主要包括上级补助收入、企业上缴利润等各类收入。其他收入在到账后，应进行登记确认，并记入预算收入指标账。

F. 采购管理。采购管理是通过成熟的信息技术和手段，按照“管理功能完善、交易公开透明、操作规范统一、权责清晰明确”的要求，为各单位采购部门提供“标准统一、资源共享、规范透明、安全高效”的管理审批系统，实现采购审批电子化、全过程监控网络化、全方位协作信息化、全覆盖上下一体化，提高采购管理水平和工作效率的效果。

➢ 采购计划。主要实现采购计划发生前的申请、审批和稽核，完成对采购事项的事前计划。

➢ 招标管理。主要实现招标前、中、后的申请、审批和稽核，实现对招标全过程的监控管理。

➢ 供应商管理。主要实现供应商的信息维护、等级评审与考核。

➢ 采购竞价对比。主要实现对采购项目的价格管理，包括对采购项目中竞价环节过程管理。

➢ 采购合同管理。主要实现对采购项目中供应商等多方合同管理。

G. 合同管理。合同管理是单位主体按合同管理要求而进行合同登记、履行、跟踪、备案管理的闭合流程。可大幅降低合同沟通成本，提高合同签订、执行、监控的整体效率。本模块主要负责合同的签订、记录、执行等信息，实现对合同的全过程管理。

➢ 合同信息。合同基本信息包括合同编码，主合同名称，主合同类型，补充合同名称，补充合同编号，工程项目代码，工程项目名称，甲方名称，乙方名称，乙方开户银行，乙方银行账号，合同日期，工期（天），合同金额等信息。

➢ 合同台账。合同台账是展示所有合同的总览，包括合同基本信息、合同执行情况等信息；也可以采用合同汇总表的形式。合同汇总表能显示及打印一定会计期间的各项目和单位的合同信息，汇总各项目和单位的合同信息，可分别按照项目和单位汇总数据。

➢ 合同付款。合同付款能够显示及打印一定会计期间的所有单位签订合同的付款信息。可分别按“项目+单位”或“单位+项目”收缩、展开汇总数据。可分列显示跨年科目变动情况。可联查项目往来单位明细账。

➢ 合同余额表。合同余额表功能够显示及打印会计期间之前的合同余额数据，包括项目、单位、合同、合同金额、支付金额和合同余额等信息。既可按“项目+单位”展开，也可以按“单位+项目”展开，可联查合同和项目往来单位明细账。

H. 智能报销。智能报销是预算单位进行支出管理的关键工具，充分利用联网办公、OCR 识别、电子签名、电子发票、智能审核、语音识别等数字技术全面提升员工报销体验。以预算管控思想为指引，以优化预算管控流程和支出报销流程为中心，以提升支出管理、强化财务管控为目标，以预算指标为主线，建立报销申请、报销审批、公务卡对账、报销支付、报销入账等全生命周期管理及流程化审批控制体系，全面提升支出报销进度和工作效率，既做好管控、也做好服务，提供报销服务全新体验。

➢ 报销申请。根据不同的支出项目（如差旅费、会议费、劳务费等）设计不同的报销表单，支持高拍仪、扫描仪、电子发票等电子凭证上传，在智能识别经济事项基础上实现智能填单，最大程度减少报销人填写数据项，也可结合手机客户端提供电子发票夹、纸质凭证扫描拍照等移动功能。在填制报销表单时，可自动查询并展示公务卡的支付记录以供选择，同时提供经济活动各类相关规定以供填报参考。也可以与主流商旅平台对接或公务之家对接，提升智能在线报销体验。

➢ 智能审核。根据不同的报销项目自动实现原始凭证的核查和检查功能，支持纸质发票扫描和电子发票查验功能。根据预定义的审核公式，并结合外部数据进行报销信息检查，最大程度减少报销人工作量。

➢ 报销审批。将报销单按照业务流程定义进行核验，可将全部报销人按角色进行划分，按照不同角色权限进行多种业务的处理流程。报销审批流程可根据不同预算单位需求，自定义审批流程。审批界面友好，信息提供全面，提升审批效率。

➢ 报销支付。审批后的报销单应自动推送至资金管理模块进行资金支付。对于公务卡报销情况，由资金账户在还款日前直接转入个人公务卡账户。

➢ 报销记账。审批后的报销单应自动推送到总账管理完成自动记账。报销单与记账凭证应紧密关联，自动生成预算会计凭证和财务会计凭证。

I. 薪酬管理。薪酬管理应基于人员基本信息，对接组织人事系统，社会化用工需求也要纳入。薪酬管理应全面提升财务部门工资发放效率，自动计算个人所得税和“五险一金”，为移动 App 提供个人工资条数据。由于个人所得税计算涉及专项附加扣除问题，建议与税务系统有效衔接，确保自动计算的个人所得税与汇算清缴一致。

➢ 职工薪酬明细表。根据组织人事系统提供的职工工资信息表，系统在此基础上自动计算个人所得税、“五险一金”等计算，从而列出单位所有职工薪酬明细表。注意要区别编制内职工和社会化用工薪酬管理不同需求，确保职工薪酬自动计算准确。

➢ 职工工资条。提供职工工资条功能，职工可通过手机 App 查询个人工资发放情况，包括工资、劳务、奖金等所有个人收入。

➢ 职工工资发放。根据职工个人基本信息和工资计算明细，自动传入资金管理模块，完成工资资金转账，并与预算执行有效衔接，反映到不同预算项目中（编制内职工工资在人员经费项目中，社会化用工应反映在其他预算项目中。

J. 总账管理。总账管理应支持多账簿、多组织机构，实现多账簿体系下同一组织机构多个账簿间的切换，实现预算会计凭证和财务会计凭证的自动生成，与前端各类模块紧密集成，实现财务业务一体化。提供严密的权限设置体系，保证对不同角色用户进行正确的赋权，确保财务数据的规范与安全。最后，通过基础数据类型统一设置、管控选项、会计政策等统一制定，充分发挥集中管控功能，利用系统能够确保数据汇总实时、高效，适合微观管理应用及集中管控的融合应用。满足与其他业务系统的衔接，并需要对历史数据进行迁移。

➢ 会计日历。会计日历应按照每年 1 月 1 日到 12 月 31 日设置财务年度，按照月度设置 12 个月度会计期间。可根据实际需要设置第 13 个会计期间作为会计调整期间。

➢ 平行记账。我国政府会计制度实施预算会计和财务会计平行记账模式，应支持预算会计凭证和财务会计凭证自动生成，最大限度减少会计核算工作量，适应业财融合，提高自动凭证比例，降低双分录、双核算的复杂度。

➢ 凭证处理。无论是自动生成凭证还是手工录入凭证，凭证处理包括凭证录入、外部凭证导入、凭证审核、凭证冲红、凭证记账等处理功能；尽量减少凭证录入错误，不提供凭证作废、凭证反审核、凭证反记账等可逆工作，按照凭证冲红来处理差错更正。

➢ 辅助核算。辅助核算是实现会计多维核算的基本功能，应提供客户、供应商、部门、预算项目、资金来源等辅助核算功能，也可以根据会计核算需要自定义码表进行辅助核算。

➢ 期末结转。期末结转是在会计期末由系统自动完成固定资产折旧、长期费用摊销、利息费用计提、收入费用结转等各类期末凭证。

➢ 结账管理。结账管理是在会计期间转入下一期间之前，将上一期间的期末数转至下一期间期初数，同时上一期间不再增加新的记账凭证。

➢ 账簿查询。可进行总账、明细账、科目余额表、辅助账等账簿查询工作。

➢ 新年开账。新年开账建立年度账的准备工作，包括将上年年末数转入新年年初数、建立会计科目表、确定会计期间、年初会计调整事项等开账工作。

K. 报表管理。报表管理是在大数据环境下满足财务管理各项基于报表处理的数据采集需求、数据管理机制、公式编译系统、分析汇总模块以及上下级任务传输，满足财务报表、统计报表、预决算报表、资产台账等各类报表数据综合采集和应用管理。报表管理应具备强大的数据集成、加工和处理能力，实现报表数据采集、审核、上报、汇总、分析等管理流程。

➢ 报表任务。报表任务是上级单位根据报表需求制定报表任务的具体内容，整理相关资料，确定任务类型，明确任务要求。

➢ 报表设计。上级单位设计制作报表模板，包括表样设计和公式设计。制作方式要求类似 Excel 操作模式。

➢ 报表下发。上级单位根据需求设置报表权限，并将报表任务下发给下级单位。

➢ 报表制作。下级单位接收上级报表任务，并根据任务要求填制生成对应的报表。填写完毕报表并稽核后，需要进行审核。审核未通过，用户将报表标记错误，标记错误后，系统会自动发送给制表人信息。

➢ 报表接收。报表审核通过后，发送任务至上级单位，上级单位接收下级上报的报表。并对上报的报表进行校验，如报表校验无误则执行汇总或合并，如校验发现有误，则将打回该报表，打回时需要注明原因。

L. 非税征缴。非税征缴是各类行政事业性收费。政府性基金等非税收入的征收和缴库等职能。为适应财政部电子票据和电子征缴的数字化改革，本模块要实现“以票控费”的非税收入的全流程信息化管理，确保收费信息及收据信息由执法部门到财务部门自下而上的逐级处理、汇缴，缴费信息自动进行会计核算，资金信息与网上银行自动对账，实现非税征缴从收据、计费、收费、资金、核算的全流程控制，防范非税征缴资金管理风险。

➢ 电子收据管理。按照财政部关于电子收据和电子缴库的数字化改革要求，实现电子收据的领用、开票、作废、上报等管理流程。

➢ 电子收费管理。在收费项目、收费政策、收费规则准确无误的情况下，收费业务可由对接的业务系统自动发起或由单位工作人员人工发起。收费基本信息包括收费项目信息、业务编号、缴费人信息、缴费单位信息、收费单位信息、计费信息来源、收费金额信息、收费模式、是否开票等。收费模式包括自动收费、人工收费两种，分别对应行政相对人的网上支付、现场支付两种支付模式。与业务系统对接的收费业务完成后，将已收费的结果反馈至业务系统完成后置业务流程。以现金形式收费的业务需收费人员确认收费操作。

➢ 对账清算管理。对账管理需要对行政相对人缴费信息的记录汇总所形成的账务与第三方支付平台的结算明细及实际结算明细（银行账户明细）进行对账。对账关键信息包括缴费人、缴费金额、缴费时间、所属业务、收费机构、收费人、资金流向等信息。结算管理需要查看第三方支付机构的计划结算明细与实际结算明细，同时实现结算信息与缴费信息记录进行比对后，提供已结算及待结算的相关信息。

M. 电子会计档案。电子会计档案通过与报销系统、总账系统的集成获取会计档案数据，支持电子会计凭证转为电子会计档案，支持将实物票据转化为电子档案，并在审批过程能调用和查阅电子档案，最终形成单位内部电子档案数据库。电子会计档案包括采集、整理、保管、利用和销毁等功能，对电子会计档案进行全生命周期管理。

➢ 档案归集。实现记账凭证、原始凭证、账簿、报表等信息的汇集，形成全口径、完整的会计账簿档案。电子会计凭证可从总账系统中直接获取，纸质会计凭证支持高拍仪、扫描仪信息快速采集，提供 OCR 识别、打标签等方式，建立纸质档案和电子档案检索关联。

➢ 档案查询。实现搜索引擎式档案检索和溯源，能够快速查询档案资料。依托档案阅读器以及电子文件动态水印、脱敏遮挡等多种安全措施，实现“有借免还”的电子借阅，方便内、外部资料使用。

N. 内部控制。该模块负责通过检索、整理、填写本单位及下级单位的内控相关信息，形成上报财政部和主管部委所需的内控自我评价报告文档，实现与主管部委财审系统、财政部预算管理一体化系统的内控数据同步。

主要功能（包括但不限于）：

内控报告生成：根据系统内控监控数据自动生成内控报告。

内控报告审批：根据预定义的业务流程将生成的内控报告交由领导审批。

内控报告导出：将内控报告导出成 pdf 等常见格式。

内控报告上报：将内控报告上报到上级单位。

（2）数据中台

数据中台用来统一管理各单位信息，提供对数据的统一管理，统一数据标准，形成包含系统内所有单位的可扩展、可聚合、可比对、结构化的会计数据资产，为系统业财融合，提升数据治理绩效管理、风险管理、可持续发展能力奠定数据基础。具体而言，数据中台包括以下几个子层：

①公共数据子层。本层用于存储在基础数据层中各模块的数据。每一个基础数据层和“业务中台—基础功能子层”中的模块会映射到本层的一个对应模块，用于存储该基础数据模块产生的数据。根据《预算管理一体化规范》，该层的基础数据和公共数据（如人员信息等）应符合预算管理一体化管理要素标准。

②业务数据存储子层。本层用于存储在业务中台中财务和预算业务子层各模块所产生的数据。每一个业务处理子层模块会映射到本层的一个对应的模块来存储对应的业务数据。

③数据集成子层。本层负责处理对于历史遗留数据、外部关联数据等的管理，使数据能够集成在本系统当中，能够正常对接外部其他业务系统，构建统一的直属系统财务数据中心，能够进行灵活、多视角、深层次的数据分析和挖掘，提高面向各层面的财务信息服务效能，为决策支持提供有效的数据支撑。具体模块包括：

A. 原系统数据导入模块。此前已建设了包括预算管理系统、固定资产管理系统、零余额账户管理系统、非税收入、管理等诸多系统，且已经产生了大量的历史数据。本模块负责对接此类历史数据，保证数据的一致性，使得各类数据能够标准、集成、可共享。

主要功能（包括但不限于）：

原系统数据导入：对于原系统产生的单机物理文件和分布式物理文件，需要针对性开发专门的导入方法来实现对原有文件的读取和识别。

原系统数据读取接口：有些历史系统（如历史会计核算系统）的数据量十分庞大，且历年来科目经过多次套改，如若进行数据迁移，需要耗费大量人力物力，因此可开发针对性的数据接口，在需要时进行读取备查。

数据 ETL（抽取、转换、加载）：通过对历史数据的清洗、转换、加工，使历史数据能够真正融入一体化系统。

数据补录：有些数据无法直接从外部系统中获得，因此需要建立数据补录功能实现人工录入。

B. 外部数据导入模块。在具体业务执行当中也存在大量的业务系统。这些业务系统虽然不一定属于财务一体化系统的管理范围，但是经常存在数据上的引用关系。同时，随着一体化程度的加深，原有的部分管理系统也要纳入本系统。这些外部系统的数据也需要进行相应的导入、链接操作来保证数据的可用性、一致性，使各类数据能够标准、集成、可共享。本模块负责综合考虑单位的业务集成需求，建立统一的导入与链接接口，满足各单位各类业务系统的集成需求。

主要功能（包括但不限于）：

外部系统数据接口：对于不纳入财务一体化系统的业务系统，需要建立一个统一的接口，以保证能够随时从外部业务系统当中获得所需数据。

外部系统数据导入：对于纳入财务一体化系统的业务系统，需要建设导入功能来将其数据导入并转换为符合单位一体化系统要求的、统一标准的数据。

外部数据 ETL：通过对外部业务系统数据的清洗、转换、加工，使外部业务系统数据能够真正融入财务一体化系统。

数据补录：有些数据无法直接从外部系统中获得，因此需要建立数据补录功能实现人工录入。

④数据建模子层。本层用于数据模型的建立、更新和存储。在日常业务中，经常用到综合报表、业务监控等需要对原始数据进行加工处理的过程。因此，有必要对分析监控所需要的指标、模型、阈值等信息进行添加和保存，以方便管理监控层、决策分析层各模块进行调用和加工。具体模块包括：

A. 报表库。本模块用于管理各种报表。在实际业务中，通常需要制作大量的报表，如政府财务报告、预决算报告等。同时，有一些报告无固定格式，需要根据数据分析需求而定，如分析“三公”经费时需要生曾包含公务用车支出、公务餐饮支出、审批时间等信息的报表。本模块负责报表的设计、编辑与存储。在需要时，可以从列表库中找到相应的列表，并根据列表项加载相应的数据后进行展示。同时，可以导出生成的报表为 Excel 等常见格式。

B. 图表库。本模块负责管理图表。在数据分析中，通常需要利用图表做到数据的可视化，使数据展示清晰、简洁、一目了然。图表库模块负责各种图表样式的设计、编辑、存储，并建立图表项与具体数据之间的关联关系，使数据更新时图表能够自动更新。在进行分析时，会读取此处定义好的图表，按照图表定义加载相应数据并进行显示。同时，可以导出生成的图表为 Excel 等常见格式。

C. 指标库。本模块用于管理进行监控和分析时所需要的指标、指标公式以及要进行报警的阈值。例如，如果需要对单位本月支出进行控制，使支出达到一定金额时就要预警，则需要将本月支出这一指标放入指标库。指标库模块负责设计、存储所有指标。在进行财务指标分析时，会列出此处保存的全部已经预先定义好的指标，选择指定的指标之后就会按照指标规定自动提取内容，并在达到阈值之后报警。

D. 条件库。本模块需要管理进行监控和分析时所需要预定义的条件库。在日常业务中，经常需要根据相关业务特征进行监控，如需要对合同的进度与预算支出进行对比，以监控可能存在的超支问题，此时需要从数据库中提取该项目本期支出和对应的预算指标并建立关联关系，如果当期的该合同支出之和超过了预算，则需要进行警报。本模块中的“条件”即为此类关联关系。条件库模块负责设计、存储所有条件。在进行分析时会根据此处所保存的全部已经预先定义好的条件自动提取内容，并在条件被触发之后进行报警。

E. 公式引擎。本模块负责管理实际业务中需要使用的公式。在实际业务和监控分析中，通常会使用大量的公式。例如，在报表编制时需要对多个账户进行加总、需要用资产账户抵减折旧摊销等。本模块可以对公式进行编辑、添加、保存，以便按需使用。同时，在公式定义完毕后，对公式进行编译、转换，使公式能够被服务器识别理解，在调用时能够将公式转换成具体的数据读取请求和可执行代码，通过数据引擎读取到具体数据并按公式执行，生成最终结果。

F. 数据引擎。该模块负责在加载列表库、指标库、条件库之后，根据库中定义的指标、列表、条件提取相应数据。同时，对于不同维度的数据查询要求，提供可视化的查询方法，实现可视化、拖拉拽的结构化查询方法，满足不同数据使用需求。数据引擎需要内嵌于各业务模块，实现对业务信息的高级检索查询。通过对输入的查询条件进行优化归并，提高查询效率。

10.4.5 管理监控层

本层主要负责对各项业务进行监控，对可能出现的问题及时预警；通过使用大数据与人工智能等先进技术，帮助业务人员提高工作效率。当监控模块进行预警时，系统应当向有关单位下发质询信息，并接收相关单位的反馈后，再运行业务执行。本层主要包括如下模块：

(1) 资金收支监控

借助商业银行资金监控网络，在实时掌握各银行资金信息的基础上实现各单位银行账户监控管理功能，达到对不同地区、不同账户按定制条件进行的高级监控管理。有效满足海事局对于不同性质的资金的事前、事中、事后管理和控制。为各级领导提供全面的资金信息实时查询模块，可实现自动监控、疑点预警、监管提醒等功能，为决策提供数据基础。

将各单位银行账户全部纳入监控体系，监控类型包括余额监控、交易监控、支付监控三大类。监控规则设置灵活，颗粒度可精确到账户、户名、接收方户名、交易金额、交易性质、用途摘要等诸多维度，支持单笔数据监控及汇总数据监控。通过及时掌握各单位账户大额资金流向、账户结余等动态情况，实时监控各单位账户重要经济活动与重大资金使用情况的要求，对各单位所有银行账户重要或异常资金变动进行实时监控、预警。

账户信息报告：通过该模块能便捷查询到各单位监管账户的基本信息，可以做到实时监管账户的交易情况和余额，集中展示各监管单位监管账户在一段时间范围内的资金总量、各类型账户的交易分布等信息。

大额资金自动报告：通过在提前设立指标，在超限额资金使用和大额交易时进行警告，以加强对海事局各单位的资金管控，减少资金使用风险。当出现异常交易信息时，系统能自动检查“银行存款”或“零余额用款额度”科目的明细数据，反查出对应的具体业务。

余额监控自动报告：结合监管需要，设置资金账户余额范围，筛选符合条件的记录，将小于余额下限或大于余额上限的资金进行警报。

银行账户使用情况：定期统计各单位银行账户的发生笔数，了解账户使用情况，对于不经常使用的账户可以考虑撤销合并账户。

（2）预算执行监控

按照预算单位、预算项目、专项资金等多个维度对各单位预算执行情况进行实时监控，针对预算执行进度偏低、预算执行偏差较大、预算执行“突击花钱”等各类情况进行实时预警，可实现自动监控、疑点预警、监管提醒等功能。上级单位可对存在预算执行疑点或问题向下级单位发送疑点质询，下级单位应根据疑点质询提出质询反馈意见或整改措施。

（3）预算绩效监控

按照预算单位、预算项目、专项资金等多个维度对各单位预算绩效实现情况进行实时监控，可将预算项目基本信息、预算项目绩效目标、预算项目自我评价、预算项目第三方评价等相关数据全部纳入监控体系，针对预算执行进度与预算绩效实现脱节、预算绩效预实差距较大、预算绩效支撑数据不足等情况，可实现自动监控、疑点预警、监管提醒等功能。上级单位可对存在预算绩效疑点或问题向下级单位发送疑点质询，下级单位应根据疑点质询提出质询反馈意见或整改措施。

（4）“三公”经费监控

按照预算单位、预算项目、专项资金等多个维度对各单位的因公出国（境）经费、公务车购置及运行费、公务招待费进行实时监控。重点关注运转类项目、特定目标类项目中的“三公”经费执行情况，严密监控“三公”经费中任一经费超出预算情况。针对在经费支出中出现公务接待费化解为会议费、差旅费或其他费用等科目列支，公务车辆运行费报支手续不全，公务出国（境）费用行程审批手续不完整，以学习、培训、会议、考察等名义变相公费旅游等情况，可实现自动监控、疑点预警、监管提醒等功能。上级单位可对存在“三公”经费疑点或问题向下级单位发送疑点质询，下级单位应根据疑点质询提出质询反馈意见或整改措施。

（5）资产监控

针对基础设施、固定资产、无形资产等各类资产分散在不同预算单位的情况，需要通过单独的资产核算监控模块对资产监控提供数据支持。通过本模块可以在不同单位资产进行异常的入账、折旧、报废、转让等操作时提供预警信息，减少在资产管理中的错误数据，实现账实相符、账账相符，同时设立各类资产占比、人均资产构成、资产处置预警、资产审批预警等。

（6）会计核算监控

按照各单位总账账套中的会计核算数据进行实时监控。重点关注会计科目设置是否规范统一、记账凭证摘要数据是否完整、记账凭证编号是否存在断号、记账凭证冲红比例等情况，同时重点监控记账凭证和原始凭证中有关“茅台”“洗浴”“夜总会”“娱乐”等关键非法入账词汇，可实现自动监控、疑点预警、监管提醒等功能。上级单位可对存在会计核算疑点或问题向下级单位发送疑点质询，下级单位应根据疑点质询提出质询反馈意见或整改措施。

（7）大型资产监控

针对各单位的大型资产（如土地、房屋及建筑物、船舶、导航助航设备、VTS 等）可通过地图方式进行监控。重点关注大型资产的地理位置、实物形态、运行维护等各类信息，跟踪监控资产处置流程、资产审批流程等，可实现自动监控、疑点预警、监管提醒等功能。上级单位可对存在大型资产疑点或问题向下级单位发送疑点质询，下级单位应根据疑点质询提出质询反馈意见或整改措施。

（8）政府采购监控

根据单位预算和政府采购预算中采购申请、采购计划、财政执行、合同管理的全部流程进行监控。重点关注应执行政府采购的支出未实施政府采购程序、政府采购程序不合规、招投标程序不合理、项目管理不全面、未签署合规的采购合同等，可实现自动监控、疑点预警、监管提醒等功能。上级单位可对存在政府采购疑点或问题向下级单位发送疑点质询，下级单位应根据疑点质询提出质询反馈意见或整改措施。

10.4.6 决策支持层

决策支持层的各功能面向单位决策者，依托财务一体化系统集成连接不同的数据源，利用图文、表等不同组合形式对数据进行加工整理，提供比较分析、结构分析、指标分析等工具，避免海量信息查阅，帮助决策者对未来的发展方向和目标进行量化的分析和论证，从而对资金的收支活动等进行科学的决策。

（1）经济运行全景

经济运行全景提供全局整体综合的数据仪表盘服务，能够在第一时间最快速地对整个系统单位经济运行状态进行全方位、多层次的感知，为全局总览提供支持。将各单位的人员、资产、预算执行进度等数据以地图的形式进行展现，轻点一下即可快速查看各单位的基本情况、业务情况、财务情况。行政运行主要展示各行政单位的运行情况，包括各单位预算执行进度情况、预算与决算之间的对比、各单位的项目运行情况、各单位不同类型经费占比、各单位不同经费的历年趋势情况、单位各机构预算经费占比及历年变动趋势、各单位机构运行经费的横向对比等情况，帮助领导全方位了解不同行政单位的运行状况。事业运行主要展示各事业单位的运行情况，包括各单位预算执行进度情况、预算与决算之间的对比、各事业单位事业收入情况、各单位的项目运行情况、各单位不同类型经费占比、各单位不同经费的历年趋势情况、事业单位在本级单位的预算和实际支出占比等情况，帮助领导全方位了解不同事业单位的运行状况。

（2）固定资产总览

固定资产总览模块主要展示和分析各单位的资产的采购、处置、折旧摊销、报废、转让等各类资产相关情况。对于可移动资产，可以通过连接该资产的监控系统等查看实时位置等信息。通过从各单位之间的资产横向对比到不同时间段的纵向对比，从供应商到使用时间等多个维度的对比，清晰展现不同资产的使用情况。当出现与资产相关的预警信息时，应当在此处显示，方便及时处理相关问题。

（3）预算执行排名

预算执行排名是对所有预算单位的预算执行情况进行排序，提供展示当月执行排名、当年累计执行排名、当年预算执行情况排名、上年结转执行情况排名等，并对累计执行进度低于平均执行进度且当月执行进度低于当月评价执行进度的情况，实行预算执行情况“双红牌”预警。

（4）收支趋势预测

财务趋势分析抽取各类业务数据，定制相应的财务专题，对不同数据的绝对值、比值等数据进行趋势分析，从而实现对各单位资金、资产变化形式的掌握。通过从预算模块中调取各类收入的执行计划，列出本年度以前月份的收入情况和未来的精确到月的收入预测。通过从资金管理模块获得月度用款计划、从合同中获取资金支付计划、从薪酬模块获取工资薪金支出计划以及相对固定的行政事业运行支出来列出本年度以前月份和未来月份的支出预测。通过收支趋势预测，帮助领导了解未来财务状况。

（5）多维实时报表

在日常业务当中，除了规定的几种报表外，还需要进行大量的临时报表生成，如统计资产购买的时间情况、不同职称的人员经费情况，此时需要多维度、实时的报表生成。本模块通过对数据的穿透查询、多维查询、汇总查询等多种方式，实现对不同主题的定制操作，满足多种多样的数据查询要求。同时，根据需要可以提供趋势图、时序图等多种图表样式，实现图表的一键生成，满足对数据汇总报告的要求。

10.4.7 统一登录门户

门户网站是进入各个模块的唯一入口，实现统一登录、同一鉴权。此外，为了实现一体化管理，系统应支持单点登录功能，即：在信息门户登录后可以直接链接进入其他业务系统，不需要再次登录。为了方便不同用户的需求，应当对电脑端和移动端不同系统和平台进行适配。

预算财务系统需要与统一认证平台进行统一身份认证系统对接，满足集成要求和接口调用，身份认证核心致力于为第三方应用开发者提供可靠便捷的统一认证服务。统一认证包含令牌获取、用户信息获取等常用功能的对接，为第三方应用提供有效且全面的对接支持。

为了实现信息门户的灵活配置与扩展性，系统应提供布局模板管理和首页方案管理功能，系统管理员用户可根据实际的需要灵活配置首页展示的样式，首页维护功能则是给用户提供了丰富首页内容的快捷通道，用户可根据实际需要上传文档资料、图片、程序附件等。

（1）待办事项

待办事项是将所有工作流中需要提醒经办人办理的各类事项，以主页通知的方式提醒经办人及时处理。待办事项可与海事信息一体化平台集成，方便用户到统一的界面进行处理。

（2）审批中心

审批中心是将所有审批任务集中在一起处理的功能模块，包括待审批单据、已审批单据、全部审批单据等视图。通过待办事项可以引导用户到审批中心完成相应的单据审批工作。

（3）政策法规库

系统梳理国家层面、国务院层面、财政部层面、主管部委层面、本单位层面等，各类经济、财政、财务、会计等政策法规，方便对政策法规进行检索、维护、更新和使用。

（4）财务人才库

将所有财务、审计、会计专业人员纳入人才库，积极拓展单位财务人才培训培养计划，选派优秀的财务人才参加财政部、主管部委组织的各类高端人才培训项目，全面提升财务人才业务水平。

（5）财务知识库

积累财务工作中的各类培训资料、总结性文档、创新性论文、理论教材等知识载体，以知识词条、知识问答、财务百科等形式构建财务知识库，推动财务知识积累和知识创新。

10.4.8 移动 App

利用移动互联网技术，在保证网络和数据安全的前提下使用个人移动设备进行出差、会议申请、报销、审批、进度查询、工资查询等操作，使业务人员与财务人员可以随时随地处理业务，提高工作效率。通过与公务之家等商旅平台、电子发票管理平台等对接，实现掌上差旅管理、实时报销、即时发票查重验真等功能，提供更便捷高效的财务体验。

（1）业务申请

业务申请包括出差申请、会议申请、借款申请、开票申请等，由业务人员在手机端实时发起申请，如需提供支撑材料，可使用手机直接拍照或照片、PDF 导入功能，上传附件。

（2）商旅预订

与公务之家和主流商旅平台对接，可直接进行机票、酒店等的预订。在系统中内嵌报销标准，如有超标情况，系统自动做出提醒。

（3）智能报销

根据不同的支出项目（如差旅费、会议费、劳务费等）提交相应报销申请单。

①报销申请。与业务申请中的出差申请、会议申请等自动关联，业务申请的附件自动添加为出差申请附件。

②智能发票采集。通过拍照、相册选择、扫码、微信卡包选择、支付宝发票夹选择等方式添加发票，个人报销发票形成发票夹备查。通过拍照或PDF导入添加附件。通过影像自动分割，自动分类、金额统计、影像全票面要素识别提取等识别出发票基本信息，将报销项目、金额等事项智能填入相应报销单，如在对接的商旅平台预订酒店、机票等，可直接导入预订订单，系统自动关联相应发票。

③智能发票校验。

A. 自动重复查验。对上传的发票进行重复报销检查，识别出已报销的重复发票，并报错提醒。

B. 自动发票验真。与税务局发票验真平台对接，对上传的发票进行真伪识别，如发现伪造发票，自动报错提醒。

C. 抬头、税号合规校验。对上传的发票进行抬头、税号合规校验，如发现抬头、税号不符情况，自动报错提醒。

D. 连号发票判定。对上传的发票（如打车票等）进行连号判定，如发现连号发票情况，自动预警提醒。

E. 过期发票预警。对发票日期进行识别，如存在过期发票，自动预警提醒。

F. 敏感词校验。对发票中报销事项进行敏感词检验，如存在不合规情况，自动预警提醒。

G. 超标预警。与系统内嵌的财务报销规则进行比对，如发现超标现象，自动预警提醒。

④待办事项。列示全部本人被退回的申请和下级待审批的申请单。对于本人被退回的申请，可查看被退回原因后直接修改再次提交。针对下级提交的申请单，系统智能提供审批建议，对于业务合规性、收付款合规性和发票合规性等提供智能初审结果，供审批人参考。

⑤审批进度查询。可查询本人全部业务申请和报销申请的审批进度情况。

⑥工资查询。职工可在手机端查询个人工资发放情况，包括工资、劳务、奖金等所有个人收入。

⑦通知公告。将流程中的单据状态变化情况实时通知给报销人审批人，同时提供财务制度公告等功能。

10.5 预算财务一体化系统数据需求

政府会计信息数据资源标准是为了规范和统一政府会计信息资源，实现政府大会计之间信息高度共享和应用高度集成，构筑统一的政府大会计信息系统而建立的数据标准体系。政府大会计信息数据资源标准是在国家相关标准的基础上充分考虑现代财政和政府会计的业务特点进行构建的。根据预算财务一体化系统对数据资源的需求，结合单位系统现有各类数据资源采集情况，确定预算财务一体化所建应用系统需要的外部各类数据及其采集更新方式。

10.5.1 预算业务功能模块数据需求

预算业务功能模块数据需求如表 10 - 1 所示。

表 10 - 1　　预算业务功能模块数据需求

应用系统功能		数据类	数据来源	采集方式	更新频率	采集可行性
预算业务功能模块	支出标准	支出标准分类	系统生成	人工录入	按需更新	可采集
		支出标准名称	系统生成	人工录入	按需更新	可采集
		计量单位	系统生成	人工录入	按需更新	可采集
		计算方式	系统生成	人工录入	按需更新	可采集
		支出标准值	系统生成	人工录入	按需更新	可采集
		启用状态	系统生成	人工录入	按需更新	可采集
	政府收支分类科目	收入分类科目	系统生成	人工录入	按需更新	可采集
		支出功能分类科目	系统生成	人工录入	按需更新	可采集
		政府预算支出经济分类	系统生成	人工录入	按需更新	可采集
		部门预算支出经济分类	系统生成	人工录入	按需更新	可采集

续表

应用系统功能		数据类	数据来源	采集方式	更新频率	采集可行性
预算业务功能模块	预算会计科目	财政总预算会计科目类型	系统生成	人工录入	按需更新	可采集
		财政总预算会计科目	系统生成	人工录入	按需更新	可采集
		单位会计科目类型	系统生成	人工录入	按需更新	可采集
		单位会计科目	系统生成	人工录入	按需更新	可采集
		预算指标账会计科目类型	系统生成	人工录入	按需更新	可采集
		预算指标账会计科目	系统生成	人工录入	按需更新	可采集
	账户信息	开户批复（核准）书号	系统生成	人工录入	按需更新	可采集
		开户许可证核准号	系统生成	人工录入	按需更新	可采集
		财政专户账户代码	系统生成	人工录入	按需更新	可采集
		开户银行行别	系统生成	人工录入	按需更新	可采集
		开户银行全称	系统生成	人工录入	按需更新	可采集
		账户名称	系统生成	人工录入	按需更新	可采集
		账号	系统生成	人工录入	按需更新	可采集
		核准日期	系统生成	人工录入	按需更新	可采集
		开户日期	系统生成	人工录入	按需更新	可采集
		账户有效期	系统生成	人工录入	按需更新	可采集
		账户类别	系统生成	人工录入	按需更新	可采集
		账户状态	系统生成	人工录入	按需更新	可采集
		审批类型	系统生成	人工录入	按需更新	可采集
		核算内容	系统生成	人工录入	按需更新	可采集
		开户银行选择方式	系统生成	人工录入	按需更新	可采集
		账户币种	系统生成	人工录入	按需更新	可采集
	项目库存管理	项目名称	系统生成	人工录入	按需更新	可采集
		项目代码	系统生成	人工录入	按需更新	可采集
		项目期限	系统生成	人工录入	按需更新	可采集
		起始时间	系统生成	人工录入	按需更新	可采集
		项目类别	系统生成	人工录入	按需更新	可采集
		分配方式	系统生成	人工录入	按需更新	可采集
		是否追踪	系统生成	人工录入	按需更新	可采集
		是否基建项目	系统生成	人工录入	按需更新	可采集
		是否科研项目	系统生成	人工录入	按需更新	可采集

续表

应用系统功能		数据类	数据来源	采集方式	更新频率	采集可行性
预算业务功能模块	项目库标准	热点分类	系统生成	人工录入	按需更新	可采集
		编报模板	系统生成	人工录入	按需更新	可采集
		项目概述	系统生成	人工录入	按需更新	可采集
		项目总额	系统生成	人工录入	按需更新	可采集
		分年支出计划	系统生成	人工录入	按需更新	可采集
		部门评审意见	系统生成	人工录入	按需更新	可采集
		财政评审意见	系统生成	人工录入	每年更新	可采集
	预算编制	预算年度	系统生成	人工录入	按需更新	可采集
		预算级次	系统生成	人工录入	每年更新	可采集
		预算收入	系统生成	人工录入	每年更新	可采集
		财政拨款	系统生成	人工录入	每年更新	可采集
		财政拨款结转	系统生成	人工录入	每年更新	可采集
		财政拨款结余	系统生成	人工录入	每年更新	可采集
		财政专户管理资金收入	系统生成	人工录入	每年更新	可采集
		事业收入	系统生成	人工录入	每年更新	可采集
		上级补助收入	系统生成	人工录入	每年更新	可采集
		事业单位经营收入	系统生成	人工录入	每年更新	可采集
		其他收入	系统生成	人工录入	每年更新	可采集
		单位资金结转结余	系统生成	人工录入	每年更新	可采集
		申报环节	系统生成	人工录入	每年更新	可采集
		申报数	系统生成	人工录入	每年更新	可采集
		审核数	系统生成	人工录入	每年更新	可采集
		本级控制数	系统生成	人工录入	每年更新	可采集
		上级控制数	系统生成	人工录入	每年更新	可采集
		预估控制数	系统生成	人工录入	每年更新	可采集
		批复数	系统生成	人工录入	每年更新	可采集
		调整数	系统生成	人工录入	每年更新	可采集
		调剂数	系统生成	人工录入	每年更新	可采集
		预算数	系统生成	人工录入	每年更新	可采集
		资金性质	系统生成	人工录入	每年更新	可采集
		上级指标文号	系统生成	人工录入	每年更新	可采集

续表

应用系统功能		数据类	数据来源	采集方式	更新频率	采集可行性
预算业务功能模块	预算编制	本级指标文号	系统生成	人工录入	每年更新	可采集
		指标文标题	系统生成	人工录入	每年更新	可采集
		指标说明	系统生成	人工录入	每年更新	可采集
		发文时间	系统生成	人工录入	每年更新	可采集
		指标类型	系统生成	人工录入	每年更新	可采集
		指标可执行标志	系统生成	人工录入	每年更新	可采集
		接收指标时间	系统生成	人工录入	每年更新	可采集
	预算指标	会计年度	系统生成	人工录入	每年更新	可采集
		会计期间	系统生成	人工录入	每年更新	可采集
		支出功能分类代码	系统生成	人工录入	每年更新	可采集
		支出功能分类名称	系统生成	人工录入	每年更新	可采集
		支持经济分类代码	系统生成	人工录入	每年更新	可采集
		项目编码	系统生成	人工录入	每年更新	可采集
		资金性质代码	系统生成	人工录入	每年更新	可采集
		资金性质名称	系统生成	人工录入	每年更新	可采集
		预算来源代码	系统生成	人工录入	每年更新	可采集
		预算来源名称	系统生成	人工录入	每年更新	可采集
		本年预算金额	系统生成	人工录入	每年更新	可采集
		累计调增金额	系统生成	人工录入	每年更新	可采集
		累计调减金额	系统生成	人工录入	每年更新	可采集
	预算绩效	立项依据	系统生成	数据库采集/人工录入	按需更新	可采集
		立项程序	系统生成	数据库采集/人工录入	按需更新	可采集
		绩效目标	系统生成	数据库采集/人工录入	按需更新	可采集
		绩效指标	系统生成	数据库采集/人工录入	按需更新	可采集
		资金分配	系统生成	数据库采集/人工录入	按需更新	可采集
		预算执行率	系统生成	数据库采集/人工录入	按需更新	可采集

续表

应用系统功能		数据类	数据来源	采集方式	更新频率	采集可行性
预算业务功能模块	预算绩效	资金使用	系统生成	数据库采集/人工录入	按需更新	可采集
		管理制度	系统生成	数据库采集/人工录入	按需更新	可采集
		制度执行	系统生成	数据库采集/人工录入	按需更新	可采集
		实际完成率	系统生成	数据库采集/人工录入	按需更新	可采集
		质量达标率	系统生成	数据库采集/人工录入	按需更新	可采集
		完成及时性	系统生成	数据库采集/人工录入	按需更新	可采集
		成本节约率	系统生成	数据库采集/人工录入	按需更新	可采集
		实施效益	系统生成	数据库采集/人工录入	按需更新	可采集
		满意度	系统生成	人工录入	按需更新	可采集

10.5.2 财务业务功能模块数据需求

财务业务功能模块数据需求如表 10－2 所示。

表 10－2　　财务业务功能模块数据需求

应用系统功能		数据类	数据来源	采集方式	更新频率	采集可行性
财务业务功能模块	非税征缴	收费项目名称设置数据	系统生成	人工录入	按需更新	收费业务管理人员按需新增，可采集
		收费单位设置数据	系统生成	人工录入	按需更新	收费业务管理人员按需新增，可采集
		可供收费模式设置数据	系统生成	人工录入	按需更新	收费业务管理人员按需新增，可采集
		现场缴费地点设置数据	系统生成	人工录入	按需更新	收费业务管理人员按需新增，可采集

续表

应用系统功能		数据类	数据来源	采集方式	更新频率	采集可行性
财务业务功能模块	非税征缴	计费金额来源设置数据	系统生成	人工录入	按需更新	收费业务管理人员按需新增，可采集
		收费账户设置数据	系统生成	人工录入	按需更新	收费业务管理人员按需新增，可采集
		缴费时限	系统生成	人工录入	按需更新	收费业务管理人员按需新增，可采集
		收费项目名称	系统生成	数据库采集/人工录入	按需更新	与业务系统对接的，由收费业务创建时自动生成，或由人工录入，可采集
		业务编号	系统生成	系统生成	按需更新	收费业务创建时由系统自动生成，可采集
		缴费人信息	系统生成	数据库采集/人工录入	按需更新	行政相对人登录系统则可通过统一身份认证系统获取，现场缴费的由海事费收人员人工录入，可采集
		缴费单位信息	系统生成	数据库采集/人工录入	按需更新	行政相对人登录系统则可通过统一身份认证系统获取，现场缴费的由海事费收人员人工录入，可采集
		缴费账户信息	第三方支付平台	接口采集	按需更新	由第三方支付平台/聚合支付平台提供，可采集
		收费账户信息	系统生成	系统生成	按需更新	收费账户信息由管理人员设置后，单笔收费业务收费账户信息自动生成，可采集

续表

应用系统功能		数据类	数据来源	采集方式	更新频率	采集可行性
财务业务功能模块	非税征缴	收费金额信息	系统生成	系统生成/人工录入	按需更新	由系统生成根据计费信息和计费规则进行计算得出或由人工录入，可采集
		收费模式	系统生成	人工录入	按需更新	海事收费人员收费过程中进行配置，可采集
		业务时间	系统生成	系统生成	按需更新	收费业务创建时自动生成业务时间，并记录关键时间节点，可采集
		收费结果	第三方支付平台	接口采集	按需更新	第三方支付平台/聚合支付平台通过渠道网关获取收费结果，可采集
		×员考试费计费信息	×员业务电子申报系统	数据库采集	按需更新	数据库获取，可采集
		××员考试费计费信息	×员业务电子申报系统	数据库采集	按需更新	数据库获取，可采集
		注册××师考试费计费信息	注册××师资格考试考务系统	数据库采集	按需更新	数据库获取，可采集
		××损害赔偿基金计费信息	系统生成	数据库采集	按需更新	数据库获取，可采集
		行政处罚罚款计费信息	系统生成	数据库采集/接口采集/人工录入	按需更新	部分信息已由法制系统获取，尚无通过法制系统获取的部分可通过还是费收人员根据案件处罚决定书人工录入，可采集

续表

应用系统功能		数据类	数据来源	采集方式	更新频率	采集可行性
财务业务功能模块	非税征缴	××税计费信息	系统生成	数据库采集	按需更新	××税计费信息依靠船舶登记信息，可采集
		票头	系统生成	数据库采集	按需更新	数据库获取，可采集
		自轨号码	系统生成	数据库采集	按需更新	数据库获取，可采集
		客户名称	系统生成	数据库采集	按需更新	数据库获取，可采集
		银行开户账号	系统生成	数据库采集	按需更新	数据库获取，可采集
		金额	系统生成	数据库采集	按需更新	数据库获取，可采集
		缴费人信息	第三方支付平台/聚合支付平台/系统生成	接口采集/系统生成	按需更新	可由第三方支付平台/聚合支付平台的提供的对账信息由对接平台提供，无法通过外部平台获取的由本系统通过对账功能获取
		缴费单位信息	第三方支付平台/聚合支付平台/系统生成	接口采集/系统生成	按需更新	可由第三方支付平台/聚合支付平台的提供的对账信息由对接平台提供，无法通过外部平台获取的由本系统通过对账功能获取
		缴费账户信息	第三方支付平台/聚合支付平台/系统生成	接口采集/系统生成	按需更新	可由第三方支付平台/聚合支付平台的提供的对账信息由对接平台提供，无法通过外部平台获取的由本系统通过对账功能获取

续表

应用系统功能		数据类	数据来源	采集方式	更新频率	采集可行性
财务业务功能模块	非税征缴	收费账户信息	第三方支付平台/聚合支付平台/系统生成	接口采集/系统生成	按需更新	可由第三方支付平台/聚合支付平台的提供的对账信息由对接平台提供，无法通过外部平台获取的由本系统通过对账功能获取
		收费金额信息	第三方支付平台/聚合支付平台/系统生成	接口采集/系统生成	按需更新	可由第三方支付平台/聚合支付平台的提供的对账信息由对接平台提供，无法通过外部平台获取的由本系统通过对账功能获取
		业务时间	第三方支付平台/聚合支付平台/系统生成	接口采集/系统生成	按需更新	可由第三方支付平台/聚合支付平台的提供的对账信息由对接平台提供，无法通过外部平台获取的由本系统通过对账功能获取
	政府采购	政府采购项目名称	系统生成	人工录入	按需更新	可采集
		政府采购项目描述	系统生成	人工录入	按需更新	可采集
		政府采购总额	系统生成	人工录入	按需更新	可采集
		政府采购代理机构	系统生成	人工录入	按需更新	可采集
		政府采购方式	系统生成	人工录入	按需更新	可采集
		政府采购组织形式	系统生成	人工录入	按需更新	可采集
		政府集中采购目录	系统生成	人工录入	按需更新	可采集
		政府采购品目	系统生成	人工录入	按需更新	可采集
		申请数量	系统生成	人工录入	按需更新	可采集
		订单号	系统生成	人工录入	按需更新	可采集
		合同号	系统生成	人工录入	按需更新	可采集
		合同签订日期	系统生成	人工录入	按需更新	可采集

续表

应用系统功能		数据类	数据来源	采集方式	更新频率	采集可行性
财务业务功能模块	政府采购	合同金额	系统生成	人工录入	按需更新	可采集
		供应商名称	系统生成	人工录入	按需更新	可采集
		付款时点	系统生成	人工录入	按需更新	可采集
		供应商账户名称	系统生成	人工录入	按需更新	可采集
		供应商账号	系统生成	人工录入	按需更新	可采集
		供应商开户银行	系统生成	人工录入	按需更新	可采集
		政府采购合同	系统生成	人工录入	按需更新	可采集
	资金支付	凭证类型编号	系统生成	系统生成	按需更新	可采集
		凭证号	系统生成	系统生成	按需更新	可采集
		凭证日期	系统生成	系统生成	按需更新	可采集
		支付申请编号	系统生成	系统生成	按需更新	可采集
		支付申请金额	系统生成	系统生成	按需更新	可采集
		支付金额	系统生成	系统生成	按需更新	可采集
		外币金额	系统生成	系统生成	按需更新	可采集
		汇率	系统生成	系统生成	按需更新	可采集
		付款人全称	系统生成	系统生成	按需更新	可采集
		付款人账号	系统生成	系统生成	按需更新	可采集
		付款人开户银行	系统生成	系统生成	按需更新	可采集
		收款人全称	系统生成	系统生成	按需更新	可采集
		收款人代码	系统生成	系统生成	按需更新	可采集
		收款人账号	系统生成	系统生成	按需更新	可采集
		收款人开户银行	系统生成	系统生成	按需更新	可采集
		实际支付日期	系统生成	系统生成	按需更新	可采集
		实际支付金额	系统生成	系统生成	按需更新	可采集
		实际收款人全称	系统生成	系统生成	按需更新	可采集
		实际收款人账号	系统生成	系统生成	按需更新	可采集
		实际收款人开户银行	系统生成	系统生成	按需更新	可采集
		回单附言	系统生成	系统生成	按需更新	可采集
		用途	系统生成	系统生成	按需更新	可采集
		结算方式	系统生成	系统生成	按需更新	可采集
		支付业务类型	系统生成	系统生成	按需更新	可采集

续表

应用系统功能		数据类	数据来源	采集方式	更新频率	采集可行性
财务业务功能模块	资金支付	支付方式	系统生成	系统生成	按需更新	可采集
		委托收款类型	系统生成	系统生成	按需更新	可采集
		资金往来对象类别	系统生成	系统生成	按需更新	可采集
		单位内设机构	系统生成	系统生成	按需更新	可采集
		退款人全称	系统生成	系统生成	按需更新	可采集
		退款人账号	系统生成	系统生成	按需更新	可采集
		退款人开户银行	系统生成	系统生成	按需更新	可采集
		资金退回金额	系统生成	系统生成	按需更新	可采集
		资金退回日期	系统生成	系统生成	按需更新	可采集
		资金退回原因	系统生成	系统生成	按需更新	可采集
		原支付凭证号	系统生成	系统生成	按需更新	可采集
	会计核算	记账凭证日期	系统生成	系统生成	按需更新	可采集
		记账凭证类型编号	系统生成	系统生成	按需更新	可采集
		记账凭证编号	系统生成	系统生成	按需更新	可采集
		附件数	系统生成	人工录入	按需更新	可采集
		制单人编码	系统生成	系统生成	按需更新	可采集
		制单人名称	系统生成	系统生成	按需更新	可采集
		审核人编码	系统生成	系统生成	按需更新	可采集
		审核人名称	系统生成	系统生成	按需更新	可采集
		记账人编码	系统生成	系统生成	按需更新	可采集
		记账人名称	系统生成	系统生成	按需更新	可采集
		创建人编码	系统生成	系统生成	按需更新	可采集
		创建人名称	系统生成	系统生成	按需更新	可采集
		创建时间	系统生成	系统生成	按需更新	可采集
		过账状态	系统生成	系统生成	按需更新	可采集
		凭证来源	系统生成	系统生成	按需更新	可采集
		来源单据号	系统生成	系统生成	按需更新	可采集
		借方合计金额	系统生成	系统生成/人工录入	按需更新	可采集
		贷方合计金额	系统生成	系统生成/人工录入	按需更新	可采集
		记账凭证行号	系统生成	系统生成	按需更新	可采集

续表

应用系统功能		数据类	数据来源	采集方式	更新频率	采集可行性
财务业务功能模块	会计核算	记账凭证摘要	系统生成	人工录入	按需更新	可采集
		科目编号	系统生成	数据库采集	按需更新	可采集
		科目名称	系统生成	数据库采集	按需更新	可采集
		辅助核算项编码	系统生成	人工录入	按需更新	可采集
		辅助核算项名称	系统生成	人工录入	按需更新	可采集
		计量单位	系统生成	系统生成/人工录入	按需更新	可采集
		单价	系统生成	系统生成/人工录入	按需更新	可采集
		借方数量	系统生成	系统生成/人工录入	按需更新	可采集
		贷方数量	系统生成	系统生成/人工录入	按需更新	可采集
		借方原币金额	系统生成	系统生成/人工录入	按需更新	可采集
		借方本币金额	系统生成	系统生成/人工录入	按需更新	可采集
		贷方原币金额	系统生成	系统生成/人工录入	按需更新	可采集
		贷方本币金额	系统生成	系统生成/人工录入	按需更新	可采集
		现金流量项目编码	系统生成	人工录入	按需更新	可采集
		现金流量项目名称	系统生成	人工录入	按需更新	可采集
		现金流量本币金额	系统生成	系统生成	按需更新	可采集
	报销管理	报销单号	系统生成	系统生成	按需更新	可采集
		报销类型编码	系统生成	系统生成	按需更新	可采集
		报销类型名称	系统生成	系统生成	按需更新	可采集
		单据日期	系统生成	系统生成	按需更新	可采集
		记账凭证编号	系统生成	系统生成	按需更新	可采集
		创建时间	系统生成	系统生成	按需更新	可采集
		事由	系统生成	人工录入	按需更新	可采集

续表

应用系统功能		数据类	数据来源	采集方式	更新频率	采集可行性
财务业务功能模块	资产管理	创建人编码	系统生成	数据库采集	按需更新	可采集
		创建人名称	系统生成	数据库采集	按需更新	可采集
		创建时间	系统生成	系统生成	按需更新	可采集
		固定资产卡片编号	系统生成	系统生成	按需更新	可采集
		固定资产类别编码	系统生成	人工录入	按需更新	可采集
		固定资产类别名称	系统生成	人工录入	按需更新	可采集
		固定资产编码	系统生成	人工录入	按需更新	可采集
		固定资产入账日期	系统生成	系统生成	按需更新	可采集
		使用或投产日期	系统生成	人工录入	按需更新	可采集
		固定资产计量单位	系统生成	人工录入	按需更新	可采集
		固定资产数量	系统生成	人工录入	按需更新	可采集
		变动方式编码	系统生成	人工录入	按需更新	可采集
		变动方式名称	系统生成	人工录入	按需更新	可采集
		折旧方法编码	系统生成	人工录入	按需更新	可采集
		折旧方法名称	系统生成	人工录入	按需更新	可采集
		使用状况编码	系统生成	人工录入	按需更新	可采集
		使用状况名称	系统生成	人工录入	按需更新	可采集
		预计使用月份	系统生成	人工录入	按需更新	可采集
		已计提月份	系统生成	人工录入	按需更新	可采集
		固定资产原值	系统生成	人工录入	按需更新	可采集
		固定资产累计折旧	系统生成	人工录入	按需更新	可采集
		固定资产净值	系统生成	人工录入	按需更新	可采集
		固定资产累计减值准备	系统生成	人工录入	按需更新	可采集
		固定资产净残值率	系统生成	人工录入	按需更新	可采集
		固定资产月折旧率	系统生成	人工录入	按需更新	可采集
		固定资产月折旧额	系统生成	人工录入	按需更新	可采集
	存货管理	存货编码	系统生成	人工录入	按需更新	可采集
		存货名称	系统生成	人工录入	按需更新	可采集
		存货库存	系统生成	人工录入	按需更新	可采集
		存货入库	系统生成	人工录入	按需更新	可采集
		存货领用	系统生成	人工录入	按需更新	可采集
		存货核算	系统生成	人工录入	按需更新	可采集

续表

应用系统功能		数据类	数据来源	采集方式	更新频率	采集可行性
财务业务功能模块	负债管理	往来编码	系统生成	人工录入	按需更新	可采集
		往来名称	系统生成	人工录入	按需更新	可采集
		原币发生金额	系统生成	人工录入	按需更新	可采集
		本币发生金额	系统生成	人工录入	按需更新	可采集
		核销标志	系统生成	人工录入	按需更新	可采集
	报表管理	报表编号	系统生成	系统生成	按需更新	可采集
		报表名称	系统生成	系统生成/人工录入	按需更新	可采集
		报表报告日	系统生成	系统生成	按需更新	可采集
		报表报告期	系统生成	系统生成	按需更新	可采集
		编制单位	系统生成	系统生成	按需更新	可采集
		货币单位	系统生成	系统生成	按需更新	可采集
		报表项编号	系统生成	系统生成	按需更新	可采集
		报表项名称	系统生成	系统生成	按需更新	可采集
		报表项数值	系统生成	系统生成	按需更新	可采集
	内部控制	内控报告编号	系统生成	系统生成	按需更新	可采集
		内控报告日期	系统生成	系统生成	按需更新	可采集
		内控机构组成	系统生成	人工录入	按需更新	可采集
		内部控制机构运行	系统生成	人工录入	按需更新	可采集
		组织机构改革	系统生成	人工录入	按需更新	可采集
		内控管理业务领域	系统生成	人工录入	按需更新	可采集
		内控业务工作职责分离	系统生成	人工录入	按需更新	可采集
		内控业务轮岗	系统生成	人工录入	按需更新	可采集
		内控制度	系统生成	人工录入	按需更新	可采集
		内控制度执行	系统生成	人工录入	按需更新	可采集
		内控信息系统建设	系统生成	人工录入	按需更新	可采集
		内控成效	系统生成	人工录入	按需更新	可采集
	电子会计档案	电子会计凭证	系统生成	系统生成	按需更新	可采集
		电子发票	系统生成	人工录入	按需更新	报销人员录入，可采集

续表

应用系统功能		数据类	数据来源	采集方式	更新频率	采集可行性
财务业务功能模块	电子会计档案	电子客票	商旅平台/系统生成	接口或人工录入	按需更新	商旅平台接口或报销人员录入，可采集
		电子行程单	商旅平台/系统生成	接口或人工录入	按需更新	商旅平台接口或报销人员录入，可采集
		银行电子回单	银行系统	接口采集	按需更新	银行返回，可采集
		电子审批单	系统生成	系统生成	按需更新	可采集
		项目评审材料	系统生成	人工录入	按需更新	可采集
		电子合同	系统生成	数据库采集或人工录入	按需更新	由业务模块生成或业务人员人工录入，可采集

10.5.3 管理监控及决策支持功能模块数据需求

管理监控及决策支持功能模块数据需求如表 10－3 所示。

表 10－3　　管理监控及决策支持功能模块数据需求

应用系统功能	数据类	数据来源	采集方式	更新频率	采集可行性
管理监控和决策支持功能	报表库	系统生成	系统生成	按需更新	可采集
	图表库	系统生成	人工录入	按需更新	可采集
	指标库	系统生成	人工录入	按需更新	可采集
	条件库	系统生成	人工录入	按需更新	可采集
	公式库	系统生成	人工录入	按需更新	可采集
	权限数据	系统生成	单位一体化信息平台	按需更新	可采集
	监控预警数据	系统生成	系统生成	按需更新	可采集
	单位经济运行全景数据	系统生成	系统生成	按需更新	可采集
	单位国有资产总览数据	系统生成	系统生成	按需更新	可采集
	单位预算执行数据	系统生成	系统生成	按需更新	可采集
	单位收支预测数据	系统生成	系统生成	按需更新	可采集
	系统日志	系统生成	系统生成	按需更新	可采集

10.5.4 后台管理功能模块数据需求

后台管理功能模块数据需求如表 10－4 所示。

表 10－4　　　后台管理功能模块数据需求

应用系统功能		数据类	数据来源	采集方式	更新频率	采集可行性
基础数据	单位信息	单位名称	一体化信息平台	系统导入	按需更新	可采集
		单位简称	一体化信息平台	系统导入	按需更新	可采集
		单位代码	一体化信息平台	系统导入	按需更新	可采集
		部门标识代码	一体化信息平台	系统导入	按需更新	可采集
		统一社会信用代码	一体化信息平台	系统导入	按需更新	可采集
		单位行政级别	一体化信息平台	系统导入	按需更新	可采集
		单位类型	一体化信息平台	系统导入	按需更新	可采集
		单位经费保障方式	一体化信息平台	系统导入	按需更新	可采集
		执行会计制度	一体化信息平台	系统导入	按需更新	可采集
		人员编制数	一体化信息平台	系统导入	按需更新	可采集
		行政编制数	一体化信息平台	系统导入	按需更新	可采集
		事业编制数	一体化信息平台	系统导入	按需更新	可采集
		工勤人员编制数	一体化信息平台	系统导入	按需更新	可采集
		实有人数	一体化信息平台	系统导入	按需更新	可采集
		实有在编人数	一体化信息平台	系统导入	按需更新	可采集
		停用年度	一体化信息平台	系统导入	按需更新	可采集
		国民经济行业分类	一体化信息平台	系统导入	按需更新	可采集
		单位所在地区	一体化信息平台	系统导入	按需更新	可采集
		单位负责人	一体化信息平台	系统导入	按需更新	可采集
		邮政编码	一体化信息平台	系统导入	按需更新	可采集
		单位地址	一体化信息平台	系统导入	按需更新	可采集
	人员信息	姓名	一体化信息平台	系统导入	按需更新	可采集
		身份证号	一体化信息平台	系统导入	按需更新	可采集
		其他证件号	一体化信息平台	系统导入	按需更新	可采集
		性别	一体化信息平台	系统导入	按需更新	可采集
		国籍（地区）	一体化信息平台	系统导入	按需更新	可采集
		民族	一体化信息平台	系统导入	按需更新	可采集
		学历	一体化信息平台	系统导入	按需更新	可采集

续表

应用系统功能		数据类	数据来源	采集方式	更新频率	采集可行性
基础数据	人员信息	在职人员来源	一体化信息平台	系统导入	按需更新	可采集
		人员状态	一体化信息平台	系统导入	按需更新	可采集
		参加工作时间	一体化信息平台	系统导入	按需更新	可采集
		进入本单位时间	一体化信息平台	系统导入	按需更新	可采集
		是否在编	一体化信息平台	系统导入	按需更新	可采集
		人员身份	一体化信息平台	系统导入	按需更新	可采集
		工龄	一体化信息平台	系统导入	按需更新	可采集
		职务	一体化信息平台	系统导入	按需更新	可采集
		职级	一体化信息平台	系统导入	按需更新	可采集
		工资级别	一体化信息平台	系统导入	按需更新	可采集
		技术等级	一体化信息平台	系统导入	按需更新	可采集
		岗位工资级别	一体化信息平台	系统导入	按需更新	可采集
		工资薪级	一体化信息平台	系统导入	按需更新	可采集
		职务（岗位）工资	一体化信息平台	系统导入	按需更新	可采集
		级别（技术等级、薪级）工资	一体化信息平台	系统导入	按需更新	可采集
		国家规定津补贴	一体化信息平台	系统导入	按需更新	可采集
		地方出台津补贴	一体化信息平台	系统导入	按需更新	可采集
		绩效工资	一体化信息平台	系统导入	按需更新	可采集
		离休费	一体化信息平台	系统导入	按需更新	可采集
		退休费	一体化信息平台	系统导入	按需更新	可采集
		是否工资统发	一体化信息平台	系统导入	按需更新	可采集
		人员经费保障方式	一体化信息平台	系统导入	按需更新	可采集
		离退休时间	一体化信息平台	系统导入	按需更新	可采集
		工资卡卡号	一体化信息平台	系统导入	按需更新	可采集
		工资卡开户银行	一体化信息平台	系统导入	按需更新	可采集
		公务卡卡号	一体化信息平台	系统导入	按需更新	可采集
		公务卡开户银行	一体化信息平台	系统导入	按需更新	可采集
	资产信息	资产名称	系统生成	数据库采集或人工录入	按需更新	可采集
		资产分类	系统生成	数据库采集或人工录入	按需更新	可采集

续表

应用系统功能		数据类	数据来源	采集方式	更新频率	采集可行性
基础数据	资产信息	资产编号	系统生成	数据库采集或人工录入	按需更新	可采集
		资产状态	系统生成	数据库采集或人工录入	按需更新	可采集
		权属性质	系统生成	数据库采集或人工录入	按需更新	可采集
		产权形式	系统生成	数据库采集或人工录入	按需更新	可采集
		处置形式	系统生成	数据库采集或人工录入	按需更新	可采集
		资产数量	系统生成	数据库采集或人工录入	按需更新	可采集
		数量计量单位	系统生成	数据库采集或人工录入	按需更新	可采集
		面积	系统生成	数据库采集或人工录入	按需更新	可采集
		占地面积	系统生成	数据库采集或人工录入	按需更新	可采集
		建筑面积	系统生成	数据库采集或人工录入	按需更新	可采集
		使用面积	系统生成	数据库采集或人工录入	按需更新	可采集
		办公用房面积	系统生成	数据库采集或人工录入	按需更新	可采集
		业务用房面积	系统生成	数据库采集或人工录入	按需更新	可采集
		其他用房面积	系统生成	数据库采集或人工录入	按需更新	可采集
		坐落位置	系统生成	数据库采集或人工录入	按需更新	可采集
		开工日期	系统生成	数据库采集或人工录入	按需更新	可采集

续表

应用系统功能		数据类	数据来源	采集方式	更新频率	采集可行性
基础数据	资产信息	工程建设情况	系统生成	数据库采集或人工录入	按需更新	可采集
		计划投资总额	系统生成	数据库采集或人工录入	按需更新	可采集
		累计完成投资	系统生成	数据库采集或人工录入	按需更新	可采集
		当年投资额	系统生成	数据库采集或人工录入	按需更新	可采集
		投入使用日期	系统生成	数据库采集或人工录入	按需更新	可采集
		未转固原因	系统生成	数据库采集或人工录入	按需更新	可采集
		取得日期	系统生成	数据库采集或人工录入	按需更新	可采集
		土地权属证明	系统生成	数据库采集或人工录入	按需更新	可采集
		土地发证日期	系统生成	数据库采集或人工录入	按需更新	可采集
		土地证号	系统生成	数据库采集或人工录入	按需更新	可采集
		土地权属面积	系统生成	数据库采集或人工录入	按需更新	可采集
		房屋权属证明	系统生成	数据库采集或人工录入	按需更新	可采集
		房屋权属人	系统生成	数据库采集或人工录入	按需更新	可采集
		房屋所有权证号	系统生成	数据库采集或人工录入	按需更新	可采集
		房屋权属面积	系统生成	数据库采集或人工录入	按需更新	可采集
		车辆编制数	系统生成	数据库采集或人工录入	按需更新	可采集
		公务用车	系统生成	数据库采集或人工录入	按需更新	可采集

续表

应用系统功能		数据类	数据来源	采集方式	更新频率	采集可行性
基础数据	资产信息	执法执勤用车	系统生成	数据库采集或人工录入	按需更新	可采集
		特种专业技术用车	系统生成	数据库采集或人工录入	按需更新	可采集
		车辆实有数	系统生成	数据库采集或人工录入	按需更新	可采集
		车辆行驶证信息	系统生成	数据库采集或人工录入	按需更新	可采集
		车辆类型	系统生成	数据库采集或人工录入	按需更新	可采集
		车辆品牌型号	系统生成	数据库采集或人工录入	按需更新	可采集
		车辆所有人	系统生成	数据库采集或人工录入	按需更新	可采集
		车辆注册日期	系统生成	数据库采集或人工录入	按需更新	可采集
		车辆识别码	系统生成	数据库采集或人工录入	按需更新	可采集
		车牌号	系统生成	数据库采集或人工录入	按需更新	可采集
		价值类型	系统生成	数据库采集或人工录入	按需更新	可采集
		购置批准单位	系统生成	数据库采集或人工录入	按需更新	可采集
		取得方式	系统生成	数据库采集或人工录入	按需更新	可采集
		处置渠道	系统生成	数据库采集或人工录入	按需更新	可采集
		使用责任主体	系统生成	数据库采集或人工录入	按需更新	可采集
		资产编制情况	系统生成	数据库采集或人工录入	按需更新	可采集
		审批状态	系统生成	数据库采集或人工录入	按需更新	可采集

11. 研究结论与未来展望

本书以公共风险理论、公共价值理论、会计管理活动论、事项会计等为理论基础，选择现代财政治理目标为视角，对政府大会计概念体系、政府会计管理体系、政府大会计信息系统分析建模、政府大会计数据资源标准等问题进行深入分析和研究，形成如下主要研究结论及政策建议。

11.1 研究结论

（1）政府会计的基础功能是要满足财政治理的需求，通过会计核算和会计监督防控财政风险，推动财政可持续性发展，进而支撑财政的国家治理功能。

（2）基于公共风险理论和会计管理活动论，政府会计的本质是微观财政治理活动，并基于这个本质提出政府大会计理论框架。

（3）基于公共价值理论，提出政府会计的目标是进行公共价值管理。

（4）我国政府会计所采用的权责发生制和收付实现制的双轨模式，需要在信息化环境下重新构建政府大会计信息系统，推动政府会计数字化转型。

（5）政府会计准则和制度体系实施以后，必然产生大量的会计数据。基于 XBRL 技术规范定义政府会计数据标准是未来政府会计信息化的核心工作，也是未来构建基于政府会计的财政大数据技术基础。

11.2 政策建议

（1）建议政府会计改革按照“三步走”的策略持续推进

尽管2019年1月1日已经正式实施新政府会计制度，但是政府会计改革之路远未走完，基于权责发生制的政府综合财务报告已于2020年开始编制，但尚未进行披露和审计，政府成本会计和政府管理会计有待未来进一步研究。在我国加快现代财政制度建设的背景下，我们建议政府会计改革按照“三步走”的策略持续推进。第一步，先完成“双轨制”政府会计核算的衔接转换和有效实施，确保预算会计和财务会计适度分离和相互协调的目标基本实现。第二步，在建立权责发生制政府会计的基础上推动政府成本会计的发展和落地，建立政府运行的标准成本体系和核算体系，推动预算绩效管理的落地。第三步，推动建立政府管理会计体系，将全面预算、平衡计分卡等管理会计工具和方法引入政府内部财务管理，提升政府会计的管理能力和管理水平。

（2）建议成立政府会计管理和政府综合财务报告编制的专门机构

目前我国政府会计改革涉及财务部会计司、预算司、国库司等多个机构，会计司负责政府会计准则制度制定发布，预算司负责预算决算报告编制，国库司负责政府综合财务报告编制。建议我国能够在财政部门内部设立政府会计管理和政府综合财务报告编制的专门机构，归口负责政府会计准则制度的执行和政府综合财务报告的编制，有利于保障我国政府会计工作质量和报告编制质量。

（3）建议政府综合财务报告合并编制的范围由先期的预算拨款关系逐步向控制关系过渡

政府综合财务报告合并编制将是未来政府会计工作的难点和重点。当前我国将以预算拨款关系作为合并编制的范围，将政府合并财务报表的范围限定在各级政府部门、行政单位和预算拨款关系的事业单位。建议未来可以借鉴风险和报酬原则适当拓展合并范围，防止将政府债务风险和收入报酬向表外转移。由于中国国有企业众多，以控制为基础将全部国有企业纳入合并报表中既不可行，也没有必要，但是对于某些仅为提供公共服务和公共产品而存在的企业，可以从社会治理角度将其纳入合并范围。

（4）建议将政府性基金作为政府会计主体独立核算和报告

政府性基金属于非税收入，具有专款专用的功能。目前政府会计基本准则在政府会计主体界定为各级政府、各部门和各单位。借鉴金融投资基金的会计核算模式，建议将政府性基金作为政府会计主体独立核算和报告，有助于加强政府性基金的会计信息质量，为编制政府综合财务报告打下更好的基础。

（5）建议加快政府会计分类标准的研究和制定

借鉴企业会计准则分类标准的制定和推广经验，XBRL 是政府会计信息化未来的重要方向和工作内容。随着政府会计准则的逐步制定，政府会计制度的逐步推广，可考虑同步启动政府会计分类标准的研究工作，为未来形成基于政府会计的财政大数据打下坚实基础。

（6）建议基于预算管理一体化构建政府会计信息系统

基于数字财政和预算管理一体化的要求，按照政府大会计概念框架和政府会计管理体系，依托数字中台技术构建政府会计信息系统，满足行政事业单位的财务数字化转型需求，打通财政预算与财务管理的宏微观路径，最终推动政府会计数字化转型。

11.3 未来展望

在我国加快现代财政制度建设的背景下，将政府会计改革与推动置于现代财政制度体系内，将财政学与政府会计相融合是未来发展的重要方向，也是打通宏观财政治理和微观会计管理的理论途径。我国政府会计尽管已经迈出建立政府会计准则和政府会计制度的关键一步，但这只是万里长征第一步。推动全国数百万政府会计（行政事业单位会计）从业者完成转型，成功接受并有效执行政府会计改革，在提升内部控制和会计监督的同时，为财政改革和国家治理贡献有价值的会计数据和财政数据，才是政府会计未来转型和升级的关键。

从政府大会计理论研究来看，“政府会计信息系统—政府会计信息提供—国家治理能力提升”是政府会计发挥国家治理功能的机理和路径。因此，政府会计信息的需求导向、多维供给和有效运用是实现政府会计国家治理功能的基础和关键。从我国会计信息化标准体系的理论研究与实践过程来看，政府会计分类标准的研究将是未来必然趋势，也是推动我国政府会计信息化标准体系建设的重要部分。在政府大会计信息系统构建实施应用的基础上，如何建立政府会计数据标准是实现上述目标的关键途径。借鉴财政部实施企业会计准则通用分类标准的基础和经验，采用 XBRL 技术基础规范系列国家标准，基于领域本体对政府会计分类标准进行语义建模和标准构建是未来需要研究的重要方向。美国财政部将 XBRL 作为联邦政府公共支出信息披露标准，使 XBRL 的应用范围从上市公司的信息披露领域扩展到政府信息公开领域（包括使用联邦财政资金的非上市企业信息披露），预计将对 XBRL 在美国乃至全球的应用产生较大的推动作用。从本体概念和方法应用于分类标准的研究来看，学术界已经形成利用本体方法增强分类标准语义表达的共识，但是尚未有在政府会计分类标准领域的相关研究。因此，基于领域本体的政府会计分类标准研究应该是政府会计信息化未来的研究方向。

参考文献

［1］高复先，吴曙光．信息工程与总体数据规划［M］．北京．人民交通出版．1989.

［2］高复先．信息资源规划——信息化建设基础工程［M］．北京．清华大学出版社．2002.

［3］曹越，伍中信．2012．政府会计二元结构体系中的概念框架研究．财经理论与实践，4：57－61.

［4］刘福东，李建发．2012．公共危机情境下政府会计的技术改进——基于“事项法”会计的探讨．当代财经，11：110－118.

［5］胡玉明．2002．事项会计：受托责任观与决策有用观的统一——兼论网络时代的会计发展方向．外国经济与管理，4：36－42.

［6］嵇建功．2013．事项会计理论的事项概念与会计信息演进研究．会计研究，2：33－37＋94.

［7］夏冬林．企业会计是一个战略控制系统——纪念杨纪琬先生诞辰100周年［J］．会计研究，2017，（01）：23－31＋95.

［8］王学军，张弘．2013．公共价值的研究路径与前沿问题．公共管理学报，10（02）：126－136.

［9］王学军，王子琦．2019．追寻“公共价值”的价值．公共管理与政策评论，8（03）：3－16.

［10］杨纪琬，阎达五．论“会计管理”［J］．会计研究，1982，（06）：53－54.

［11］杨周南．会计信息化发展的三次浪潮［N］．中国会计报，2015－06－05（001）.

［12］杨周南. 会计信息化与信息工程［J］. 上海立信会计学院学报. 2008. 02.

［13］杨周南. 2009. 论会计信息化的 TMAIM 体系架构. 会计之友，12：23 –36.

［14］张琦，程晓佳. 2008. 政府财务会计与预算会计的适度分离与协调：一种适合我国的改革路径［J］. 会计研究，11：35 –41.

［15］张琦，张娟，程晓佳. 2011. 我国政府预算会计系统的构建研究［J］. 会计研究，1：24 –30.

［16］徐玉德，宋帅 . 2018. 我国政府会计改革发展四十年：历程、经验及展望 . 地方财政研究，11：40 –48.

［17］续慧泓，杨周南，周卫华，刘锋，刘薇. 基于管理活动论的智能会计系统研究——从会计信息化到会计智能化［J］. 会计研究，2021（03）：11 –27.

［18］周卫华，杨周南，赵金光 . 基于公共价值视角政府会计管理体系研究——兼论政府会计管理活动论［J］. 会计研究，2021（02）：3 –15.

［19］周卫华，高天美 . 数字财会监督体系构建的探讨［J］. 财政监督，2020（16）：12 –16.

［20］周卫华 . 现代财政治理视角的政府会计信息系统研究［J］. 财会研究，2020（06）：21 –33.

［21］周卫华 . XBRL 政府财务报告披露的国际经验与启示［J］. 财务与会计，2020（10）：55 –58.

［22］周卫华 . 信息技术对会计理论与实务影响的演变与发展［J］. 会计之友，2019（05）：120 –124.

［23］周卫华 . 二元结构体系下政府会计核算模式的信息化实现路径探析［J］. 财务与会计，2018（24）：60 –6.

［24］周卫华，杨周南，库甲辰. 2016. 二元结构体系下政府会计技术改进研究——基于事项会计理论的探讨［J］. 会计研究，2：14 –21.

［25］周卫华 . 政府会计信息化的关键问题探究［J］. 财务与会计，2016（21）：61 –62.

［26］崔学刚等，权责发生制、政府会计改革与国家治理——第六届“政府会计改革理论与实务研讨会”综述．会计研究，2015（7）：第92－95页．

［27］荆新，中国政府会计改革发展四十年：回顾与展望．财会月刊，2018（19）：3－6.

［28］陈立齐，西方国家政府会计专题讲座（三）——什么是政府会计．预算管理与会计，2010（3）：11－14.

［29］张琦，张娟，供求矛盾、信息决策与政府会计改革——兼评我国公共领域的信息悖论．会计研究，2012（07）：24－31＋96.

［30］陈志斌，周曙光，政府会计国家治理功能的界定研究．会计研究，2017（11）：31－37＋96.

［31］杨周南等，XBRL分类标准认证的理论基础和方法学体系研究．会计研究，2010（11）：第10－15＋96页．

［32］杨周南，刘梅玲，会计信息化标准体系构建研究．会计研究，2011（6）：8－16.

［33］刘梅玲，杨周南，会计信息化标准体系构建的理论框架和方法学研究．会计研究，2016（09）：3－10.

［34］吴忠生等，基于领域本体的XBRL财务报告转换研究．计算机应用研究，2013. 30（12）：3643－3646＋3651.

［35］潘定，潘云姗，基于语义的XBRL与商务智能应用的融合，中国会计学会2011学术年会2011：中国重庆．8.

［36］Spies，M.，An ontology modelling perspective on business reporting. Information Systems，2010. 35（4）：p. 404－416.

［37］Gruber，T. R.，A translation approach to portable ontology specifications. Knowledge Acquisition，1993. 5（2）：p. 199－220.

［38］Colantoni，C. S.，and A. Whinston. 1971. A Unified Approach to the Theory of Accounting and Information Systems. The Accounting Review，1：90－258.

［39］Enrico Bracci，Enrico DeiddaGagliardo，Michele Bigoni，et al. 2019. Public value and public sector accounting research：a structured literature review.

Journal of Public Budgeting, Accounting & Financial Management, 31 (1): 103 - 136.

[40] Elbashir M Z, Collier P A, Davern M J. Measuring the effects of business intelligence systems: The relationship between business process and organizational performance [J]. International Journal of Accounting Information Systems, 2008, 9 (3): 135 - 153.

[41] Haseman, W. D., and A. B. Whinston. 1976. Design of a Multidimensional Accounting System. The Accounting Review, 51 (1): 65 - 79.

[42] Hannula M, Pirttimaki V. Business intelligence empirical study on the top 50 Finnish companies [J]. Journal of American Academy of Business, 2003, 2 (2): 593 - 599.

[43] Jhaveri D. Business intelligence techniques: a perspective from accounting and finance [M]. Springer Science & Business Media, 2012.

[44] KELLY G, MUERS S, MULGAN G. 2002. Creating Public Value: An Analytical Framework for Public Service Reform. London: Cabinet Office, UK Government.

[45] Liu J X, Zhao X. The research of analysis of business intelligence oriented to enterprises′ investment plans [C]. International Conference on Machine Learning and Cybernetics. IEEE, 2008: 1494 - 1499.

[46] Lieberman, A. Z., and A. B. Whinston. 1975. A Structuring of an Events - Accounting Information System. The Accounting Review, 50 (2): 246 - 258.

[47] McCarthy, W. E. 1982. The REA Accounting Model: A Generalized Framework for Accounting Systems in a Shared Data Environment. The Accounting Review, 57 (3): 554 - 578.

[48] MOORE M H. 2014. Public Value Accounting: Establishing the Philosophical Basis. Public Administration Review, 74 (4): 465 - 477.

[49] MOORE M H. 1995. Creating Public Value: Strategic Management in Government. Harvard University Press, 27 - 56.

[50] Peters M D, Wieder B, Sutton S G, et al. Business intelligence systems use in performance measurement capabilities: Implications for enhanced competitive advantage [J]. International Journal of Accounting Information Systems, 2016, 21: 1-17.

[51] Sorter, G. H. 1969. An "events" approach to basic accounting theory. The Accounting Review, 1: 12-19.

[52] Stoker G. 2006. Public value management: a new narrative for networked governance?. The American Review of Public Administration, 36 (1): 41-57.